傳記文學

逝者如斯

罗家伦的世界

罗家伦 毛子水㊁著

·传记文学书系·

主 编 崔 灿 彭明哲 曾德明
编 委 刘书乔 冯文丹 田 丹

岳麓書社 · 长沙

傳記文學

·传记文学书系·

“传记文学书系”是我社根据台湾《传记文学》的内容，采其精华、分类汇编的一套大型丛书。《传记文学》自1962年6月创刊至今，发表传记文字与民国史料字数逾亿。本着“为史家找材料，为文学开生路”的宗旨，以轻松隽永的文学笔法书写严肃的近代真人真事，为国家存信史，为名人留伟绩，为平民录亲历。主要内容包括自传、评传、年谱、回忆录、口述史、名人日记、重要手迹、珍贵史料、史事研究等，是中国近现代史最丰富的资料宝库，深受海内外史学界与历史爱好者青睐。

已出书目

从北大到台大：元气淋漓傅斯年	傅斯年 毛子水 等著
激荡百年的回响：蔡元培传稿	蔡元培 王云五 等著
逝者如斯：罗家伦的世界	罗家伦 毛子水 等著
王映霞自传：一个知识女性的独立史	王映霞 著
中国留美幼童书信集	高宗鲁 译注
遥想大学当年：我的大学	邹树文 李济 等著

总 序

岳麓书社依据台湾的《传记文学》，分类编纂，陆续出版“传记文学”书系，这是两岸文化交流史上的大事，是中国近代史和中华民国史研究的大事、喜事。

1962 年 2 月 5 日，时值春节，曾在北大读书的刘绍唐向当年的校长胡适拜年，谈起胡适长期提倡传记文学，而始终未见实行，他向老师透露，自己正准备创办《传记文学》月刊。胡适虽肯定其志，却以为其事甚难，办月刊，哪里去找这么多“信而有征”的文字，因此不大赞成。不料当年 6 月 1 日，绍唐先生主编的《传记文学》竟在台北出刊了。自此，直到 2000 年 2 月 10 日，绍唐先生因病在台北去世，历时 38 年，共出版 453 期。每期约 30 万字，453 期就是约 13590 万字。此外，传记文学出版社还出版了“传记文学丛书”和“传记文学丛刊”，其中包括《民国人物小传》《民国大事日志》等许多民国历史方面的著作。

尽人皆知，绍唐先生没有任何背景，不接受任何政治集团、经济集团的支持，只身奋斗，孤军一人，却做出了台湾官方做不出的成绩，创造了中国出版史上不曾有过的奇迹。因此，绍唐先生被尊为“以一人而敌一国”，戴上了“野史馆馆长”的桂冠。

我在大学学习中国文学，毕业后业余研究中国哲学，1978 年 4 月，调入中国社科院近代史研究所，参加《中华民国史》的编写，自此，即与绍唐先生的《传记文学》结下不解之缘。在众多历史刊物中，《传记文学》最为我所关注。但是，我和绍唐先生相识则较晚，记得是在 1995 年 9 月，纪念抗战胜利 50 周年之际。当时，台湾史学界在台北召开学术讨论会，我和其他大陆学者 31 人组团越海参加。这是海峡两岸学者之间交流的起始阶段，有如此众多的大陆学者同时赴会，堪称前所未有的盛事。我向会议提交的论文《九一八事变后的蒋介石》，根据毛思诚所藏《蒋介石日记类抄》未刊稿本写成。当时，蒋介石日记存世一事，还不为世人所知，绍唐先生很快通知我，《传记文学》将发表该文。9 月 3 日，闭幕式晚宴，由绍唐先生的传记文学出版社招待。各方学者，各界嘉宾，济济一堂。我因事略为晚到，不料竟被引到主桌，和绍唐先生同席。那次席上，绍唐先生给我的印象是热情、好客、豪饮。次年，我应“中研院”近史所所长陈三井教授之邀访问该所，在台北有较多停留时间。其间，我曾应绍唐先生之邀，到传记文学出版社参观。上得楼来，只见层层叠叠，满室皆书，却不见编辑一人。绍唐先生与我长谈，详细介绍《传记文学》创刊的过程及个人办刊的种种艰辛。绍唐先生特别谈到，办刊者必须具备的“眼力”“耐力”“定力”等条件，可惜，我没有记日记的习惯，未能将绍唐先生所谈追记下来，至今引为憾事。绍唐先生交游广阔，文友众多，因此宴集也多。每有宴集，绍唐先生必招我参加，我也欣然从远在郊区的南港住所赴会。许多朋友，例如旅美华人史学家唐德刚等都是在这样的场合下认识的。在台期间，台北史学界为纪念北伐战争 70 周年，召开北伐及北伐史料讨论会，我根据原藏俄罗斯等处的档案，撰写《1923 年蒋介石的苏联之行及其军事计划》一文参加，绍唐先生不仅到会，而且当场确定《传记文学》将发表拙文。我离开台北前，绍唐先生再次将我引到他的藏书室，告诉我，凡传记文学出版社出版的图书，喜欢什么就拿什么。我因为“近史所”已赠我大量出版物，又不好意思，只挑选了《陈济棠自传稿》《傅孟真先生年谱》《朱家骅年谱》和李济的《感旧录》等有限几种，回想起来，至今仍觉遗憾。

绍唐先生自述，他有感于两岸的文士因为历史原因等种种关系，“许多史实难免歪曲”，因此，创办此刊，以便“为史家找材料，为文学开生路”。我觉得，绍唐先生的这两个目的，比较成功地达到了。政治对学术，特别是对历史学的干预，古已有之，但是，学术特别是以真实为最高追求目标的历史学，又最忌政治和权力的干预。绍唐先生在台湾的白色恐怖余波犹在的年代，能够不怕“因稿贾祸”，创办刊物，发行丛书，保存大量中国近代史特别是民国史资料，供千秋万代的史家和史学爱好者采用，这是功德无量的盛事、盛业。刊物虽标明“文学”，但是，取文、选文却始终恪守历史学的原则，排斥任何虚构和想象，这也是值得今之史家和文家们借鉴和注重的。

绍唐先生去世后，《传记文学》由中国新闻界的前辈成舍我先生的后裔续办，至今仍是华人世界中的著名历史刊物，衷心希望绍唐先生的事业和精神能长期传承，永放光彩，衷心希望“传记文学”书系的出版，能得到读者的喜欢，助益历史学的繁荣和发展。

杨天石

2015 年 5 月于北京东城之书满为患斋

凡　例

一、原文的繁体竖排改成简体横排。

二、原文中脱、衍、讹、倒之处，均径改，不另加注说明。

三、原文中专名（人名、地名、书名等）及其译名皆一仍其旧，其中或有跟现今通行者有较大区别，而可能导致阅读障碍的，由编者加注进行说明。

四、原文中词语与标准用法有不同者，为尊重作者用语习惯及时代与地域差异等，不做修改，一仍其旧。

五、原文中标点符号的使用有不统一及不符合标准用法的，一仍其旧，其中或有可能导致阅读障碍的，由编者重新标点。

六、原文中的汉字数字不予变为阿拉伯数字，个别阿拉伯数字也不再统一为汉字。但注释部分为统一体例，版本年代及页码均采用阿拉伯数字，以便明晰。

七、所引文章中的纪年，1949 年 10 月 1 日前的民国纪年一仍其旧，1949 年 10 月 1 日后均采用公历纪年。

八、原文中 1949 年 10 月 1 日前对于中国共产党和国民党政治机构及职务的称呼均予保留，只对个别明显不符合历史事实的文字做了必要的删改。

九、原文中 1949 年 10 月 1 日中华人民共和国成立后，台湾地区自称“中国”“政府”及其政治机构、职务名称、“涉外”用语等，本书均加引号，以示区分。

十、原文中由于作者政治立场等原因，本书做了极个别的删节，不另加说明。但为保留资料的完整性，尊重原文及作者观点，文中难免偶有不妥之处，相信读者自能甄别分辨。

目录

自述平生三五事

但有凋谢无死亡

永葆青年的敏锐

自述平生三五事

自传

罗家伦，字志希，浙江人，生于公元一八九七年（民元前十五年）。国立北京大学文科毕业。在美国普林斯顿大学研究院、哥伦比亚大学研究院和伦敦、柏林、巴黎三大学研究院前后七年，专治历史与哲学。民国七年，从事文学革命运动，为《新潮》月刊编辑，该刊为初倡文学革命时期，最风行而有影响之刊物。八年，从事五四运动；十五年，参加北伐，任总司令部参议、编译委员会委员长、战地政务委员兼教育处长等职，常临前敌；十七年，日军进攻济南时，数度出入火线。曾任中央法制委员、中国国民党党史委员会副主任委员、中央执行委员、中央政治会议委员、外交委员会委员、教育委员会委员等职。然其旨趣，常集中于教育、文化、学术工作，曾任国立东南大学、国立北京大学、国立武汉大学等校教授；国立清华大学首任校长，建立该校规模；

中央政治学校教务主任兼代教育长，为其筹备创始者之一，嗣任国立中央大学校长凡十年。于七七事变后，即将该校全部迁重庆，图书仪器毫无损失；迅速建校，照常进行。历任滇黔党政考察团团长、西北建设考察团团长，遍历西南、西北各省，尤注意边疆问题。首任新疆监察使，时苏俄红军仍驻新疆，努力促进新疆内附工作。首任中华民国驻印度大使，为在印外交团团长，庆贺锡兰[①]独立特使，又任出席联合国文教会代表等职。于一九五〇年二月回台湾，任“总统府”国策顾问、中央党史委员会主任委员。一九五二年选任“考试院”副院长。著作中文有《新人生观》《新民族观》(上册)《文化教育与青年》《科学与玄学》《中山先生伦敦蒙难史料考订》《黑云暴雨到明霞》《疾风》《耕罢集》《滇黔寄兴》《西北行吟》等；译著有《思想自由史》、《近代独幕名剧选》等计已出版者十四种。其《新人生观》一书现已印至二十九版。中英文学术论文散见于国内及各国学术刊物者甚多。并当选为美、法、德各国历史等学会会员。

---

① 锡兰，即斯里兰卡。——编者

蔡元培时代的北京大学与五四运动

罗家伦口述　马星野（伟）笔记

以一个大学来转移一时代学术或社会的风气，进而影响到整个国家的青年思想，恐怕要算蔡孑民时代的北京大学。北京大学现在已经有三十二年的历史，最初是京师大学堂，里面分进士馆、仕学馆、医学馆等，无一馆的学生不是官气十足的。据最初一班的人说，差不多一个学生要用一个听差，上课的时候，有听差来通知"老爷上课了！"于是这些学生老爷，才由鸦片床上爬起来，睡眼蒙眬地带着一个听差到课堂去。医学馆比较多些洋气，但是和进士馆也不过是五十步与百步之差别而已。等到辛亥革命以后，称为国立北京大学，最初一些做过短期校长的人，对于这个学校，也没有什么改革。到了袁世凯时代，由胡仁源代理校长。胡仁源为人，一切都是不足道，但是听说当时不曾列名于筹安会，上劝进表，倒也算是庸中佼佼者。蔡孑民做北京大学校长这件事，是范源濂发动的，因为他对蔡孑民极其推重。同时国民党的人，分为两派，一派是赞成蔡去的，一派是反对蔡去的。直到五四运动以后，反对派之态度才改变过来。

蔡到北大的一年，适巧是我去进北大的一年，当时的情形，可以说是暮气沉沉，真是腐败极了。教员之中，没有一点学术兴趣的表现。学生在各部挂名兼差的很多，而且逛窑子个个都是健将，所以当时北京窑子里有两院一堂之称（两院者，参议院、众议院；一堂者，京师大学堂也）。当时蔡初去时，本科分为四科，有四个学长，蔡接事后，重聘四科的学长——文科学长陈独秀、理科学长夏元瑮、法科学长王建祖、工科学长温宗禹。并决定工科按期结束以后，并入北洋大学，而将北洋大学法科并入北大。这件事自然引起工科中很多反对，只是教员也很不高兴。文科方面，则生气较多，胡适之是新从美国回来，章行严也到学堂来教几点钟逻辑。国文方面，则蔡挑了一批章太炎的学生，如黄侃（季刚）、钱玄同、沈兼士、沈尹默、朱希祖，更有一位经学大师刘师培，和一位“两足书柜”陈汉章。还有一位刘半农，本来是在上海做无聊小说的，后来陈独秀请他到预科教国文。当时大家很看他不上，不过慢慢地他也走上正路了。英文方面，则有辜鸿铭担任外国诗。从前有几个英国人——英国下等流氓——在里面教英文，蔡到以后，一气把他们辞退了。这件事闹到英国公使馆出来干涉，而蔡不为之动，所以把无聊的外国教员肃清一下。但是以后所添的外国教员，也并不高明，除了一位地质系的葛利普是一位特出的学者，替中国在地质学上打下一个很坚固的基础。理科方面，则有秦汾、何育杰、王烈、王星拱一般人。法科则以官僚任教为多，如余棨昌、张孝簃等都是大理院厅长一流的法官。法科一直等到民国九年下半年王世杰、周鲠生等加入北京大学以后才日见起色，最初实在没有什么大的整顿。

所谓文化运动的出发点，还是文科。我方才说过，文科的人物很有趣味，因为蔡对于聘请教授是主张兼容并包的，凡是一种学说，苟能言之成理，持之有故，只要在学术上是说得过去的，他总让它在大学中有机会去发展。所以，拖辫子复辟的辜鸿铭、筹安六君子的刘师培，以至于主张急进的陈独秀，都能熔化在一炉，而北京大学遂有百派争鸣之势（蔡之取兼容并包主义，有时候也有太过度的地方；从前有一位刘少少，做了一部《新改老》，可笑极了，蔡先生也让他在北大开一门功课，可笑得很）。

各派之中，势力最大而且最易号召者，便是所谓新旧文学两派。当陈独秀没有进北京大学以前，他就在上海亚东书局办了一个杂志，叫做《新青年》，胡适之不过是一个投稿的人，而易白沙这些人，都是这个杂志的主干。胡适之发表《改良中国文学刍议》（《文学改良刍议》）一文，以八事相号召，此文发表以后，陈独秀就做了一篇《文学革命论》（《建设的文学革命论》)，其主张较胡适之更为激烈，故“文学革命”四字乃是陈独秀提出来的。胡适之接上又做了一篇《建设新文学革命》，因为胡适本来于“革命”二字，有点害怕，所以于文学革命之前面戴了一个“建设”的帽子。胡适之初到北京大学，我曾去看他，他的胆子还是很小，对一般旧教员的态度还是十分谦恭。后来因为他主张改良文学，而陈独秀、钱玄同等更变本加厉，大吹大擂，于是胡之气焰因而大盛，这里仿佛有点群众心理的作用在内。当时陈独秀提出文学革命的时候，大家已经吓得目瞪口呆了，而钱玄同更加提出废除汉字的主张，所以许多人更目之为怪诞。他们因为要找一个反对的人做骂的对象，所以钱玄同便写一封假名的信，用“王敬轩”的假名字，这封信是特地用旧派口吻，反对文学革命的。当时刘半农就做了一篇什么连刁刘氏、鲜灵芝都包括进去的复信，狗血喷头地把这位钱玄同先生的化身“王敬轩”骂一顿。这封信措辞轻薄，惹引了不少的反感，后来新青年社中人，亦甚感懊丧。刘半农还有一篇《作揖主义》，也是同样的轻薄口吻的文字，所以大家都看得不大起。

当时新青年社是由六个人轮流编辑的，陈独秀笔锋很厉，主张十分尖刻，思想很快而且好作惊人之语。他的毛病是聪明远过于学问，所以只宜于做批评社会的文字，而不宜于做学术研究的文字。胡适之在当时还是小心翼翼的，他回国第一年的功夫，拼命的在写着他的《中国哲学史》上卷，他自己亲手抄了两道，的确下过一番苦功（但是这是依他在美国的博士论文《先秦名学史》作骨干而以中文写成的，所以写起来比较快，一年就完事了）。当时他所做的《建设新文学革命》很引起大家的同情，他做了一些似词非词、似诗非诗的所谓白话诗，虽然失之于浅薄，但是在过渡的时代里，是很适合于一般人口味的。

钱玄同本来是一个研究音韵学的人，是章太炎的学生，是自己主张白话却是满口说文言的人，是于新知识所得很少却是满口说新东西的人，所以大家常说他有神经病，因为他也是一个精神恍惚好说大话的人。他的哥哥钱洵做过意大利公使的，钱玄同很怕他的哥哥，他在外面一向主张很激烈，然而见到了哥哥，却一点也不激烈了。他当时主张废姓、主张废汉字，因此大家更觉得这种主张可怕，而更觉得钱玄同是同疯子一样。沈尹默也是一个编辑，但是他是很深沉而喜治红老之学（《红楼梦》与《道德经》）的人，手持一把羽扇，大有谋士的态度。北京大学许多纵横捭阖的事体，都是他经手的。他不做文章，也不会做，但是因为他常做白话诗，而胡适之赞赏他的诗做得好，所以也就成为《新青年》六编辑之一。

更有一位莫名其妙的，便是陶孟和。陶是英国的留学生，他外国书看得很多，是一位很好的读书顾问，但是他的中国文字太坏了，而且他读书不若胡适之之能得简，且没有综括之能力，做出来的文章非常笨（以后他还出了一部《孟和文存》，真是可笑之至），但是因为能够谈什么社会问题、家庭制度等等，所以他也成为一位编辑了。第六位编辑是刘半农，他的地位和工作，我以前已经说过一点了，当时大家对于他很不重视，乃是一种实在情形。以后北京大学派他到法国研究音韵学，对于他乃是一种很大的帮助。

《新青年》除了六位编辑以外，更有许多投稿的人，如李大钊，是当时北京大学图书馆主任，他的文章写得很好，人也很朴素。周作人是极注意于写小品文字的，他《自己的园地》等一类稿件，都是那个时候写成的。鲁迅，即周树人，乃是周作人的哥哥，当时在教育部做一个科长，还是蔡孑民做教育总长时代找他进部的。以后他宦隐于教育部者多年，这时候也出来打边鼓，做《狂人日记》《药》等很传诵一时的小说。

至于旧派方面，刘师培在学问方面是公认为泰斗的，他赋性柔弱，对于此类问题不去计较。黄季刚则天天诗酒谩骂，在课堂里面不教书，只是骂人，尤其是对于钱玄同，开口便是说玄同是什么东西，他哪种讲义不是抄着我的呢？他对于胡适之文学革命的主张，见人便提出来骂。他有时在课堂中大声地说："胡适之说做白话文痛快，世界上哪里有痛快的事？金圣叹说过世界上最痛的事，莫过于砍头；世界上最快的事，莫过于饮酒。胡适之如果要痛快，可以去喝了酒，再仰起颈子来给人砍掉。”这种村夫骂座的话，其中尖酸刻薄的地方很多，而一部分学生从而和之，以后遂成为国故派。

还有一个人，读书很多，自命不凡并太息痛恨于新文学运动的，便是陈汉章。（陈汉章乃是前清一位举人，京师大学堂时代，本要请他来做教习，他因为自己没有得到翰林，听说京师大学堂毕业以后可得翰林，故不愿为教师而自愿为学生。他有一个兄弟，乃是一个进士。当年他兄弟中进士时候，要在他家祠堂中央挂一个表，他坚决地反对，他说你的表不能挂在祠堂中央，中央地方要留给我中了翰林时候才可以挂。哪知道他在当年十二月可以得翰林的，八月间便是辛亥革命，所以到了现在，他到祠堂里尚不敢抬头仰视。）他所读的书确是很多，《十三经注疏》中《三礼》的白文和注疏，他都能个个字背出。他一上讲堂，便写黑板，写完以后，一大篷黑胡子变成白胡子了。他博闻强记而不能消化，有一次，我问他中国的弹词起于何时，他说：“我等一会儿再告诉你。”我问他是上午九时，到十一时，接到他一封信，上面写了二十七条都是关于弹词起源的东西，但是没有一个结论，只是一篇材料的登记而已。他自负不凡，以为自己为了不得，只有黄季刚、刘申叔还可以和他谈谈。这位先生也是当时北大一个特色。还有朱希祖、马叙伦等人，则游移于新旧之间，讲不到什么立场的。

从《新青年》出来以后，学生方面，也有不少受到影响的。像傅斯年、顾颉刚等一流人，本来中国诗做得很好的，黄季刚等当年也很器重他们，但是后来都变了，所以黄季刚等因为他们倒旧派的戈，恨之入骨（最近朱家骅要请傅斯年做中山大学文学院长，黄季刚马上要辞职）。

当时我们除了读书以外，实在有一种自由讨论的空气。在那时我们几个人比较读外国书的风气很盛，其中以傅斯年、汪敬熙和我三个人，尤其喜买外国书。大学的图书馆对于新书的设备比以前也好些。大家见面时候，便讨论着自己所读的书籍，而回去的时候，便去看书或写信给日本丸善书社去定买外国书。

除了早晚在宿舍里面常常争一个不平以外，还有两个地方是我们聚合的场所：一个是汉花园北大一院二层楼上国文教员休息室，如钱玄同等人是时常在这个地方的；另外一个地方是一层楼的图书馆主任室（即李大钊的房子），这是一个另外的聚合场所。在这两个地方，无师生之别，也没有客气及礼节等一套，大家到来大家就辩，大家提出问题来，大家互相问难。大约每天到了下午三时以后，这两个房间人都是满的，所以当时大家称二层楼这个房子为群言堂（取“群居终日言不及义”语），而在房子中的多半是南方人；一层楼那座房子，则称之为饱无堂（取“饱食终日无所用心”语），而在这个房子中则以北方人为主体（李大钊本人是北方人。按，“饱食终日无所用心”是顾亭林批评北方人的；“群居终日言不及义”是他批评南方人的话）。这两个房子里面，当时确是充满学术自由的空气，大家都是持一种处士横议的态度。谈天的时候，也没有时间的观念，有时候从饱无堂出来，走到群言堂，或者从群言堂出来，走到饱无堂，总以讨论尽兴为止。饱无堂还有一种好处，因为李大钊是图书馆主任，所以每逢图书馆的新书到时，他们可以首先看到，而这些新书遂成为讨论之资料。当时的文学革命可以说是从这两个地方讨论出来的，对于旧社会制度和旧思想的掊击也产生于这两个地方。

这两个地方的人物，虽然以教授为主体，但是也有许多学生时常光临，至于天天在那里的，恐怕只有我和傅孟真两个人，因为我们的新潮社和饱无堂只隔着两个房间。

当时学生界的思想也有一个剧烈的变动。最初的北大学生看外国书的很少，到了我们的时候，看外国书的便比较多起来了。傅孟真和我两个人，是每月都要向日本丸善株式会社（代收西书的书店）报效一点款子。傅孟真是抛弃了黄季刚要传章太炎的道统给他的资格，叛了他的老师来谈文学革命的。他的中国文学很有根柢，尤其是于六朝时代的文学，他从前最喜欢读李义山的诗，后来骂李义山是妖。我说：“当时你自己也高兴着李义山的时候呢？”他回答说：“那个时候我自己也是妖。”傅孟真同房子的有顾颉刚、俞平伯，汪敬熙和我都是他房间里的不速之客，天天要去，去了就争辩。还有一位狄君武（膺）是和傅孟真同房子的，但是他一天到晚咿咿唔唔在做中国小品文字，以斗方名士自命，大家群起而骂他，且当面骂他为“赤犬公”（因狄字为“火”及“犬”构成），他也无可如何。这虽然是一件小事，但是可见北大当时各种分子杂居一处的情形，及大家有一种学术自由的空气。

因为大家谈天的结果，并且因为不甚满意于《新青年》一部分的文章，当时大家便说：若是我们也来办一个杂志，一定可以和《新青年》抗衡，于是《新潮》杂志便应运而产生了。《新潮》的英文名字为 *The Renaissance*，也可以看出当时大家自命不凡的态度。这本杂志第一期出来以后，忽然大大的风行，初版只印一千份，不到十天要再版了，再版印了三千份，不到一个月又是三版了，三版又印了三千份，以后亚东书局拿去印成合订本又是三千份。以一部学生所做的杂志，陡然有这样大的销数，是出乎大家意料之外的。最初大家办这个杂志的时候，还抱着好玩的心理，等到社会看重了，销数一多，大家一方面有一种高兴的心理，一方面有一种害怕的心理。因为害怕，所以研究的空气愈加紧张，而《新潮》第二、三、四、五各期从客观方面看来，却比第一期要进步一些。

当时负责编辑的是我和孟真两个，经理人是徐彦之和康白情两个，社员不过二十多来人，其中有顾颉刚、汪敬熙、俞平伯、江绍原、王星拱、周作人、孙伏园、叶绍钧等几位。孟真当时喜欢谈哲学，谈人生观，他还做了几个古书新评，是很有趣味的。我着重于谈文学和思想问题，对于当时的出版界常常加以暴烈的批评，有些文字，现在看过去是太幼稚了，但是在当时于破坏方面的效力，确是有一点的。比较起来，我那篇《什么是文学》在当时很有相当的影响，《驳胡先骕文学改良论》也很受当时的注意。颉刚的文字，多半是关于掊击旧家庭制度和旧社会制度，关于妇女问题，也有许多篇文章加以讨论，在当时大家以为是骇人听闻的话。有《妇女人格问题》一篇，主张女子应当有独立的人格。这篇东西，被江瀚看见了，拿去给徐世昌看，说是近代的青年思想至此，那还得了。于是徐世昌拿这本《新潮》交给傅增湘，傅示意于蔡孑民，要他辞退了两个教员，开除了两个学生，就是当时所谓四凶，这两个是《新青年》的编辑，两个是《新潮》的编辑。

蔡孑民先生当时坚持不肯，他复林琴南的那一封信，不只是对林琴南说话，并且是对徐世昌而发的。林琴南的背后是徐树铮，也就是段祺瑞，是代表当时军人派之意见，而徐世昌也是所谓北洋文治派的领袖，当时北大同时受北洋文武两派之反对，其情形之危险也可想而知了。但是蔡孑民这一封信，得到了绝大舆论上之胜利，反因而学术界对他非常敬仰，这真是蔡先生有道德勇气（Moral Courage）的地方。于是所谓新文化运动，到了这个时候，其势遂不可遏抑。

还有一个《每周评论》，也是很值得注意的。这是陈独秀、李大钊和新潮社几个人合办的，是一个短小精悍的小报，不料这个刊物遂成为以后一切小报的祖宗，不过它的性质是完全谈文艺、谈思想和批评现实的政治社会问题的。这个杂志当时有很大影响，那时候进步党讨论系的《国民公报》（蓝公武、孙洪伊为主笔）和研究系的《晨报》（蒲殿俊、张梓芳、陈博生为主笔）也先后在北京响应。在上海方面，则戴季陶奉中山先生的命令办《星期评论》，同《每周评论》几乎是两个姊妹报纸，关于文学、政治、社会等问题也加以猛烈批评。而上海的进步党所办的《时事新报》，也闻风景从。张东荪和张君劢等还办了一个《解放与改造》，虽然谈社会问题比较多些，却也是响应文学革命的刊物。自此以后，所谓新文化运动几乎布满全国了。

但是新文化运动之所以布满全国，中间还有两个政治运动在里面。第一个运动是比五四运动早一年，因为反对对日的参战借款和中日密约而起的。那时候还是冯国璋做总统，段祺瑞做内阁总理。这个反日运动，是从日本留学生发动的。我记得有一天晚上，两个留日学生的代表，其中一个叫阮湘，在北大西斋饭厅慷慨激昂地在演说，大家莫不义愤填膺，但终觉束手无策。最后我跑上讲台对着大家说：“这个事体，徒然气愤也没有用处，我们如果是有胆量的，明天便结队到新华门围总统府去，逼迫冯国璋取消成约，若是他用军警来干涉，我们要抱有流血的决心。”这句话出来以后，大家受了一极大的刺激，当场表决第二天去闯新华门。到了那时候，果然北大学生还同其他几校的学生，集合在新华门门口，一直围到下午五点多钟大家才散。哪知道回来以后，蔡先生提出辞呈，蔡先生之辞职是会使北大发生根本危险的，这件事我们是很不愿意的。我自己是不愿意北大坍台，而顾颉刚反把我痛骂一顿。后来费了很大的力气，才叫冯国璋把蔡先生的辞呈退回。我们自己也去对蔡先生说，这件事体，完全是同学为着国家大问题而出此，不是不顾北大。经过了一再解释，蔡先生也就答应下来，这场风波也就结束。这是学生运动的第一次，也是学生反对帝国主义和军阀勾结而有所表示的第一次，这是五四运动的先声，然而这件事很少有人提起（说句没出息的话，这也是民众请愿的第一次）。

有了这件事做引子，再加上所谓新文化运动和文学革命，五四运动的产生，几乎是事有必至。自从这次请愿以后，北大有一部分学生组织一个国民杂志社，其中重要的人物是易克嶷、段锡朋、许德珩、周长宪、孟寿椿等。当时，他们也要我加入这个组织，但是我对于这种比较狭义国家观的刊物不很热心，而且自己还要专心在办《新潮》，对于《国民杂志》，只算是一个赞助者吧！

国民杂志社里的人，多半是实行的人；新潮杂志社的人，多半是偏重于学术方面的人。所以五四运动发生以后，学生会里面组织分为七股，各股的主任几乎是《国民杂志》和《新潮》杂志二社的人平分的，这两个杂志，所以也可以说是五四运动的基础。

在此地附带说几句话以结束新文化运动的叙述。当时还有一派北大学生和教员办了一个杂志叫做《国故》，其目的在于和《新潮》相对抗的。这一派的主干，在教员之中，便是黄侃；学生之中，便是张煊（后来是张学良的机要秘书）。他们关于文艺的理论，是非常薄弱的，其掊击新文学的地方，也不能自圆其说。其中登了许多文艺的文字，也多半是故国斜阳的呤呻而已。所以《国故》杂志出来，很不能引起各方面的注意和重视，而且有许多人很轻视它，办了不久也就停止了。毛子水在《新潮》上做了一篇《怎样用科学方法来研究国故》[①] 一文，倒惹起许多旧学家的称许。当时对于新文学的抵抗力不外三种：一种是林琴南派，一种是东南大学的胡先骕和他所办的《学衡》杂志，一种是北京大学内部的《国故》杂志。但是综合起来，抵抗力还是很薄弱的。

现在讲到五四运动了。五四运动产生的重要原因，不外乎下列几种：第一，是前次新华门事件的连续；第二，是新

① 即《国故和科学精神》。——编者

文化运动所产生的思想变化的结果；第三，是大家受了蔡孑民的影响，一变从前羡慕官僚的心理而为鄙视官僚军阀的心理，并且大家有一种以气节相标榜的态度，有意去撄官僚军阀之锋；第四，是正当巴黎和会的时候，感觉到中国受人支配和帝国主义国家协以谋我的痛苦。正是那一年的三、四月里，朝鲜发生徒手革命，也给大家以深刻刺激（当时我到北大图书馆里面去看报，注意到大家都在抢着关于记载朝鲜徒手革命的报纸看）；第五，因为受欧战以后各国革命潮流的激荡，特别是当时蔡孑民所提倡所谓德国是军国主义，战败是应当的，并且当时国际联盟的论调甚高，北大也常常有这一类的讲演。

以上是这个事件的原因，至于这件事体具体的酿成，都完全由于中国在巴黎和会的失败。在四月里，日本要求中国撤换两个专使的消息纷纷传来。北大学生开了一个会，并且捐了几百块钱打电报；一方面打电报给巴黎和会中国代表，要求他们坚持，一方面通电全国，反对因为外国压迫而撤换本国专使的事。这两个电报打出以后，所捐的电报费还存下三百元左右，于是用四个干事的姓名，共同负责，存在学生银行里面。到五月一、二号的时候，外交消息，一天恶似一天。傅孟真、许德珩、周炳琳、周长宪和我等几个人，商量要在北京取一种积极反抗的举动。但是我们当时一方面想对于国事有所主张，一方面对于北大又要保存。所以当时我们有一种非正式的成议，要在五月七日国耻纪念日，由北大学生在天安门外率领一班群众暴动，因为这样一来，北大的责任可以减轻。

五月三日那一天，清华大学举行纪念典礼，许多北大的人，都到清华去参观，那天我也去了，直到晚上八九点钟才回来。不料三号那一天，邵飘萍到北大来报告，说是山东问题已经失败，在校的一班同学，于是在北河沿法科第三院召集临时会议。最初由邵飘萍报告，以后由许德珩等一班人慷慨激昂的演说。还有一个刘仁静（他现在是共产党中很重要的人物），当时还不过十八岁，带了一把小刀，要在大会场上自杀，还有一位要断指写血书的。于是当场主持的几个人，不能维持我们以前决定的“五七”发难的成议，当场议决在第二天（即五月四日）联合各学校发动，并且当场在北大学生中推出二十个委员负责召集，我也是其中一个，由他们与各学校联络进行。

我们九点钟由清华回来，看见他们会也要开完了，什么决议都已经定好了。当时我们还在埋怨许德珩，说是我们说好在五月七日发动，而现在改了期，不是要把北大断送了吗？可是埋怨尽管埋怨，大家的决议还是大家决议，是不能更改的。于是他们教我连带签了字，把前存学生银行的三百元拿出来买竹布，费了一夜工夫，请北大的书法研究会及画法研究会的同学来帮忙，做了三千多面旗子，除了北大学生个个有旗子外，其余还可以送给旁的学校（所以当时大家疑心五四运动，以有金钱作背景，不然为什么以北大穷学生临时有这许多钱去做旗子呢？其实这个钱是打电报省下来的）。各代表当夜分送至各学校接洽，约定在第二天一点钟在天安门会齐。当夜十一点钟的时候，各代表在北大开了一个预备会议，当场举出了三个总代表，一个是我，一个是江绍原，一个是张廷济，并且当时推我写了一个五四运动宣言，由狄君武送到北京大学印刷所去印了五万份。第二天的早上，我们还预备了一个英文的备忘录，送给各国使馆。

到下午一点钟，大家便齐集在天安门了。我们三个所谓总代表，因为预备各种文件，一直到一点十分才到天安门。当时步军统领李长泰、警察总监吴炳湘，都已经先我们而到，对大家讲了一番话，劝大家解散。当时众怒难犯，哪一个肯听？

于是大家从天安门出发，一走走到东交民巷口，便被警察挡住了，只有我和江绍原两个人进去到使馆界内去找美国公使。那一天，芮恩施到西山去了，由他的参赞出来见我们。他对于我们很表示同情，说了一番很漂亮的话，并且说由他去和使馆界的警察交涉，让他放我们通过。我们从美国公使馆出来以后，又到了别的几个使馆，告诉他我们示威的意思，回转身来到美使馆去问美参赞，同使馆界警察交涉允许我们通过的结果怎样。他说使馆界的警察是答应可以的，但是刚才警察总监有电话来，说是不可以让学生们通过，所以我们不能这样办。这个消息一传出来，大家更是愤怒。当我们报告交涉经过的时候，大家便要求我们硬挤进去。后来想硬撞不成事体，反而给别的国家以不好的印象，于是大家便高呼口号“我们去除国贼吧”，于是掉转大旗向曹汝霖家前进（曹家在赵家楼）。

曹汝霖的房子，是一座很大的满洲王府式的平房。我们到他家门前，大门已经关了，门口站着一大队荷枪实弹的警察。大家到门口便大骂国贼，最初拿旗子向屋顶丢去，后来打破了一个短墙的窗子，大家便爬进去。首先进去的人，据我眼睛所看见的，乃是北大的蔡镇瀛，一个预理科的学生，和高等工业学校一个姓水的。大家看他们进去了，于是接上爬进去的几十个人，把大门打开，而曹宅的院子里还站着许多警察，因为学生向他们极力宣传，所以他们已没有什么抵抗。

适巧那一天曹汝霖同章宗祥、陆宗舆和一个日本资本家在那里商议事情，他们以为有着警察保护，是不要紧的。我们打进去的时候，曹汝霖便换了警察的衣服混在警察堆里，从后墙跳出去。陆宗舆是怎样逃走，我们却不知道，听说他也来喊口号，喊打倒卖国贼，混在群众里面逃走的。是否确实，却不知道了。

章宗祥比较老实，他和那个日本人一道躲在一个小房间里。群众跑进去的时候，日本人还掩护着他，于是大家知道他是一个要人，群众便把他们围起来了。不久一个北大的校工进来，他说自己是认识章宗祥的，并且说这就是章宗祥，于是大家便动手打起来。打了一顿，忽然有人说："打错了！"大家便一哄而散，于是这个日本人和曹家的用人，便把章宗祥抬出去，停在一间杂货店里面。这个日本人也去了，于是群众中忽然有人叫："刚才并没有打错！"大家便去找章宗祥，在他后门杂货店中找着了。当时这个日本人还掩护着他，群众便用杂货店中鸡蛋来丢这个日本人，重新把章宗祥拖进曹宅来，拆散了一张铁床，拿铁床的棍子来打。所以当时章宗祥确是遍体鳞伤，大家以为他已经死过去了。曹家的装饰品、古玩……简直是打得干干净净，他的姨太太和他的女儿的房子里许多香水，都一锤一锤的打碎在地上，当时香气四溢，不可向迩。我还亲眼看见江绍原拿了一床红绸的被子，拖在地上，撕了一块红绸，拿在手里，乱晃几下，说是："胜利了！胜利了！"至于放火的举动，乃是高等师范的学生开始的，我看见有两个学生，自身上掏出许多自来火来，如果他们事前没有这个意思，为什么要在身上带来这许多自来火呢？结果曹宅烧起来了，徐世昌便下了紧急命令，叫军警捉人。那时候，傅孟真把他一本日记簿，上面写着许多代表名氏的，往火里一丢，马上烧掉了。我们还是从前门出来的，当时街上的救火队和水夫，已经拥挤不堪，很难通行。在曹宅里面还没有出来的，还有几十个人，于是便当场被捕。

我从赵家楼出来以后，便向北大东斋（即第一宿舍）去。当时自己实在疲倦极了，从五点钟睡到六点钟，六点钟以后，重新振刷精神开始活动。当时派定了很多代表，向各学校联络，预备在第二天，全北京的高等以上学校，自大清早起一律罢课。那天晚上适派我到各报馆去解释这件事体，等到十几家重要报馆都跑完以后，时候已经是半夜三点多钟了，所以那一晚便没有睡。第二天早上，果然全北京专门以上的学校一律罢课，并且各校代表齐集北大一院第三十六课堂开会。学生联合会的组织也就是那个时候形成的。

当时各学校的中心，自然是北京大学，至于北大主持这个运动的躯干，要算是新潮社及国民杂志社里面的人。在五四那天，曾经开了一个会，大家本来要推傅斯年做临时主席，忽然有一个浙江籍的学生姓陶的，打了傅斯年一拳，这一拳就把傅斯年打得不干。自此以后，五四运动和傅斯年便不发生关系了，因为他是一个以感情用事的人，一拳被打万念俱灰了。我当时因为在各处接洽的事太多，所以不愿意做会场上固定的事。经大家一想再想，最后推出段锡朋来，由他做北大学生会的代表，结果就是北京学生联合会的主席。段锡朋在五四以前，北大学生很少有知道他的，他总是穿一件蓝竹布大衫，扇一把大折扇，开口就是“我们庐陵欧阳公的文章气节”，所以大家都当他有几分迂气。哪知道被选举出来以后，他处理事务非常灵敏，运用群众，大有特长，于是段锡朋的名气陡然间闻于全北京。

这一次，蔡孑民先生确是有一种特别的表现，就是五四事情出来以后，他不和前次一样的辞职，反而联合各大学的校长，负责的要求北京政府释放被捕的学生。到了五月六日那一天，他们接洽好了，听说吴炳湘竭力奔走，要求各校校长于五月七日命令全体学生复课，以此为条件，可以赦放在捕的学生。徐世昌也有这样主张，因为他们知道如果长久的罢课下去，一定是要出事的。而且五月七日是国耻日，更容易出事。我们全体罢课的决议，乃是五月五日通过的。五月六日的晚上十点多钟，蔡孑民及汤尔和（医专校长）以及其他专门以上学校的校长，到北大的校长室里面，把我们找去，说是现在同吴炳湘已经有这样一种了解，只要明天全体复课，他明天就立刻可以放人。

当时去见这几位校长的，有我及方豪（俶新）等四五个人，他们都说："昨天才决议罢课，明天便要复课，乃是办不到的，我们也负不起这个责任。"我说："现在如果尽让同学们关在里面，也不成事。况且我们这一次有放火及殴伤等重大情节（当时章宗祥还没有离危险境界，有两天没有大小便，医生说他命在旦夕了），适巧政府又捉去我们几个人，用这几个人去抵命，也是没有办法的事。"因此我便问他们几位校长说：“若是我们明天复课，他们不放人，怎么办？”他们说：“我们可以用生命人格为担保。“而且吴炳湘也曾发誓过：“如果复课而不放学生，我吴炳湘便是你们终身的儿子。”于是我以为既然如此，我们明天复课好了。

但是我这句话说出来，许多人便反对，以为我们答应下来乃是越权，许多同去的人，也是反对我意见的。我说：“现在为减少被难同学之危险，这件事非如此办不可，我们只有从权办理了。”

于是当夜我们分成五队，去通知全体同学明天复课。除每个宿舍派一队外，其他两队是负责通知宿舍附近公寓里面的同学的。大家出发时候，已经是十二点钟，同学们完全睡着了，一个一个房间敲起门来，把睡熟的人叫醒了，告诉他们这件事。他们还不相信，还要费许多心血去解释，解释不明白的时候，还要受大家的责骂。半夜醒转过来的人，相对讲话，口中臭气是最令人受不了的，这可以说是我在那一晚上特别记得深刻的一种感觉。幸而能得大多数同学之了解，谢谢大家对于我们还有最低限度的信任，所以第二天北京各大学亦先后复课了。到了十点钟，全部被捕同学从警察所送回学校来，大家都列队在门口迎接。当时那种痛哭流涕的情形，真是有家人父子于乱离巨劫以后相遇时之同样感觉。

当时章宗祥的病还没有离危险期，时时有死耗之传闻，刚巧北大有一位同学叫郭钦光在这个时间死了。他本来是有肺病的，在五四那一天，大约因为跑得太用力了，吐血加重，不久便死了。当时大家怕章宗祥和我们打官司，所以定下一个策略（这个策略之最初主动者便是狄君武），硬说郭钦光乃是在五四那一天被曹家用人打死的。于是郭钦光遂成为五四运动中唯一的烈士，受各处追悼会之无数鲜花美酒之吊祭，和挽章哀辞的追悼，在上海还有一位女士，当众痛哭郭烈士。郭君那一天因为走路过多，身体过劳而使肺病加重乃是确实的，这是我们应该同情他。但是把他造成五四的烈士，全国亦以烈士待之，多少未免有点滑稽。

等到被捕的全放出来了，章宗祥也被打了，曹汝霖的房子也被烧了，照常理说，这件事情可以告一个段落了，但是当时有两种情形，是决不能使这件事告一个段落的：一件是山东问题还没有了结，而且一天比一天的失败下去；一件便是蔡孑民先生于五月七日学生出狱以后，便当夜出京没有一个人知道的跑了。跑的时候，他留下一封信，就是那最出名的“杀君马者道旁儿，民亦劳止，汔可小休”（信的头两句话如此）。这封信出来，许多人很费推测，于是大家去询问国文教授，请他们去查这个典故的来源。这些国文教授见大家纷纷请教，当时也得意了一下。蔡先生去了以后，北京大学自然是第一个恐慌，为维持北京大学，北大学生不得不继续闹下去，而且不能不联合旁的学校学生一同的闹下去，于是五四运动又重新紧张起来了。

经过这次事变以后，北京大学遂成为政府的眼中钉，这是不可讳言的事实。为铲除外交上的障碍，政府方面，也很想对北京的学生界下一番毒手，这个情形，学生界也是完全知道的。但是在北京方面，学生运动已到了一筹莫展的地步，于是便遣派代表到上海去组织全国学生联合会。第一批南下的就是段锡朋、陈剑翛、许德珩、黄日葵、祁大鹏（中国大学）、瞿世英（燕京大学）等。他们到了上海以后，就联合上海及各省学生代表组织全国学生联合会。到了五月底，各处的布置已经有点头绪了，于是我们在北京接到段锡朋的密电，说是可以相机发难。

到六月三日那一天，于全北京的学生里面，挑了五百多人，分队出发演讲，那一天被捕的有一百多人。第二天，继续派人出去演讲，大家都带好了毯子在身上，是预备被捕的。当天被捕的大概有四百多人，第三天被捕的达九百人之多。监狱关不下，于是把北大的第三院改为临时拘留所，外面用密密层层的刺刀和机关枪守着，如临大敌一般。到了六月四日，我们想把恐怖的新闻电打出去，我就带了四十几块钱去打电报，哪知道我一出去，侦探便跟着我，于是跑到日本邮局去拿一本丸善株式会社寄来的书。侦探在前面守着，哪知道那个日本邮局有一个后门，我就从后门走了，结果居然被我把那个电报拍到上海去。上海方面接到这个电报以后，全体学生便出发，除分散传单外，并向各家店铺，要求他们罢市，甚至于要求不遂，向商店老板面前跪下去。到了六月四日，全上海罢市了，别的地方跟着罢市的也有好几处。而天津方面，因为一个南开学生马骏在商会代表的前面，用一只碗向自己的脑壳一打，表示他要求的决绝，商会方面的人大为感动，也罢市了。因此，这个北京学生与政府正在短兵相接的时候，学生方面，正是无可奈何的时候，忽而得到了这种有力的声援，一刹那间，个个悲欢交集、哀痛淋漓，而声势遂大振。

当时上海、天津方面所提出要求政府的条件，第一就是释放被捕学生，第二就是罢免卖国贼曹、陆、章，第三就是不签《巴黎和约》。而三个条件之中，以释放学生为先决条件，所以五号那天晚上，北大三院方面军警的帐幕在半夜三更便悄悄地撤去了。当时拘禁在里面的学生还不肯出来，因为他们一出来要减少了天津及上海方面的紧张空气。到了第二天，步兵统领衙门和警察所却派人来道歉，他们才肯出来。还有拘禁在警察所和步兵衙门里面的，他们请他们出来，而却不肯。以后预备了汽车和爆竹送他们出狱，还是不肯。最后一个总务处长连连向他们作揖说："各位先生已经成名了，赶快上车吧！"至于罢免曹、陆、章的命令也随着下来，以由学生运动扩大成的民众运动，使内阁局部改组，在当时看来，也算是一件可以诧异的事情了。不过山东问题还没有拒绝签字，北京教育界还有受摧残的危机，这两件事是大家最不安心的。

到七月和约要签字的时候，北京大学联合各校学生又会在新华门一次，在新华门门口睡了两天两夜。同时巴黎方面的学生同华侨也就闻风兴起，逼迫中国专使不许他们签字。拒约运动因为内外夹攻，所以终能实现原来的主张，而为后来华盛顿会议留下一个争回山东的余地。

至于北京各大学被摧残的问题，也是使大家寝不安枕的。政府的目的是要逼走蔡孑民先生，所以他们要胡仁源买通一批投考的学生，来占据北大学生会，硬把学生会的图章抢去，以学生会的名义欢迎胡仁源到校。同时教育部方面，胡仁源已预备好上任的汽车。谁知此谋不密，被北大学生会中人知道了，当时便召集紧急会议，每个人发一个特别符号，集合在第三院。时三院的被买及投考学生，正议“夺帅印”的事，还没有完结，哪知这边去了两三百个人，一个个的把他们擒住了，并且带了纱麻绳把他们缚将起来，便在法科大礼堂设立公案，举出了五个审判官，来审判这些人的罪状。他们也陆续的把被买经过供将出来，大家又逼他们写悔过书，写了悔过书，还要他们在悔过书上盖手印，再拍了一个相，然后把他们放了。这幕滑稽戏遂因此终了，而他们抢北大的计划因而失败，但是他们却继续进行向法庭控诉北大学生会的职员私设法庭和逼迫人行使无义务之行为（这条法律怕是永久没有人用过的）。于是法庭拿了学生会里面二十余人下狱，其中有孟寿椿、鲁士毅等。在打官司的时候，学生会要我去做代表，我几乎天天晚上要和律师刘崇祐接洽。许多上诉状都是我写的，这场官司打完了，我倒因此得到了许多关于法律的知识。

这一幕《取成都》的戏没有唱成功，而胡仁源也知道北大不容易占据，他们的野心，亦因此而减少一点。那时候蔡孑民先生派蒋梦麟先生到北大来，以总务长的资格，做他私人的代表。到双十节左右，学生会派我到杭州去接蔡先生回校，蔡先生遂慨然答应回来。在蔡先生到校的时候，刚巧是双十节，各学生便捐了一批钱，教员也捐了一些钱，共几百块钱去买了几万个馒头，上面盖着红戳子，是“劳工神圣”四个字及其他成语，在那天便分发于北京各平民，都由北大学生去发，这真是面包运动，也是一件值得回忆的事。当时北大的学生生活是很苦的，一间房子中住着七八个人，最小的房子才只住三个人。说起饭来，包饭只有四块五毛钱办一月，两块钱是现洋，两块五是中交票（当时中国交通银行的票，一块只合四毛），所以吃一月的饭只合三块钱。当时学生在吃饭时候，除了五个菜以外，每人还分两个馒头，大家抢着吃。吃饭是先打锣的，故有“锣声动地，碗底朝天”之谣。这是北大生活的一点回忆，是附带记载于此的。

五四运动到了这个地方，似乎应该告一段落了，但是到了那年年底，因为要逼迫政府取消军事协定，学生和政府又起了一个大冲突。这个冲突使北京大学的第一院和第三院又重重的被围，当时政府有命令通缉我和方豪等几个人。我当时住在嵩祝寺八号，到吃饭的时候，忽而来了八个马队，把我前门围住了。我从后门走到黄振玉（现在南京中央饭店的经理）家里，由他家里戴了一副黑眼镜和一顶风帽，逃到北大一院。因为他们正派我做代表，教我和张国焘（现在共产党的领袖）一同去。在傍晚时分，我便由一院后门逃出，经过铁狮子胡同，想到永定门上车（只有普通快车是在永定门停的）。哪知道到了永定门，车已开了，于是跑到李光宇家里坐了半夜。半夜时候，又到永定门去上车，车又开了。于是我只得和张国焘坐待城门开门，当时很怕守城的问我们是做什么的，因为城门上有自鸣钟，纵有鸡鸣狗盗也一律不济事的。我们等他开城门，总是不开，到城门开了，火车又走了。于是我们两个人只得直接沿着火车轨道走去，到了丰台，登车南下。南下过了一个多月，又回到北京来。这段故事虽然是我自己的经验，写在此地，也算是五四运动的余波吧！

自此以后，学生运动也就衰落下去了，衰落下去的原因很多，但是主要的原因，据我观察：第一，青年做事往往有一鼓作气再衰三竭之势。第二，做第一次学生运动的时候，负责的大家都是用功的学生，静则思动，所以他们精力都很充足，思想也很周到，行动也很有计划，但是到后来动久而不能静，有许多人只知道动而不知道读书，于是乎其动乃成为盲动。第三，最初动的学生，是抱着一种牺牲的精神，不是为着出风头来做这些运动的。因为最初几个人声名较大，大家知道的多了，于是乎有许多人以为这是成名的捷径，乃是出风头的最好方法，于是个个想起来动，结果必至于一败涂地。第四，政治力量的参入。五四运动的时候，可以说是没有一个人是有政治色彩或是有政治目的而去活动的，当时只是纯粹的青年血气冲动。到了后来，各种政治的成分都参加进去了，所以往往起内部的破裂，于是学生行动也就不能一致。

至于五四运动的影响，有人以为他的成绩，是拒绝《巴黎和约》的签字，为后来收回山东之余地。更有人以为曹、陆、章之罢免，也是一种未曾有之胜利，这都是皮相之谈而已。五四运动真正的影响：

第一是青年参加国是运动的开始，唤起了全国青年对于国家问题的意识。

第二是把青年运动扩大成为民众运动，造成了民众的许多组织。

第三是扩大新文化运动的势力，因为必要经过了五四运动以后，新文化运动的影响及国语文学之势力才能普及于青年及一般民众身上去。

从整顿北京大学，改革课程内容，唤起青年对于自身人格的重视，以至于产生文学革命和所谓新文化运动，对于社会的制度、固有的权威加以理性的批评和大胆的攻击，再至于产生五四运动，为中国近代一般青年和民众直接参与国家问题和社会运动的开始。这个大波澜虽然是种种时代的动量促成功的，但是当时蔡孑民时代的北京大学，是一切动力的发动机，是将来写这个时代历史的人，不能不注意到的。

一九三一年八月廿六日晚上整理毕于北太平洋舟中

[原载《传记文学》第五十四卷第五期（一九八九年五月号）]

我和清华大学

民国十七年四月我随国民革命军再度北伐，经过了中途最大的障碍，日本军队借口攻占济南，切断津浦铁路，阻碍北伐军的进展，终究能够克服北京（后改北平），是一件很不容易得到的经历。当时我担任的职务，是战地政务委员，代表大学院兼管收复地区的教育，同时，我亦参与总司令部的重要决策。北京一下，所有各机关的接收工作，包括学校在内，都是由战地政务委员会负责办理的。我亲自参与接收的是教育和外交两部，至于对各学校的接收，因为正在暑假，学生已经分别回家，我所持的政策是指定原校的教职员继续负责，暂不更张，以保全各校的元气。

在这时期我只到过清华学校一次。那时候的清华还是留美预备学校的性质，分中等科与高等科两级，每级四年，一共八年毕业。学生向例由各省分别考试，学校训练不免偏重英文，而忽视国学和科学，其程度大约等于美国二年制的前期大学（Junior College）。其毕业生学文法的，大都能够插入美国大学三年级，而学理工的，就只能进一年级，凡是高等科毕业生，都全部派赴美国留学，每年至少有五十人以上。校址在西直门外清华园，校舍和环境都很好，学风也好，可是图书仪器等等，至多不过普通美国小型大学一年级的设备。在民国十年左右，因为外面的批评太厉害，于是该校接受胡适之先生的建议，设了一个国学研究所，又在民国十四年招了一班大学本科学生。虽然说是预备改大学，可是留美预备制的中等和高等科，仍然照常办理。当时这个隶属的系统不是归教育部，而是归外交部，在当时外交部积习甚深，而且不懂得教育的官僚控制之下，改革是困难的，发展也是畸形的。

北京收复，华北大局粗定以后，国民政府自然想到整理北平的高等教育。当时王正廷任外交部长，他以前在北京政府时代，亦曾担任过这个职务，深知道清华是外交部长的一个财源，也是外交部的禁脔，哪里肯放松，仍旧要清华归外交部主管。政府里面有人不赞成，他不得已，而提出一个由外交部会同大学院共管的办法。他要外交部参加的理由，是因为清华是美国退还庚子赔款办的，似乎外交部不参加，美国就不答应的样子，这种拿洋人来吓中国人的手段，是当年办洋务的人挟外力以自重的惯技。他突如其来的向大学院院长蔡元培先生提出他荷包里的清华大学校长人选，他误以为蔡先生是老好先生，不会持任何异议的。哪知道蔡先生对于大学校长问题看得特别郑重，立刻拒绝，并且说人选问题，他已经决定了，要找我去。这是对王正廷一个晴天霹雳，是他想不到的。

其实这件事我事前也毫不知道。那时候王正廷还是新投到国民政府方面来，而蔡先生是党国元老，他不敢违抗，也就忍下去了。于是他又出个花样，说是既由大学院和外交部共同管理，就应该设一个董事会，代表两部行使职权，他就从这个董事会里来做翻案文章，所以我到校以后，第一年许多的障碍就从此而生。一直等到我和董事会奋斗的结果，由国民政府会议决定取消董事会，把清华大学直隶于教育部（此时大学院已改教育部），清华大学才纳入国家大学的正轨。此后清华的校长做事，亦可以不受这畸形组织掣肘了。按国家的教育制度，哪里有国立大学还要设董事会的理由？此地我要补一句话，就是在国民政府发表我做清华校长的命令上，只是任命罗家伦为清华大学校长，而不是国立清华大学校长，因为当时规章未定，而先发表校长人选的。后来才由我草拟清华大学规程，呈请政府核定颁布。我在“清华大学”四个字上面加上“国立”两字，大学院认为是天经地义的，可是外交部用种种借口来反对，一开口就说怕伤美国的感情。我当时严正的驳斥他们道：“美国的赔款是退还中国来办学校的，这个钱本来是国库的钱，现在美国退还国库，我们为什么不能用‘国立’二字？”这样子才把“国立清华大学”这个名字称谓定了。我于动身前一天，请当时国民政府主席谭延闿先生写了一块“国立清华大学”的大字带往北平。

我到清华就职的那天，自己拟了一个誓词，提出学术独立为复兴中华民族的基础的主张（当时是军事初定，政府没有规定统一的誓词，所以我这个誓词是自己拟定，电请大学院核准的）。我就职的时候，是由张继（溥泉）先生监誓，我郑重地声明，清华要成为真正的大学，首先应该学术化；一个民族要独立，一定要学术能够先独立。我宣布此后清华废除旧制遣派全部毕业生赴美留学的办法，而着重发展大学本科，不但发展大学本科，而且还要进一步发展研究院。我认为与其派许多很年轻的学生到外国去留学，不如用这个钱请多少外国的名教授到中国来讲学，不但教我们的学生，而且帮助我们有坚强学术基础，与有技术研究兴趣的青年教授们一道研究，才能把近代的学术，尤其是科学，在中国的泥土上，尤其是在清华的校园里生根。我要澄清清华任何的积弊，减除任何的浪费，搜括任何的金钱，来做清华学术的建设。我这一篇演讲，在当时北方的空气中，仿佛像一个炸弹的爆发，可是我毫不在乎，以后我对清华的一切措施，都是按照这个方针进行的。以下我举几件有事实成果的措施，来给大家参考。

第一，院系。

清华从留美预备学校改为大学，自然院系的设置问题首先应当确定。我认为大学的重心，应当以文、理两院为主体，因为这是一切社会科学、自然科学的基础。清华的环境远在郊外，对于发展文、理两院格外适当。因为大学的组织法规定要有三院，因此先设立一个法学院，将原有的土木工程系暂归理学院，以后再把工学院建立起来。我对工学院除已有的土木工程系之外，首先预备发展的是水利工程，这项工程的人才，在华北的地区里最为切要。所以我最后的计划，是发展成为四院，并且先从文、理两院打下大学的基础。当时文学院分中国文学与英国文学、哲学、历史学四系，理学院分数学、物理学、化学、生物学、心理学、地理学六系，并将土木工程系附设在内，成为七系。

我对添设地理系，有浓厚的兴趣，因为中国讲了许多年的地理，所说的都是文、史、地混合的地理，而不是纯粹科学的地理。我的主张是若不赶快提倡科学的地理，把地形学、地图学各种专门的学科发达起来，则我们无法对我们广大的国土能够有实际科学整理的方法。我并且主张把气象学和地震学一道包括在地理系之内，局部地发展起来（我不办地质学系的原因，是北京大学已经有很好的地质学系，而且城里还有地质调查所，不必重复，不幸我离开清华以后，地理系改为地学系，于是地质一科，竟喧宾夺主，把地理反而挤得几无容身之地)。所以理学院较为庞大，共有七系。

法学院分政治学、经济学和社会人类学三系，我有意缓办法律系的原因，乃是因为北平各大学里的法律系的数量已经太多，而社会人类部门，却是许多有关社会科学的基础。我以文、理学院为大学教育的核心，这种观念，多少受蔡元培先生的影响，我自己在德国读书的时候，更使我相信这种观念是正确的。不过我的政策比较广泛一点，把工学院放在大学里，能够得到理学院从基本科学方面给它协助和影响，自然有很大的好处。后来我从美国麻省理工大学由工科大学而发展理学院的基本学系，以完成它重要的学术贡献，足以证明我这个看法是对的。在研究院方面，我自然极力扶植国学研究所的继续发展，把它纳入收容大学毕业生的研究系统。此外，我继续预备创办的是数学、物理和生物三个研究所，可是来不及在我任内完成。

第二，教授的选择和提高学术的标准。

我认为一个大学要办好，最重要的就是要教授得人。我不愿意把任何一个教授地位做人情，也决不以我自己好恶来定去取。我对于以前若干不学无术而借外力来干涉校政的洋教员，更觉有彻底甄别的必要。我到校的时候，西籍教员留下的还有十几个人，其中称职的如詹姆生（Jameson）、温德（Winter）等。成绩优良的，我不特续聘，而且加薪；其不称职的，我一口气去了六个。我的理由是清华学校，既然改为清华大学，是一个彻底的改组，自然不必受以前的拘束，何况这六个人的聘约已满，我现在只是不续聘而已。他们去运动美国使馆来说情，我提醒美国公使马慕瑞注意一点，就是若是留这些人在清华，决不是美国的光荣，因为他们绝对不能代表美国的学术水准。马慕瑞究竟是一个有学问的人（以后他担任美国约翰哈普金大学国际问题研究所所长），我这个话是能打动他的，所以他也就并不坚持，只说他是转达他们的意见而已。

其中最难应付的有一个人，此人名叫史密斯（Smith），以前清华的校长送了他一张终身的合同，而他是全校出名的“老饭桶”（全校的学生都是这样称呼他）。他教的是英文和拉丁文，在教室里丝毫不讲，一进来就叫甲生读一段，乙生读另一段，如此接连读下去，等到打下课铃了，他夹着书本就走。他对英文的教法尚且如此，拉丁文的高明可想而知！当时外文系主任王文显对我说：“这个人在美国教初中都没有人要的，怎么样可以教大学？”这是确切不移的评语。他在清华有十几年了，我对于这张终身聘约，怎么办呢？我最后决定送他一张一年的聘约，并且注明，如果续聘或不续聘在六个月以后通知，更明白告诉他这是我对他最大限度的礼貌，因为清华学校已经改为国立清华大学了，教育的水准也不同了，所以我无法请你一世。他没有办法，也只有把这一年的聘约接受下来，到第六个月，我正式通知他不能续聘。以后他还给我许多小的麻烦和不近情理的要求，例如他写一封信给我，说是他在清华添了几个小孩子，所以每个小孩回国的旅费都要学校负担，这不但我给他的契约没有这条件，就是以前的终身契约里也没有这条件的，所以我断然拒绝。他再来信说他在中国买了不少器具，要学校替他搬运，这无理取闹的要求，我也拒绝。如此不近情理的要求有六七个之多，我没有答应他一个。最后他并不曾回国，在燕京大学找了一个事，薪水自然比清华要少。我赶走这“老饭桶”的事，不但在校的学生，就是许多毕业生也感到痛快的。

对于中国教授，自然在改组的时候也有去留，像陈寅恪、赵元任、金岳霖、陈达诸位硕学之士，我不但亲自去留他们，而且我认为待遇不公的，立即设法改进。当时有件有趣的事，就是外文系的吴宓教授，因为在五四新旧文学之争的时候，他攻击新文学运动甚力，并且同我打过小小的笔墨官司，现在我来做校长了，他怕我对他有所不利，托赵元任先生来向我打听消息。我大笑道：“哪有此事，我们当年争的是文言和白话，现在他教的是英国文学，这风马牛不相及。若是他真能教中国古典文学，我亦可请他教，我决不是这样偏狭的人。”以后，我不但继续请他，并且对于他的待遇大事增加，并且倒成了很好的朋友。这位吴宓先生的趣事甚多，给我麻烦亦复不少，但不在这范围之列。

至于聘请教授，我倒有一个坚定的原则，就是我决不请有虚名，而停止了上进的时下所称的名教授；我所着眼的，是比较年轻的一辈学者，在学术上打得有很好的基础，有真正从事学术的兴趣，而愿意继续做研究工作的人。我认为只有在这个类型里求人才，才可以得到将来最有希望、最有成就的学者。当时我做校长时不过三十岁，自己年纪很轻，所以请的教授们，也都不过和我上下的年龄。在这批人里面，以后产生了很多对学术很有贡献的学者，也产生了许多颇有事功的人物，把他们请来以后，供给他们一个安定的生活，良好的设备，让他们专心致志的去研究、去教育，所以早则三五年，迟则十年都能够各自表现他们的专长。在自然科学方面所出的人才最多，如萨本栋、萨本铁、周培源、杨武之、李继侗等，都是很有贡献的人。在中国文学方面，我很注意培养新文学建设的人才，而扬弃腐朽的传统，如杨树达、朱自清、俞平伯等诸位，都是我那时候请进去的。

在社会科学方面，如蒋廷黻、叶公超、浦薛凤、陈之迈诸位，都是特出的人才。并且我为了请蒋廷黻担任历史学系主任，得罪了我的老师朱希祖先生。这原因很简单，因为当时历史学系朱先生资格最老，若是要请系里原有教授担任系主任，这不但朱先生感觉不安，而且其他的教授也不肯；若是我让朱先生担任系主任的话，那朱先生因为是中国史学的专家，对于世界史学的潮流没有接触，自然无法使这个系走到现代化的路上，这是我要请蒋廷黻的理由。不巧那时廷黻在南开大学任教，要歇一年才来，所以这一年之内，我只有以校长的地位来兼史学系的主任，纵然得罪了我的老师，但是我为了历史学系的前途，也不能不为公义而牺牲私情了。

讲到外国教授方面，我既然去掉了若干位不学无术的外国人，我当然应该按照我开学时所宣告的主张，请几位第一流的外国学者，到清华来任教，所以我陆续请到的有英国剑桥大学的正教授 I. A. Richards、美国芝加哥大学国际私法教授 Quincy Wright、哥伦比亚大学史学系教授 James T. Shotwell 诸位。他们不但是外国正式的教授，而且是国际间著名的第一流学者，其余短期来演讲的人还有许多，这不但使清华增加了学术空气，而且可以给外国朋友们看看我们请教授的方针，是注重他本人的学术造诣，决不是排斥客卿。

第三，学生。

清华既然改为大学，其重心自然落到大学本科。我认为大学招收学生，应该重质不重量，做大学校长对于教授的职位和学生的学籍两项，是绝对不做人情的，入学考试一定要严格而公平。我对清华大学只希望它能够成为与美国普林斯顿大学一般的大学，学生人数不过二三千人，可是这种精而不多的队伍，却产生了许多学术的贡献。至于美国许多二三万学生的大学，虽然规模宏大，却非我所希望的。

清华从来没招收过女生，我到校以后，就把清华的大门为女生而开放。这件事我在招生时并没有事先呈请大学院批准，因为男女享受同等教育的权利，是政府应当赋予的。至于留学政策，既然废止全班资送留美的办法，却亦有采取补充措施之必要，因为在这个时期，我们还有许多种学科需要派学生到国外去深造的，但是这种出国深造的机会，不必成为清华毕业生的专利品，应当给各个大学优秀的毕业生，用考试的方法来公开争取这种权利。所以我宣布，每年设置留美学额十名，每名期限三年，经费比以前所给的要多一些，以便他们在外国研究院里能充分地利用时间继续研究。这个办法在第一年实行的时候，虽然以清华大学毕业生录取的为数较多，可是学术界都承认这是一种公开合理的制度。原有最后一班的清华旧制高等科的毕业班，以前招进来的时候，是答应他们全班及格的学生，一律可以派赴美留学的，既然是最后一班，当然继续派遣，从此结束。我想不到我把清华改制以后，立刻收了两个外国留学生，一个是德国公使 Von Bosch 的儿子，一个是瑞典女生叫 Schmid，这是清华有外国留学生的开始。

第四，建筑。

大学整个校舍的分布和设计，是与大学学术的理想和发展的计划有密切关系的。我到校的时候，清华只有大礼堂、科学馆、图书馆、体育馆四个建筑，除大礼堂比较堂皇而外，其余的规模都很狭小，其他的零星建筑，都东添一所，西造一幢，毫无整个的安排。清华园的地点是很宽大的，我到校以前，大约有十年的时间不曾添过一个像样的建筑，也可以说是停顿了将近十年。现在既然改了大学，就不能不有新的建置，于是我把整个的校址重新设计，另画蓝图。这个计划不限于清华园内，而且打算把英法联军烧毁的圆明园亦圈到大学范围以内来（这个归并圆明园的计划，在我任内未曾实现，但在我离校三年以后，终究在中央政治会议里帮助清华达到这个目的，也就是完成我的预定计划，这片广大的圆明园面积不下一万余亩）。

清华校址的重新设计，应当考虑到以下几点：第一，是整个将来发展的计划；第二，是学术上使用的便利；第三，是教职员研究和生活的便利；第四，是学生德、智、体、群四项发展上的便利。我把这各点考虑清楚重订蓝图以后，就开始做必要的兴建。那时候经济困难极了，在一般人想来，清华是有钱的学校，可是那时候清华的基金在风雨飘摇之中，日益减缩。按月的经费，因为由外交部经手发给，财政权由他们的员司操纵，学校当局毫无通盘筹划的自由。我不愿意看他们的脸色，而且知道向他们谈教育建设大计是毫无用处的，在另谋基本解决的办法以前，我实在不能长久等待，于是先向中南、金城两个银行借款四十万，动工四个建筑。这四个建筑就花费了一百万以上，自然四十万是不够的，可是我做了再说。

这四个建筑：一个是图书馆，一个是生物馆，一个是男生宿舍，一个是气象台；还有三个：一个是化学馆，一个是水利工程实验室，一个是体育馆的扩充部分，也都设计完毕，预备继续兴建。这些建筑之中，我最得意的是图书馆。本来清华有一个图书馆，相当华丽，可是规模狭小，藏不了十万册书，坐不下二百个人，这是不够一个相当规模大学里图书馆的条件的。而许多人士建议，以为把原来一个“丁”字形的图书馆接成一个“工”字形的便好了。我认为不对，我觉得一个近代大学的图书馆，应当留最宽大的余地，做书库的扩充（书库的扩充，是一件最该注意的事。我知道在一九二二年的时候，芝加哥大学造一个新图书馆，其中书库可容三百万本书，以为在很长的时期内尽可够用了，哪料到不及十年，该校藏书已经超过三百万本，无地可容），所以我自己画一个图样，把原来的图书馆仅作为侧面的一翼，另外建一中心，在另一翼造一很大的阅览室，其中可容一千人读书的座位。这一个大阅览室，不但可以引起大家读书的兴趣，而且可以使一个学生进去之后，可以发生一种庄严伟大的印象，不禁油然而生好学之心。在阅览室底下一层，增辟几十间各系教授所用的小房间，让他们一人或二人利用一间房间，准备一切看书研究的便利，养成以图书馆为家的习惯。至于为书库所留的面积，至少有六七十亩的地方可以延长。这个扩大的图书馆，我原计划是用四十二万余元，等到完成，用到七十万以上，可说是当时我国国立大学中最伟大适用而有发展前途的一个图书馆。说到我任内已建的生物馆和待兴工的化学馆，也有相当大的规模，学生上课的实验室之外，还有教授研究的实验室，内部的设置也相当讲究。气象台建筑在一个小山上，其实不是在小山上，而是把小山挖空建筑在平地上，有点像个雷峰塔，上层为气象之用，下层我原定装置地震仪。体育馆本来的建筑很好，我又定下扩大计划，但是不及实行，是由后任完成的。学生宿舍的区域，我所选择的是在校园的北面，左边靠近体育馆，右边靠近图书馆，前后左右都是操场和球场。我的想法是大学里对图书馆、实验室不厌其讲究舒服，体育馆不厌其大，球场不厌其多，而宿舍则断乎不可讲究，这样才能使学生乐意到图书馆、实验室去工作，到体育馆或操场、球场去运动，免得老是留恋在卧室里高卧隆中！

第五，整理学校内部行政。

清华因为以前经济情形较为宽裕，所以浪费的情形在所不免。而且因为在老的外交部统治之下，许多积弊是由外交部传染来的，甚至于有外交部不能报的账，发给清华来报，其中有些骇人听闻的项目，是被我在就职以后发现的。至于行政松懈，更是无可讳言。我认为办学校，只有尽量节省行政费用，来从事学术建设，才是办学校的正轨，因此我决定从整顿学校的积弊着手，可是有时候我感觉到除弊比兴利还要困难。我就职以后，外交部对于在学校支配范围以内的经费，已经有所顾忌，不加干涉。又因为我约去的几位事务人员，都是清华的毕业生，愿意任劳任怨的，所以节省下来的经费不在少数。

改革教职员原有割据的习惯，倡立新的风气，并非易事。举一个有趣的例来说吧！清华改为正式大学以后，教授人数增加，尤其是单身教授宿舍不够分配，于是定一个办法，请单身的教授每人只占用一间房间（清华教授的房间相当爽朗宽大的）。吴宓教授一人住了三个房间，并且请梁任公先生题了一块匾名谓“藤影荷香之馆”，现在要他让出二间，自然他不高兴极了。但是我想不到他会写封正式的信给我，说是若是我要他让出这两间房间来，他要跳后面的荷花池自杀。我自然站在行政立场上，为解决其他没有宿舍住的教授的困难，一定要使这项行政的规定行得通，可是我也不愿意一个教授因此而自杀。好在办理事务的人是一位老清华毕业生、吴宓的旧同学，经他再三设法，居然办通了，我因此也免除了迫死人命的罪嫌。清华远在城外，教职员、学生的生活在一个区域以内，这区域宛然是一个小的都市，因此，大学校长亦无形中添了许多小市长的麻烦。

第六，基金。

清华的经费，我上面已说过，是由美国退还的庚子赔款拨充的。这宗款项可分为二部分使用：一部分为清华学校和清华毕业生派送美国留学生的经费；另一部分就是用不完的部分，存作清华基金，设有三人委员会管理，一个是外交总长，一个是外交次长，一个是美国公使。三人之中外交部占了二个，自然有多数决定之权，底下设二个执行秘书，都是外交部的职员。所以这项基金完全在外交部操纵处理之下，其如何存放与运用，除美国公使外，外界全不得而知。美国公使为对于外交部的客气起见，亦不认真地过问。

很巧的是，在民国十七年国民革命军收复北京，我因为担任战地政务委员，在接收外交部的时候，发现到一个文件，就是一个英国会计事务所 Thomson and Co. 审查清华基金账目的报告。原件是英文的，我翻阅之后，甚为惊异。这报告上所列的清华基金总额已达五百多万国币，但是实数只有二百三四十万，一半以上都损失了。损失的原因何在呢？有以下几点：一、清华基金所购的公债，都以票面价当实价，而且从来不曾中过签，因为凡是中签的，管理人就买不中的换下去了；二、清华基金里有许多开私人抬头的股票证券，其中有龙烟铁矿的股票二十万元，上面是陈箓的抬头，陈箓是前外交次长，他从前投资在龙烟铁矿，后来该矿失败，股票跌价，陈箓就把这份股票在清华基金里提走了二十万现款。这份股票据汤姆公司的估价只值一元，他为什么要估一元呢？据该公司的理由是这样的，假定不给它一元的价格，这股票的款子，就没有着落了，其余还有平绥铁路的股票几十万元也是如此。还有一笔大有银行的存款，头天送进去，第二天这银行就倒了，诸如此类，看了令人发指。我那时候带了一个副本到南京来向大学院报告，当时虽然没有结果，可是这个基金内容的秘密被我发现了。

王正廷以前是做过北京军政府的外交总长的，现在摇身一变做了国民政府的外交部长了，他是在上海办交易所投机的专家，哪里肯放过这一笔利之所在的大宗款项？所以他要和大学院共管清华，并且想出共管的董事会制度，不是为了清华的教育，乃是为了清华的基金。他知道我是要清理这笔款子的，所以他一定要指挥董事会里面他的奴才来攻击我，使我不安于位。哪知道我虽然不一定要做清华校长，可是却下决心，要做到清查清华的基金和争取清华脱离外交部的掌握，纳诸大学系统。这两件事，我知道要达到这二项目的是不容易的，是要经过一场苦斗，所以我决定以去留来力争。同时，王正廷派管理清华基金的蒋履福和关菁麟二个秘书来向我讲好话，这二个人是为管清华基金而发财的，我难道会理他们吗？

这时候大学院已经改了教育部，由蒋梦麟先生担任部长。梦麟先生看穿了王正廷要管清华为了要染指基金，若是把基金脱离外交部，王正廷对于清华的兴趣亦就减低了。可是这两件事要做起来，是不能完全分开的。于是同时采取了两个步骤：第一个步骤是由我要求教育部长请求外交部长和美国公使召开清华基金董事会，商量基金处置事项。为了这件事，我亲自到北京去找美国公使马慕瑞，明白告诉他里面的积弊，劝他报告美国政府，既然退还了中国赔款，应该完全交由中国自己管理，以专责任，他犯不着也不必要参与管理。马慕瑞究竟是与学术有关系的人，居然答应我了。这个董事会是在南京召开的，他在北平不能来参加，于是派了驻南京的总领事 Price 做代表。恰巧，当民国十七年北伐军在济南受着日军攻击的时候，蒋总司令派我和曾养甫两人代表他去访问英、美总领事，答应保护他们的安全，Price 就是那时候的济南总领事，因此，他不但认识我，并且对我还有相当的好感。我同他坦白的谈了二点钟，他完全同意我的主张，并且他对他的公使去电报告，也作这个主张，马慕瑞的态度也因此更加坚定。我还怕王正廷临时玩别的花样，而蒋梦麟先生同王正廷是行政院的同僚，恐怕不愿意发生正面的冲突，所以我再在基金董事会开会之前，请戴季陶、陈果夫两先生在国民政府会议提出一个议案，将清华直隶教育部，自然董事会也就跟着取消了。我在开会之前分别拜访谭延闿、孙科两位先生，请求他们为教育保存元气。这个国民政府会议，是国民政府的最高会议，由国民政府委员组织的，所以行政院部长都不在内，里面自然可避免教育、外交两部间的正面接触。第二天，这个议案通过了。

我在基金会开会的前夕，在上海《申报》《时报》《新闻报》《民国日报》这四个大报里，发表一篇几千字长的谈话，把清华基金的内幕完全揭布。这一下，王正廷受不住了，所以基金董事会也就跟着取消，该项基金交由清华大学保管。这时候我辞职呈文跟着发表，我实在不愿意在这场恶斗之后，再回清华，于是到杭州去省亲，在西湖边上盘桓了二个星期，因为政府的敦促，和清华南下代表的挽留，我不久也就回校。可是我对基金第一个措施，就是主张该款不应由清华校长保管，而委托中华文化教育基金（China Foundation）代为保管，如何投资生息，委托该会办理。至于该款本息如何运用，则清华秉承教育部自有支配之权。到现在美庚款虽早已结束，但是清华基金在今年据梅贻琦校长的报告，已经积到六百万元美金左右。这也可以说是我当时一场苦斗的结果，我心里感觉到很大的安慰。

在此地附带说一件事，当我辞职到杭州省亲的时候，无意中遇到一位同学叫周仲舟，他告诉我他的岳父是杨文滢，那是一位老翰林，也是一位藏书家，他丰华堂的藏书，在江浙一带是很有名的，现在想要出让。我当时存了一个心，心里想，我这次离开清华，愿意替清华图书馆留个纪念，清华图书馆的中国书太少了，我愿意在交卸以前，买下这一大批书，以补清华图书馆这个缺陷。于是我打电报给清华图书馆主任洪有丰（范吾），请他来杭议价，结果以三万四千元最廉的代价，购得将近四万册精选的藏书。其中元明的刻本有二千八百多册，经抄本和批校本有二千五百多册，更有浙江的志书两百八十几部，从元朝起每府县修刻一次之志书，丰华堂都搜集到一部，这是最重要的浙江文献。最伤心的是，当抗战的时候，许多丰华堂善本的书和浙江志书全套，清华大学当事人把它们寄放在重庆附近的北碚工业实验所内，被日本一次大轰炸完全毁了，这是我觉得最可惋惜的事。

我是民国十九年离开清华的。我离开的主要原因，是因为阎锡山和冯玉祥联合叛变，勾结汪精卫在北京设立扩大会议，另组政府，当时物理系教授萨本栋先生开始在物理系装置了一架收音机，被阎锡山知道了，以为我们与南京通消息，派人前来搜查，前后在清华搜查过两次，并且预备一个山西人，是以前清华的毕业生，来做校长。这个时候，人心自然浮动起来，我在这种环境之下，更不能留在北京了，所以由天津坐海轮南下。等到冯、阎叛变平定以后，政府一再命令我回清华，这时候，我坚决不去了。我在清华校长辞职未准以前，为了表示决心，而且要回到学术界做一点教育的工作，遂至武汉大学担任了短期的教授，这是我的本心，也是我的初愿。我虽然主持清华不过两年，可是我相信我这二年中艰苦的奋斗，为清华打下了一个学术的基础。

一九五六年四月四日于台北

抗战时期中央大学的迁校

自从九一八之后，跟着的就是一·二八上海淞沪之战，我就认为中日战争是一件绝对不可避免的事。等到以后就是长城的战役，造成了《塘沽协定》，到了民国二十四年五月二十九日，日本对于冀察问题提出无理要求，压迫中央军第二、第四两师和宪兵第三团退出北平，宋哲元退出察哈尔，在北平设立“冀察华北政务委员会”，这一连串的事实发生，我更觉得战鼓敲得愈来愈紧。我曾经为了商量冀察事变的问题，经重庆飞成都，我这次飞往成都，关于对日问题向蒋委员长有所陈述，一方面是表示我自己的见解，另一方面亦是代表中央政治会议里面一部分朋友们的意见。我和这许多朋友们，并不是不知道国际情势和国内状况在当时不宜于发动全面的对日战争，但是我们却反对当时亲日派和日本军阀政客胡调式的外交。我们主张要有一个最后的立场和方向，决不能退过这最后防线的一步，可是在没有退到这防线以前，我们亦应当不惜一种有限度的牺牲，免得日本军阀得寸进尺，而无限度的推进。我常常说，对于这般犷悍的军人和狡猾的政客，若是我们以严正的态度来应付他们，多少还使他们不敢过于放肆，这是中国古书上所谓“临之以庄则敬”的道理。当在南京汪精卫做中央政治会议主席、唐有壬任秘书长，对日态度非常软弱，而且唐的行为完全是一种胡调式的格局，在成都委员长行营里杨永泰任秘书长，也是一个以亲日著名的人。当这两个秘书长都在亲日的阵营之中，恐怕有许多其他意见都被他们埋藏起来了，所以中央政治会议里这班反日的朋友们，要我到成都去一趟，陈说我们共同的意见。

因此，我在二十四年五月下旬由南京起飞，坐了一架专机，改姓为熊，自称为交通部的熊参议，在武汉换了欧亚航空公司的水上飞机，沿着三峡江面，飞往重庆，耽搁了一天转机飞成都，和蒋委员长谈了三次，并且每天和陈布雷老是一道吃饭谈天，使彼此的意见沟通了不少。我为了要赶回中央大学来主持毕业典礼，乃由成都坐委员长的专机飞往重庆，在回程的时候，几乎出了一个危险。飞机师在凤凰山的机场加油待发，可是那天气候不好，飞机师不愿起来飞。在这专机上一共有四个人，一个是张发奎（这是他在民国十六年以后第一次和蒋先生见面），还有董显光、端纳和我。张发奎要我怂恿这个飞机师起飞（飞机师是德国人，名叫 Lutz），他居然听了我的话。不过飞到重庆上空，云雾迷漫，找不到降落地点，在空中盘旋大约有二小时。张发奎要我劝 Lutz 飞回成都，我说我再也不干了，因为在这个时候，我们只有听飞机师单独的判断，不能扰乱他的观察和决定。最后找到一个云洞，飞机俯冲下来，找到了一个两江合流的地方，最初以为是重庆，哪知道并非重庆而是合江，于是再沿江低飞到达重庆。下机之后，Lutz 同我们拉拉手说："幸运，幸运，只有十分钟的油了。"我们更不能忘记那时候的飞机没有无线电的设备，虽然这还是委员长的专机。

因为气候不好，我们在重庆耽搁了两天半，我就利用这段时间在重庆观察地点，因为我从汉口飞重庆的时候，观察过了宜昌以后山地的形势，便感觉到若是中日战事发生，重庆是一个可守的地点。回程到了重庆，我便存了一个心，为中央大学留意一块可以建设校址的地方，我亦了解在中日战争的过程中，空袭是一个重要的战略，重庆山势起伏，层岩叠嶂，易于防空，觉得这是一个战时设校的理想地点。像沙坪坝、老鹰岩也是我游踪所到地方，可以说我这两天半在重庆的游览，赋给我对于重庆的形势一种亲切的认识。不久我就回到南京，我招呼总务处开始定做九百个大木箱，里面钉最好的洋铁铁皮，存在学校工厂的后边，因为数量太多，不能不搭几间临时的蓬屋贮藏。学校里的人对于我这个举动都觉得莫名其妙，最初还有人谈论，以后过久了，也就把这件事忘了。

到二十六年六月，蒋委员长在庐山办了一个大规模的训练班，召集了将近一千简任以上的官吏，一千四百多中学校长和教务主任，大约二千校官以上的将领，在庐山集中训练，这显然是为了准备将来万一发生的非常事变。同时更召开了一个庐山谈话会，约集了将近二百个全国各界的领袖和知名之士，大家交换国事的意见。那个夏天我被聘为庐山训练团的讲师，同时也是参加庐山谈话会的一分子。就在七月八日的一早，我和太太在一个美国学校的饭厅吃早饭（这个学校暑期放假，房屋租作招待所），在座有邵力子夫妇，忽然蒋委员长来电话，要邵力子去商量要事（当时邵任宣传部长）。邵单独去了，我们同他说，等他回来一道吃早饭。他果然很快的回来，一回来便说昨天晚上出了大事，日本军队借故攻击芦沟桥边的宛平县城，事态非常严重。我问他蒋先生的态度如何？他说非常镇定和坚决。早饭后情报虽然加多，可是大致不过报告炮战的情形。

那天下午一点钟，我在第二总队向全国中学校长和教务主任有两小时的演讲，第二队的总队长是孙连仲（第一队总队长是胡宗南）。我讲到最后忍不住兴奋起来，可是我不能当众宣布昨晚芦沟桥的事变，因为这不是我的责任以内的事，同时我也不能够完全缄默，我最后对大家说道："时局已经到最后关头，可能我们今天在此地讲话的时候，正是华北炮火连天的时候，我们要共同为国家作生死存亡的斗争。”我讲完以后，退到休息室，孙连仲、胡宗南和若干高级将领纷纷地问我这话什么意思，是不是有特别的消息？我就把上午我所知道的各项情报告诉他们，他们亦都兴奋得很。到下午五点钟，我去仙霞饭店看胡适之先生，刚好他从蒋委员长那里回来，我们就在树下的板椅上坐下，他告诉我方才和蒋委员长谈话的情形，他说蒋先生态度比他还要激昂。蒋先生对他说：“胡先生，你从前批评《何梅协定》，我现在撕破《何梅协定》给你看，我们已经到了忍无可忍的地步，我已经下令派六师军队进河北省前往应援。”胡先生说：“我们恐怕只有准备打仗吧！”我仍然回到美国学校吃饭，饭后，我走过河东路遇着孙连仲，他对我敬个礼，再同我握手道：“我已经奉令下山，带一部分部队进河北，我今天晚上立刻动身，再见！”

以后两三天内不断的有若干军事和外交的接触，我因为要赶到南京主持中央、浙江、武汉三大学联合招考委员会，特别是为了出题目的问题，不能不下山回南京一趟。于是我由九江飞回南京，把联合招生委员会召集开会，解决了若干有关联合招考的重要问题，仍然飞回九江转上牯岭。在我离开南京的前一天，我召集了中央大学重要的几个行政人员，秘密地招呼他们赶快准备收拾重要的图书、仪器，陆续装箱，先拿这九百个箱子用，同时一面赶快添置。

我在离开南京以前遇到军政部长何应钦，我问他军事的情形，他说："津浦、平津二路已经有一千三百辆车皮准备运输六个师进河北，可是第一列开到正定的时候，宋哲元挡驾，他打电话到牯岭请示，委员长回答的电话是，已经运到正定的部队，先在正定下车，再把空车皮接运其余的部队，继续集中正定一带。"

我回到庐山出席十七日上午的庐山谈话会，蒋委员长就在那里坚定而激昂的宣布现在最后关头到了。隔了两天，他在海会寺举行训练团毕业典礼，他对于华北的军事和中国最后的立场，有一个明白的宣布，继续有一篇很长的演讲，题目是《建国的道理》。在结束的时候，他又说："现在我们到了最后关头，明天我们就要分手到各地去，站在自己的岗位上，为国家民族作生死存亡的斗争，我们今天在此可能是生离死别，希望大家为国珍重。"这篇演讲在烈日底下（因为海会寺在五老峰的山脚、鄱阳湖的湖边，气候非常的热）接连三个钟头，凡是在场的人，都是感奋万状，奔腾的热血，沉痛的心情，相对无言，可是大家都有千千万万说不尽的话。第二天我们就下山了。

我回到南京，一方面很镇定的举行三大学联合招生考试，考完之后，催促教授们赶快看卷子，一方面限定大家在两星期之内把重要的图书、仪器一齐装箱。八月十三日，上海的战争爆发了，“八一四”南京遭受日本大队重轰炸机的空袭。这队飞机是日本著名的木根井航空大队，由台北松山机场起飞的，那天倒很好，一口气打下他六架。以后南京天天有空袭，但敌人的目标还是在光华门外的机场和若干军事据点。以中央大学为主体并且参加了若干浙大、武大教授的阅卷委员会，在十五日已经把全部卷子阅完（那年投考的有一万一千人左右，评阅的卷子有六万多本）。到八月十九日下午所有的分数一律算好了，由三所大学合组的考试委员会在大石桥中央大学校本部图书馆阅览室开会，大致到了六点钟吃饭的时候，大体的决定已经有了，不过还有若干附带问题尚待继续商讨。六点钟，我们在图书馆楼上开始用晚餐，刚刚大家放下筷子的时候，天空的敌机不断的盘旋，我们起初以为它所找的仍是军事目标，不至于会炸到大学，所以不曾十分注意。

那时中大的警卫队长李治华君跑上楼来对我说：“敌机在上面盘旋，不怀好意，请赶快到图书馆最下一层半截在地下的书库里坐一下。”于是我约集其他两校的代表和本校的教职员，一共一百多人到地下书库，我为了要结束这个会起见，约集其他两校的代表坐成一个圈子，我自己拿了一把扶手椅，手放在扶手上正要坐下去的时候，忽而听见一声剧烈的爆炸，像天崩地坍一样，屋顶上的水泥纷纷像暴雨般的掉下来。这种强烈的爆炸声音，继续不断有十余分钟。飞机声音稍小，李治华君又赶下来向我报告道："后面化学室起火，女生宿舍全部被炸。"于是乎我立刻出来，站在图书馆前的一个大日晷前面，督促本校员工救火。正在救火的时候，又听见一连串不断的爆炸声，天空红色的碎片横飞，响了十分钟之久，我们还是不问，把化学馆的火救熄。女生宿舍被炸变为平地，围墙以外成贤街农场的男生宿舍二、三层楼的门窗，几乎全部被震碎，可是男女宿舍两处均未伤人，只有正住建筑牙医专科学校大楼的工人炸死了五人，校工炸死二人，是最不幸的牺牲者。

说到女生和男生宿舍受到这种损毁而不曾伤人，几乎可以说是一个奇迹，但是其中有一段经过，是当时在场的人都知道的，我不妨补说一下。南京从八月十四被空袭起，来找我的客人大大的减少了。我的办公室在大礼堂的二层楼上，这个礼堂是为当年开国民会议建筑的，相当坚固，我的办公室就正对大门，女生宿舍靠近大礼堂的左边，是中国式的平房。因为客人稀少，我一个人在办公室里走来走去，忽而注意到邻近的女生宿舍，感觉到不妥当，于是坐下来下了一个条子，请女生指导员陈美瑜女士（她原是金女大教授，当时在中大卫生教育科任教），要她把住在宿舍里的女生限定在十九日上午一律搬出去，家在南京的回家，家不在南京的搬到三牌楼中大农学院女生宿舍里暂住。这个条子写好以后，我又在办公室走了若干个圈子，又想到男生宿舍二、三层楼不妥，因为男生当时没有空袭的经验，常常喜欢跑到屋顶上去看敌机，所以我又写了一个条子给男生宿舍管理员吴茂聪和汪瑞年二位，要他们把二、三层楼的男生，一起搬到一层楼居住。这两个条子送出以后，他们三位负管理责任的人，前后都来对我说，这个命令很难执行。女生指导员说，女生因为暑假之后，宿舍人少，洗澡又便利，觉到凉爽舒服。男生管理员说，因为这是热天，二、三楼房屋比较风大，男生也不肯搬，我很严厉地坚持非要他们做到不可，到了下午二点钟，吴、汪两君来报告我说，他们费了很大的气力把二、三层楼男生搬到一楼。在四点钟的时候，陈美瑜女士到图书馆会场里同我说，费了很大的唇舌，把女生搬出校本部的宿舍，方才搬完，她要请假两星期回浙江省亲，我自然答应了的。

可是在三小时之内，女生宿舍被炸，他们报告我说炸的时候，陈女士正在宿舍里，于是我下令叫他们赶快去挖。不想正预备了器具去发掘宿舍废墟的时候，这位女教授从倒坍了的宿舍旁边爬了出来，狂奔到图书馆门口来找我，只见她一身都是灰，后头跟着一个女工，原来陈女士从图书馆出来，正准备收拾行李明天回家的时候，忽而炸弹落下来了。女工王妈正帮她在理东西，立刻上前把陈女士抱住往地下一滚，她说："陈小姐，我们死在一道吧！"哪知这一滚，正滚在水门汀的洗脸台之下，这幢房屋倒坍下来的时候，虽然是石瓦横飞，可是他们在洗脸架之下却得到了庇护。等到轰炸停止，这一排架子底下成了一条小的弄堂，他们就从这弄堂内爬了出来，这是女生宿舍的情形。

至于男生宿舍，为什么二、三楼炸得门窗无余，而一层楼学生所居之地没有一人受伤呢？这些炸男生宿舍的炸片却与日本飞机所投的炸弹无关，因为北极阁上有若干门高射炮，有一辆装满高射炮弹的卡车，正准备开上北极阁去时，正值敌机当头，于是就在成贤街中央大学宿舍的墙外停下来。想不到这车炮弹受到了敌机炸弹的破片起火爆炸起来了，因为高射炮弹是挥发性向上的，穿透的力量不大，又在墙外，所以它爆炸的弹片向上飞，把围墙里的树木炸了许多，碎片再飞上去，破坏了男生宿舍二、三层楼的门窗，底下一层反而无恙。

那一天单是在围墙里敌机投下的炸弹，二百五十公斤的一共有七枚，计四分之三公吨，来炸毁一个不成为军事目标的大学。其中离我最近的一个，就在图书馆书库的外面，炸弹坑距外墙只有三公尺，若不是一个钢骨水泥的墙隔着，那不只是我，在里面的一百多人，恐怕大部分毁灭了。第二天早上，我站在大门里马路旁的法国梧桐树下，拿了一支铅笔、一本拍纸簿，正在发号施令督促大家工作的时候，有四个女生跑来谢我，我说：“你们真是小孩子！昨天你们还不搬，以为是我的虐政，今天倒谢起我来了。”也有许多男生来对我作同样的表示。这是一件很巧的事，许多迷信的人，或者以为我有什么神灵帮助，说不好听一点的话，或者是有什么巫术，其实我以为灵感都说不上，只是一个有责任心的人，在危险的时期，把他责任以内的事，多用了一点心思罢了。那一天还有一件可庆幸的事，就是在被炸毁的牙科临时房屋之内，有几十箱贵重的仪器，就在那天早上搬到下关，上了轮船向上游起运。

我虽然把一部分图书仪器开始搬运，可是这种措施，并未奉到命令，对于校址设在何处，虽然我自己胸有成竹，可是并没有呈奉政府决定。说到把中央大学迁移这个问题，当时正是议论纷纭，主张不一：卫戍司令部为了怕动摇人心，是绝对不希望中央大学搬的；教育部当时仍然希望中央大学在郊外选择比较安全的地点开学；胡适之先生主张我搬到安徽的九华山去；张岳军先生主张我搬到牯岭新造的图书馆和训练团里去。学校里许多教职员受了“蜀道难”的影响，都不主张远迁，有的主张至多迁到武汉，暂借武汉大学上课，说得顶远的，也只是到宜昌为止，到重庆几乎是一件不可想象的事。

我研究一切军事、地理和经济上的条件，有迁到重庆的决心。可是在中央大学没有轰炸以前，这个问题是在任何方面都难于得到赞同的，现在受了这种严重的轰炸以后，自然我说话容易一点。可是要迁得这么远，仍然是一件不易得到同情的事，我于是亲到陵园向蒋委员长说明理由，请他主持。我们讨论的结果，得到了他的同意和支持，使我可以放手的进行。

我回校以后，立刻请法学院院长马洗繁、经济系教授吴榦先生向重庆出发，医学院院长戚寿南先生向成都出发（因为成都华西大学有医科，所以我想到把医学院搬到成都，对于功课上容易进行），而教育心理系教授王书林先生向湖南出发，请他在两湖一带亦做一个大致的观察，看是否可以发现适当的位址。他们都有极好的精神，我早上同他们讲，他们连自己家庭的安置一概不顾，下午便出发了，这种精神是极可佩，而极能使人感动的。在重庆和成都两路接洽的结果，来电报告都很圆满，正如我所预期。到两湖这路，王书林先生虽然很辛苦的跑了若干地方，却找不到真正适宜的所在。他在路上还遇着一件不愉快的插曲，他道经醴陵，是当时省政府主席何键的故乡，何键当政引用他乡亲最多，所以湖南人说他是“非醴不仕，非醴不听”。这位醴陵县长把王教授当奸细拘禁起来了，王告以是中央大学教授，并且把公函给他看，这位县长不知道南京有中央大学。他问校长是谁，王先生说是罗家伦，这位县长说：“这个名字，我倒仿佛听见过。”这倒是对我意外的恭维，使我受宠若惊！可是我和这位县长大人距离究竟隔得太远，使我无从为力。幸而王先生情急智生，想起了他的老同学朱经农正在湖南省政府做教育厅长，于是乎由王出钱，请县长代打电报给朱先生，得到回电之后，才蒙释放，已经受了两天的牢狱之灾。王先生在两湖之行既然没有效果，而重庆、成都之局面大体已定，所以我就请他驻扎在汉口设立办事处，一方面转运赴渝的图书仪器，一方面招待和转运西上的教职员和学生。

这两路的部署已定，我在南京就是加紧督促大家整理和包装，凡是可以带走的东西一齐带走。我自己常常拿了笔和纸亲自发号施令，凡是教职员到学校来探询的，我就立刻派他一件工作，大义所在，也从没有谁推诿。那时候我简直是学校里的"狄克推多"，我做了十几年的大学校长，从来没有像那时候这样的权力之大，和大家毫无异议更无怨言的服从，这真是我们知识分子民族意识最高的表现。我于是决定通知所有教职员，于十月十日以前在武汉办事处报到，十一月在重庆、成都分别开学。在成都方面，因为医学院同牙科学校的人数较少，华西大学规模很大，所以如期上课，还没有很大的问题。至于重庆，为校本部所在，学生人数众多，院系更是繁复，各科的实验室，亦须要特别布置，乃不得不兴建校舍。经马院长与重庆大学接洽，在他校址后边拨了一个山头，我们自行布置一个局面。这时候幸而我们还有一笔预备在南京中山门外建筑新校舍、不曾领用亦不曾用完的款项，大约还有五十几万元，于是我不顾一切，先拨二十六万为重庆沙坪坝建临时校舍之用，十万为运输和教职员旅费之用，这种权宜的措置，免除了许多请款领款的手续。

我请工学院教授原素欣和一位徐工程师飞重庆办理新建校舍事宜，他们居然发动一千八百多工人，在二十八天之内盖成可容纳一千多学生上课和食宿的校舍，这也真是一件了不得的成就。在这一切进行迁移和建筑的进行之中，我每天晚上一点到三点的时间，总在等候重庆的消息。在战争开始以后，从南京通重庆的电报非常的慢，有时迟到一个星期，慢的原因，由于南京到汉口这段无线电台，都为军用所占。在这种情况之下，我要和重庆互通消息，接洽应办事项，几乎是不可能的事。幸而重庆到汉口一段电报畅通，当天可到，而汉口接到南京的电话，到晚上一点钟以后可以接通，所以马院长用电报给汉口的王教授，王教授在一点钟以后用电话和我商量。这是一种传递的方式，有时候为了半夜的空袭，亦受到不少的干扰，可是对于大体上的进行，始终都能如期达成计划。

自从南京第一次大轰炸以后，中央大学有受到过三次轰炸。第一次被炸以后，大礼堂已相当残破，于是我搬到图书馆办公，总务处在附近的文学院办公，如斯者有一个多礼拜。忽然我发现文学院办公的单位，搬到农学院去了，我很不高兴，对总务长说："我尚在此，为什么同人们要搬到那边去呢？"我要他们搬回来，经总务长婉劝以后，我放弃了我的主张，可是我自己还不搬，不想第二天文学院果然被炸，若是当时我固执一点的话，可能有若干位同仁会受到灾害。在这个时期，无论是总务方面的人员也好，各系的教授、助教也好，都是一有工夫就到学校来为图书仪器装箱。

在九月底以前，凡是可以装运的，都已经运出。其中有件很笨重的仪器，就是航空工程系的一个风筒，这个风筒是试验飞机模型所必需的设备，大约要值二十几万美金，其中最大的一件机器无法分拆的有七吨多重，要运上轮船，是件极不容易的事，因为没载这么重的汽车。我和航空工程系主任罗荣安先生说，请你负责把这个风筒运到重庆。他下了决心，风筒不运走，他决不走，居然以愚公移山的办法，把这庞然大物搬上了轮船，载往重庆，像这种精神，实在是值得赞扬。在这段期间，中央大学每次轰炸，我都在场，我自己家里的物件器具全部放弃，什么事先尽公家，亦只有这种做法，才可以对得住中央大学这些同事。若是我做校长的先顾自己的东西，我能责备谁应当先为公家着想？到九月底，学校的图书仪器搬完以后，我于十月初离开南京，到安徽屯溪为中央大学实验学校主持开学典礼。我是坐小汽车去的，我动身以前，安徽中学校长姚文采先生想搭我的车，要我到夫子庙莲花池去接他。我临出家门的时候，只带了两个小手提箱，不过装些换洗的衣服，就是书桌上的陈设，也一点没有带走。临走的时候，把各个房间巡视一番，心里觉得：第一，要带也带不了这许多；第二，在这伟大的抗战揭幕以后，生死都置之度外，还管什么东西？所以看过以后，只拿了一瓶香槟酒，是我在清华大学做校长的时候请客没有用完，带到南京的，我拿了这瓶酒上汽车的时候，指着这瓶酒发誓道："不回南京，我不开这瓶香槟。"不料正上车的时候，空袭警报又响了，我仍然在紧急警报下到达莲花池，接了姚先生一同出小南门，转向芜湖的国道。在路上遇着一队日本飞机，共二十一架去炸芜湖的机场，我们汽车在中途照常开行，因为我想它决不会因为我一部汽车，来变更它原定的目标。等到我到芜湖的时候，这一队日本飞机，又在我上面回航了。

说到实验学校这件事，实验学校名义上属于中央大学教育学院，供全体学生实验的，可是我总认为，若是能办一个好的中学，为大学储备好的学生，也是件值得的事。所以我对于实验学校发生了直接的兴趣，请许本震（恪士）做主任，从幼稚园办起，办到高中，成为一个最完备的学校。教员标准选择得很严，多半都是中央大学优秀的毕业生，所以实验学校的声誉，在抗战以前江南一带，已经达到了很高的程度。这次日本飞机轰炸实验学校校舍，是在半夜的时候，我一知道学校被炸的消息，就立刻亲自去看，我正站在一个炸弹坑旁的时候，一个很忠于学校的老校工跑到我前面来，跪在地下痛哭，我很感动。我指着炸弹坑，对在场的教职员和工友说："敌人要炸毁这个学校，我一定要复兴这个学校，敌人能炸毁的是物质，敌人不能炸毁的是我们的意志。”所以在迁校时，中大有许多位院长和系主任都不赞成把实验学校西迁，自然因为中央在那时候经费窘迫，怕顾全不到实校。还有一点理由是很充足的，就是中学生年纪太轻，多半跟家庭走，现在他们的家迁移未定，我们带这许多小孩走，很难负责，但是我还是决定把实校西迁。第一步我把它放在屯溪，以后因为军事的情形局部吃紧，经长沙搬到贵阳，在贵阳城外马鞍山建筑校舍，成为一个很好的中学，因为实验学校的图书仪器均全部搬出来了，同时实验学校里几十个多年磨炼出来的优良教师，仍是集合一起没有散掉。这一件是至今许多贵州人说起来还是感激的，因为这个学校给了贵州几千个青年比较好的中学教育。

现在让我们回到大学本部迁移的问题上来。这次的迁移，可以说是“尽室而行”，凡是可以搬得动的东西都搬走了，尤其是图书仪器，毫无损失，所以到四川以后，各院各系不但可以照常开课，而且一切的实验，都仍旧照着平时的标准进行。从这方面来说，恐怕可以说中央大学是抗战期间保全实力最多、维持教育水准最高的一个大学。当全校离开南京的时候，我并且把南京的校舍——搬不动的房子，也有一个处置，就是把它移交给红十字会的伤兵医院。关于搬家彻底的程度，我还可以补充两件小事来说明，一件是中央大学医学院人体解剖学的死尸二十几个用药品制过的，戚寿南院长认为这是一到四川开学就要用的，舍不得丢掉，把它全数带到成都；第二是农学院农场的牲畜，当开始迁移的时候，我和民生公司总经理卢作孚先生商量，要他改造一条轮船的一层，为装牲畜入船之用。卢作孚本来在成都办了一个家畜保育所，对于改良畜种很为热心，却受到了四川所谓五老七贤这般人的攻击。要想改良畜种，当然要饲养牲畜与不同的饲料，于是乎这些读孔孟之书的老者、贤者，就引了“狗彘食人食而不知检”这类的话大肆攻击，所以卢作孚受了一肚子的委屈。现在听说我要把中央大学一大群的畜种运往四川，他大为高兴，除了与他愿望相符，还可以给他洗刷“狗彘食人食而不知检”的污蔑的责备，所以他接受了我的要求，改装了川江轮的一层。我叫农学院把每一种畜种选一对上船起运，这条船拿基督教的《圣经》故事来作比喻，就是等于“罗哀宝筏”（Noah’s Ark），拿中国的诗句来说就是“鸡犬图书共一船”。所以我同四川朋友讲笑话说：“我们这次中央大学迁到四川以后，留下来文化的种子多少，现在还不敢断定，可是牲畜的种子，可以保证为你们确实的留下来了。”

关于牲畜的迁移，还有一个极动人的故事在后面，因为除了选了的每样一对畜种之外，还有许多留下的牛羊等等，怎么办呢？我在将离开南京以前，把管农场的一位职员王酋亭先生找来，亲自对他说：“这留下的东西，交给你，在敌人未到南京以前，你设法保管。万一敌人攻陷南京，那时你若是认为无法维持的话，不得已而放弃，我也决不怪你。”哪知道到南京攻陷前三天，他看见情形危急，居然把全部牲畜移到大胜关农场，再由大胜关用木船运过长江，迂回的循着陆路游牧起来了，由安徽到河南，由河南转湖北，到宜昌之后才上木船到达重庆，这样的游牧，近乎有一年的时间。当然沿途的费用，我都随时接济他，或是请当地县政府先行垫付，可是这漫长的路程是不容易走的，有时候背后就是敌人，而这些高贵的“慢牛”（很多是荷兰和美国种），毫不知道发急，一天只能走十几里路，走了两三天，必得休息一个星期，装了笼子的各种鸡鸭，在路上要请牛先生帮忙背负。可是奇妙得很，从南京出发到重庆，这些大的牲畜没有死亡一个，还添了一条小牛。在第二年的深秋，我由沙坪坝进城，已经黄昏了。司机告诉我说，前面来了一群牛，很像是中央大学的，因为他认识赶牛的人，我急忙叫他停车，一看果然是的，这些牲口长途跋涉，已经是风尘仆仆了。赶牛的王酋亭先生和三个校工，更是须发蓬松，好像苏武塞外归来一般，我的感情震动得不可言状，就是看见牛羊亦几乎和看见亲人一样，要向前去和它拥抱。王酋亭在中大的职位，不过是事务员，月薪不过八十元，到这个时候有这种了不得的精神表现出来，真可以说是“时穷节乃见”。因为大家有这种精神，所以中央大学能做到完整的撤退。

开学以后，在松林坡的四周，陆续添了好些必需的房屋，同时我在嘉陵江边的岩石里凿了一排极坚固的防空洞，可以容到五千人以上。这批防空洞以后发挥了很大的效用，在抗战的第二年，敌机时常空袭重庆，当空袭警报一发，我立刻就叫他们把重要的文件和贵重的校产挑选进防空洞。等紧急警报一发，我就绕着松林坡巡视一周，帮同防护团的团员（包括教授与学生组织的）驱逐在四周逗留的学生进洞，习以为常。有好几次，我把学生倒赶进去了，可是自己不及进洞，敌机却已临头。中大虽然在沙坪坝被炸多次，赖有这样的防空洞，在校本部的毫无死伤。我把中大迁到沙坪坝的时候，亦料到校址虽在郊外，但是和重庆大学、南渝中学聚集在一个角落，敌人是不会放过的，所以我在民国二十七年春，又在嘉陵江的上游，离重庆有三十华里一个四山环抱的地方叫北溪（后来改为柏溪，因为此处柏树成林），另辟一校舍，专为一年级之用，其实许多图书仪器的复本亦藏在此处，每天用木船来往运送，使教育与保存双重目的同样达到。因此，敌机纵然炸了几次沙坪坝中大的校舍，我们还是没有受到很多的损失（有两次正是暑假的时候，大部分的图书仪器早已运到柏溪，学生亦一部分疏散在该处）。

讲起敌人轰炸我们文化机关的毒辣手段，真是令人觉得可恨可鄙。在我手上，中大在南京被炸过四次，在重庆又是四次，他决不饶过这个大学。在二十九年阴历中秋期间，日本空军对重庆实施九天九夜的疲劳轰炸，九天九夜之中，没有一个时间解除过警报，吃饭只是在防空洞里吃点干粮，睡觉亦在里面打个瞌盹。可是大学行政的人员与防护人员，还要不断的为公共福利而奔走，大家毫无怨言，行若无事。那年中秋节的晚上，我在防空洞里和教职员谈天，改了一首唐诗念给大家听，这本来是唐人一首中秋望月的诗，我只改动了几个字，诗曰："中庭地白树栖鸦，冷露无声湿桂花。今夜月明人尽躲，不知炸弹落谁家。"朋友们听了大笑，问我为什么在这种紧张的时候，还有这般闲情逸致，我的回答是："在紧张的时候，难道痛哭流涕吗？我们不妨有点幽默感吧！"

在抗战期间，中大的功课颇有调整。我不反对有志的青年投笔从戎，但是我不赞成所有的学生，都牺牲学业走上战场。我这话并不是要他们偷安苟活，乃是要他们对于这生死存亡关键的民族战争中，能够各就所学发挥，有更大实施的力量。在抗战发动前三年，我对于中央大学的课程中，已经注意到如何调整，以适应战时需要的问题，如理学院开设弹道学、军用化学等等，在战前即已开始。我提倡得最早的就是航空工程，在民国二十三年我就开始把特别机械研究班招考大学工学院机械系和电机、土木三系的毕业生，给他二年航空工程的训练。所谓特别机械，不过是航空机械的化名，以掩蔽敌人的耳目而已。等到二十六年战事一爆发，我立刻开办航空工程训练班，将工学院前三系的学生加一年航空训练，由航空委员会调派服务，以后就正式成立航空工程系。在这个部门，中大提倡得最早，毕业的学生在抗战时期，及以后在空军及航空界服务的最多。我办医学院和牙医专科学校的目的，除了为提倡科学的医学和增进民族健康而外，更有一种积极的任务藏在里面，就是预备抗战时期担任救死扶伤的工作，这都是求其高者而言。后来中央大学医学院迁到成都的时候，因为教授的学术水准为其他的大学所推崇，所以彼此之间合作得很好，由中大、华西和齐鲁三校的医学院合组成一个三大学联合医院。以后因为学生人数加多，实习的便利不够，于是我同四川省政府主席张岳军先生商量，合办了一个公立医院，这是四川第一个不是教会办的医院，也是对于四川军民一件实际的贡献。

还有一种确实基本的工作，在战时由我提倡，后来颇着成效的，就是技工训练班的设置。中国工程教育，或者可以说科学也是如此，有一个很大的缺点，就是只有高级工程师，而没有工头——就是熟练的技工。所谓职业教育的技工部门，老实说大都是有名无实，我看见战时兵工厂里面，和迁川的工厂里面，这种基本干部的恐慌，实在是急需医治的病症。那时候我和兵工署长俞大维先生商量，后来又和资源委员会负责人商量，广泛设置技工训练班，利用中大的助教教课，实习工厂给学生实验，招收初中一、二年级学生，给他们一年实际的训练，使其成为工厂的干部。若是中大的工厂设备不够的话，可以分派在各兵工厂实习，毕业后由兵工厂录用，并且各工厂只要他们的工程师肯负担这种教育工作，他们自己也可以同样的开办。这种的训练班办法实行以后，在短短两三年中，也居然训练了二千人以上（包括各方面）熟练的技工，到现在台湾的兵工厂，和一般工厂里还有不少受过那时候训练的人，将来中国要工业化，这办法也是值得酌量采用的。

总之，中央大学在抗战时期，始终没有降低过学术水准。物质上大家觉得苦一点，但是精神上倒反而比以前还要愉快，“同甘苦，共患难”六个字，当时是确实做到的。以后学生人数膨胀到三千多人，实验的功课，自然不免受到相当的影响，因为种种的原因，尤其是经费上遭遇了不能由我来克服的困难，所以我离开中大。我对于有关抗战的任务，是从不曾推却过的，在珍珠港事变的时候，曾奉令有事于云南、贵州，以后转向到大西北，尤其是新疆。我在离开中大那一年的春天，在松林坡上种了一棵松树，就在种树的时候，做了一首诗：“龙孙手植感凄然，待尔参云我白颠。终不羡人种桃李，花开花落是明年。”我愿意我主持过的大学的学生，不要做三春桃李，而要做岁寒松柏，这是我教育的理想，也是我对于教育的期待。

一九五六年于台北

炸弹下长大的中央大学

——从迁校到发展

武力占据一个国家的领土是可能的，武力征服一个民族的精神是不可能的。

当年旷代军事天才的拿破仑还不能在西班牙达到他的目的，何况满坑满谷自命为小拿破仑的日本小军阀，要来征服一个历史最悠久、文化最优越的伟大中华民族！

九一八事变和淞沪战争以后，中国学术界，尤其是大学，毫不挫气，而且加倍迈进。从“一·二八”到“七七”这一段期间，可以说是中国高等教育进步最迅速而最沉着的时候。中央大学也是和他的学术伴侣，在这迈进轨道上奔着前程的一分子。可是主持大学像我这样的一个人，处境却是困难极了。因为我是略略知道国防政策的一个人，知道中枢是如何积极的准备抗日；同时又是天天和热血青年接近的一个人，他们天天在要求抗日。我在这方面知道的不能和那方面说，精神上的痛苦，可想而知了！所以也只有做做军歌，跑跑大青山边的战壕，以略抒胸中的抑郁罢！

可是这种抑郁，被卢沟桥边敌人的炮火轰开了。二十六年七月八日上午八时，我在牯岭知道这消息，心里明白最后关头已到。下午一时我在庐山训练团有一个演讲，那时候我兴奋极了，但是这消息未经负责当局发表，我是不能随便宣布的。所以我只能在最后结束演讲的时候对听众说，尤其是向着一千四百多位全国中学校长和教务训育主任说："我现在讲话的时候，恐怕猛烈的炮火，已经震动了我们的故都，最后关头已经来临，我们全国一致武装起来，保卫我们神圣的祖国罢！"讲完以后，在休息室里，孙连仲、胡宗南两将军来向我谈问这消息，大家都热血高涨。到那天下午八时，我知道孙连仲将军已经奉到下山出发的命令了。

那时候，委员长蒋先生一面调兵遣将，一面还是沉着地进行大规模的训练工作。五天以后，我在仙霞饭店的大树下看见胡适之先生，他方才从蒋先生处归来。他很紧张地说是蒋先生告诉他已经调了六师军队北上增援，现在已经到了最后关头，只有为祖国自卫而战。蒋先生又说，你们从前总说北方军事受《何梅协定》的拘束，现在看事实的表现罢。抗战军事的发动，至此是具体化了！

七月十四日我因为武大、浙大、中大三大学联合招考出题事，乘飞机回南京；十五日从何应钦将军处知道昨夜平汉路上有一千三百辆火车已经开始大量运兵。当天，我就开始作迁校的布置。十六日，我回到庐山，那天正当蒋先生在庐山谈话会席上，宣布他有历史上重要性的谈话，坚决表示抗战。七月十八日庐山训练团在海会寺举行毕业典礼。在巍巍的五老峰下，俯瞰浩浩千顷，一望无际的鄱阳湖，日光反射，现出青碧紫金的水光云影；司令台下，整齐的站着五千个受训人员，军队长官、公务人员、教育人员；草绿色的制服，把他们溶成文武合一的景象：这是何等壮伟的奇观！这时候夏季的骄阳，渐渐当空，蒋先生在烈日下岸然站了二个半钟头，演讲“建国在作战的时候”的道理。“抗战建国”的口号，后来就是从这篇演讲里结晶出来的。蒋先生的汗，从头顶流到脚跟，在场人的血，也就从心房喷到面颊，显露出无限的感动。七月二十日蒋先生下山回京，我们也就继续下来。回京以后，我就嘱总务处将一年以前冀东事变时，预备好的大木箱，里面钉了铅皮预备长途旅行用的，先取出五百五十只，将重要的图书仪器装箱。[当时我教人打这大批的箱子，大家不知道有何用途，其实当时我即看定中日之间，是迟早不免一战的。我并不想做陶德曼（Trautmann，系当时德国驻华大使，我们开玩笑叫他“逃得慢”）大使的哥哥“陶德快”，但为保全国家文化事业元气计，平时也不能不作有备无患的打算。若是没有这批箱子，当时军事倥偬，是无法可以临时做就的。] 同时我又请几位教授，分两路出发。一路是法学院长马洗繁先生和经济系主任吴榦先生向重庆出发，一路是心理系教授王书林先生向两湖出发，寻觅适当校址。后来又另请医学院教授蔡翘先生为一路，向成都出发，专为向华西大学接洽容纳中大医学院事。他们都抛开了家庭不管，为迁校而奔波，吃了许多辛苦。王书林先生曾一度赴湖南醴陵觅校址，被县长当做汉奸捉起来了，经朱经农先生去电方才释放。原因是这位县太爷不知道南京有中央大学！后来王先生回到武汉，我请他设了一个办事处，做一个中途的腰站。我接到各路调查的报告以后，详细考虑，决定将校本部迁往重庆，医学院因为医学设备上合作的便利，放在成都。但是这个决定，却受了校内校外不少的反对，以为何必迁得这么远。许多同情而有力量的校外朋友，有主张即在南京城外掘防空壕上课的，有主张迁至上海的，有主张迁至安徽九华山的，有主张迁至牯岭新图书馆馆址内的；校内的朋友，有主张迁至武昌珞珈山的，有主张迁至沙市的，迁至宜昌的，议论纷纭，阻力甚多。后来我亲往陵园见蒋先生，详陈我下这判断的理由，经他允准，我才自由的放手去做。常常有人问我，为什么当时看定了重庆，一搬就搬来此地呢？我的见解是：第一，我断定这次抗战是长期的，文化机关与军事机关不同，不便一搬再搬。第二，所迁地点，以水道能直达者为宜，搬过小家的应当知道搬这样一个大家的困难。第三，重庆不但军事上为险要，而且山陵起伏，宜于防空。最后一点意见，是因为七七事变前两年我为察哈尔问题，因公赴成都谒见蒋先生一次，来回在重庆勾留约三天，曾经相度地形，脑筋里有这点观念。

最重要的图书仪器已经装好箱，而且有几百箱运到江边怡和太古趸船上了，敌人对于南京的大轰炸，也就开始。第一次是八月十五日，一批敌机向中大扫射，弹中图书馆及附属实验学校大门；那时我还教大家不要张扬，恐怕校内人心摇动，有碍装箱及招考工作。第二次是八月十九日下午六时许。那天我们正在开三大学联合招生委员会议，决定录取学生名单。因为天气热，所以从早上六点钟开起；因为手续繁，所以到下午六时尚未开完。中午有过两次空袭，都是炸光华门外飞机场，所以我们仍然照常工作，没有理会。下午六时会尚未完，大家开始吃晚饭；正在图书馆二层楼吃饭的时候，本校警卫队长来报告，说敌机在屋顶盘旋，大家到地下室去避一下罢。南京地底，掘下去二三尺即见水，所以校内仅有防空壕的设备，上面不过盖土二三尺。而图书馆的地下室，也是很普通的，窗子还在地平面以上。我们下去了；我正按着扶手椅的两柄，要坐下去，请大家继续开会；忽听砰然一声，屋顶上的水泥，如急雨般的打下，房子向两边摇摆。以后继续的几十声，有如天崩地塌。我们知道本校受炸了。炸后又有五分钟不断的清脆爆炸声。那时候校警来报告科学馆后面的房屋起火了。我们不能等敌机离开上空，一齐出来救火。燃烧的是一年级普通化学实验室，当即将其扑灭。统计那次大学围墙内落了二百五十公斤（五百五十磅）的炸弹七枚，墙外还有许多。这炸弹的重量不是随便估计的，因为我们所在的图书馆墙外，就中两弹，我们拾到的炸弹片有一块很完整的，上面有八个汉文楷字“二五〇瓩陆用爆弹”。（此片当保存，为传校之宝。）这种重磅炸弹，有一个就落在我们所在地的墙外三公尺爆炸。不是一重钢骨水泥的墙，我们二百多人，一齐毁了。这是敌人对付我们文化机关的狰狞面目！但是这种狰狞的面目，吓我们不了。我们于救火完毕以后，还继续开会约十分钟，将招生事件结束，各校代表将新生成绩名单，分带回校。

这次严重的轰炸，损毁房屋七八处，死了校工七人。大礼堂的讲台被炸了，但是讲台上笨重的椅子，却安然飞在第三层看台上摆着！牙医专科学校的房子炸平了，里面二十八箱贵重的仪器，刚巧于那天早上八点钟搬到下关！还有一件很巧的事：自八月十五日轰炸以后，来访我的客人较少。十七日的早晨，我独自在大礼堂办公室里走来走去，忽然想起校内女生宿舍和校外男生宿舍均不妥当，于是坐下来写了两个条子：一个给男生宿舍管理员，限男生从二三层楼迁至一层楼；女生宿舍是一层的木架平房，所以另一个条子给女生指导员，请其限女生有家者归家，无家者迁至三牌楼农学院。两处都限于十九日上午八时以前迁妥。当时两处的负责人都感觉困难，原因是男生爱二三楼风凉，女生是贪图校内宿舍便利。我坚持要办到，男生是上午迁妥的，而下午轰炸时，适有一辆运高射炮弹上北极阁去的汽车，临时来不及，停在男生宿舍墙外不远，中了碎片着火炸了，男生宿舍二三楼的楼窗全碎，炸片很多，但是迁到一层楼的男生无恙。我们在图书馆听见的清脆爆炸声，就是这车高射炮弹爆炸的声音！至于女生宿舍呢？十九日下午四时半，女生指导员、卫生教育科教授陈美愉女士到图书馆会场里来对我说，女生现在迁移完毕，她想请假回家两星期，我欣然答应了。她回到女生宿舍内整理自己的行装。哪知道正当这时候全部女生宿舍被炸毁！我最初得到的报告是陈女士被炸在里面，我赶快教人去发掘救护。这批发掘救护的人正要去的时候，陈女士已狂奔而来。她和一个女工友当炸中该舍的一刹那，睡倒在女生的一排水门汀洗脸架底下，后来循着未倒的墙根爬出。女生宿舍竟无一人死伤！这是何等的幸事！

第二天有四个女生来谢谢我，我笑着对她们说："你们当时还不肯搬呢！"难道这是一件灵异吗？还是我当时真有柏格森[①]的直觉？都不是的。这理由很简单，只是一个负责任的人，若是他有责任心而头脑稍微有点冷静时候的话，应

---

① 指亨利·柏格森（Henri Bergson，1859—1941），法国哲学家，1927年获诺贝尔文学奖。——编者

当把他分内的事，尤其是感觉不妥之处，费心思打量一番罢了。

受了大轰炸以后，迁校的工作，自然更当积极。我的办公室炸得不像样子了，第二天一早，我站在校门内一行法国梧桐底下办公。因为暑期内人手分散，所以我看见每一位教职员进来，就分配他一件工作，大都是在整理和装箱方面的。敌机来了，我们仍在图书馆内一躲。谢谢他们的热诚和勇敢，最大部分的东西，都已有了归宿。我请一位航空工程教授罗荣安先生拆卸风洞，对他说，风洞不运走，请你不要离开南京。果然，等到风洞最重的一部七吨半的机器上船以后，他才离开。

敌机第三度的光顾，是八月二十六日晚上，把实验学校炸了。第二天一早我到实验学校视察，站在炸弹坑边，一个老校工跑来，一夜的恐怖，使他的神色已变。他不知所措的跪在我前面，我扶起他，对着几位实校教职员，指着炸弹坑说："寇能覆之，我必能兴之。"我也不必再说下去了。以后我将实验学校迁至安徽屯溪开学（因为初高中学生不能离家太远），后来迁至长沙岳麓山，最后迁至贵阳，始终不肯因大学本身经费困难而停办，就是要争这一口气，因为这不是我个人的闲气。

我原来的办公室既不能办公，于是迁至图书馆的小阅览室内；总办公处迁至旁边的文学院内。因为敌机多次空袭，常在大学上面盘旋，所以总务长对我建议将总办公处迁至城内三牌楼农学院内，因为该处防空壕较好。我已同意了，但是迁移的日期，尚未决定。九月二十五日上午我到图书馆时，知道总办公处已搬，我深怪这搬移的举动太快；本部恐怕还有小部分事要料理，想把他搬回来。总务长告我，说是他允许他们搬去的，我自然也就尊重了负责同人的意见。哪知道他这意见很好，就是二十五日下午的四时，文学院被炸了！这是敌机第四次的光顾。这一搬也真是巧合。

现在回到重庆方面来讲罢。马吴二先生在重庆承各方面，尤其是重庆大学的帮助，得到较为适宜，“自成小小格局的地址”（马先生函中语）。但是还有工程上、设备上、运输上、人事上许多问题，需要不断的和我商量，才能决定。而下游军电甚多，普通电报迟缓太甚，实在是我们迁校进行上的障碍。于是我们想了一个有效的转信办法，就是由马先生用急电由重庆致汉口腰站的王先生（这段电报畅通），由王先生每晚用长途电话给我；我在电话里将我的决定告王先生，由他立刻用电报给马先生。所以每天晚上十二时以后，是我等长途电话的时候，如晚间空袭，有时等到三四点钟，但是天天晚上总有长途电话来的。重庆方面一切材料大致预备好了，只等房子动工。什么时候动工呢？这点有一个法令上的手续问题，就是我要等教育部的复令。九月十八日南京外交团接到敌人通告，说是二十日要不分皂白的滥炸南京，请各国外交人员避开。二十二日敌机一百架炸南京，二十三日我奉到准迁重庆的部令；于是立刻告知汉口转达重庆，嘱其迅速动工。十月初南京的东西大致迁移就绪；为这次迁移最出力的事务主任李声轩先生也可以稍微抽身；于是就请他和水利系主任原素欣先生、工程师徐敬直先生前往重庆，办理校舍建筑事宜。一方面通知全体教职员学生于十月十日集中汉口，转船西上。关于这一部分复杂的交通事宜，都是归王书林先生主办的。大家都先后上路了，我于十月五日离开南京，经芜湖到屯溪，赶往主持十月十日实验学校的开学典礼。事后即赴汉口，于二十五日乘飞机抵重庆。那时候教职员学生已经有一部分先我而到了。

到重庆以后，知道校舍大致均已就绪。经各位先生不分昼夜的劳苦，分十八个包工，集合了一千七百多工人日夜工作——谢谢他们——容一千余人的校舍，竟于四十二天完成。大家开始搬进去，于十一月初已经开始上课。这个速度，不能不算是一个纪录！

虽然正当猛烈的战事，经过长途的跋涉，我们的功课，开得还是很整齐的。我们的图书仪器，都已搬出，而且展开使用。不但重庆本部开学，并且医学院和牙医专科学校已先本校在成都开学了。我们教学的标准，从那时候起到现在止，还没有比在南京时降低。

我们这次搬家，或者可以算是较有计划有组织的；几千个人，几千大箱东西，浩浩荡荡的西上，于不知不觉之中，竟做了国府为主持长期抗战而奠定陪都的前驱。这次搬来的东西，有极笨重的，有很精微的；还有拆卸的飞机三架（航空工程教学之用），泡制好的死尸二十四具（医学院解剖之用），两翼四足之流，亦复不少。若是不说到牧场牲畜的迁移，似乎觉得这个西迁的故事不甚完备。中大牧场中有许多国内外很好的牲畜品种，应当保留。我们最初和民生公司商量，改造了轮船的一层；将好的品种，每样选一对，成了基督教《旧约》中的罗哀宝筏（Noah's Ark）[①]，随着别的东西西上。这真是实现唐人"鸡犬图书共一船"的诗句了。可是还有余下来在南京的呢？我以为管不得了。所以我临离开的时候，告诉一位留下管理牧场的同人说，万一敌人逼近首都，这些余下的牲畜，你可迁则迁，不可迁则放弃了，我们也不能怪你。可是他决不放弃。敌人是十一月十三日攻陷首都的，他于九日见军事情形不佳，就把这些牲畜用木船过江，由浦口、浦镇，过安徽，经河南边境，转入湖北，到宜昌再用水运。这一段游牧的生活，经过了大约一年的时间。这些美国牛、荷兰牛、澳洲牛、英国猪、美国猪和用笼子骑在它们背上的美国鸡、北京鸭，可怜也受日寇的压迫，和沙漠中的骆驼队一样，踏上了它们几千里长征的路线，每天只

① 今译作"诺亚方舟"。——编者

能走十几里，而且走一两天要歇三五天。居然于第二年的十一月中到了重庆。我于一天傍晚的时候，由校进城，在路上遇见它们到了，仿佛如乱后骨肉重逢一样，真是有悲喜交集的情绪。领导这个牲畜长征的，是一位管牧场的王酉亭先生；他平时的月薪不过八十元！

到了重庆的第二年，学生人数激增，到了二千以上，沙坪坝的校址容不下了；而且为疏散关系，也当另辟新址。于是又选择了一个风景清幽的地方——柏溪——建筑了一个分校。该处逐渐增加房屋，现在可容一千多人，所以现在中央大学的校址分为四处：（一）沙坪坝，（二）柏溪，（三）成都，（四）贵阳。四处有四处的好处，可是四处的开支也不容易呀！

西迁以后，添了一个师范学院，将以前教育学院原有的系维持和改隶以外，还添了七系一科。工学院添了航空工程、水利工程两系，电机工程系和土木工程系从单班加到双班，机械工程系从单班加到三班，又加了一个低级的技工训练班。医学院添了四个年级（从三年级到六年级），去年添了一个牙科门诊部，今年还添办一个较大规模的医院。农学院添了一班畜牧兽医专修科。研究院则加设有七个研究部（政治经济、物理、化学、土木工程、机械工程、电机工程、教育心理），连今年授过两次的硕士学位。今年秋季还要加添五六个研究部。

现在中大所包的部门，除总办公部分，分（一）教务处（包括注册组、图书馆），（二）总务处（包括文书组、事务组、出纳室，此外还有一个独立的会计室），（三）训导处（包括生活指导组、体育卫生组、军事训练组、卫生室），和（四）分校主任室（包括教务室、总务室、训导分处）而外，直接教学的部门，分别如下：

（一）文学院分中国文学系、外国语文系、历史学系、哲学系。

（二）理学院分数学系、物理学系、化学系、生物学系、地质学系、地理学系、心理学系。

（三）法学院分法律学系、政治学系、经济学系。

（四）工学院分土木工程系、电机工程系、机械工程系、航空工程系、水利工程系、化学工程系、建筑工程系、航空工程专修班、附属技工训练班及各工厂。

（五）农学院分农艺系（包括农业经济与病虫害两组）、园艺系、农业化学系、森林学系、畜牧兽医系、畜牧兽医专修科、附属农场三、牧场一。

（六）师范学院分国文系、英语系、教育学系、公民训练系、数学系、理化系、博物系、史地系、艺术系、体育系、童子军专修科。

（七）医学院分医前期与医后期两大段落：医前期分生理学科、人体解剖科、病理学科、组织学科、药理学科、神经学科、生物化学科；医后期分内科、外科、牙科、耳鼻喉科、妇产科、骨科、放射科、公共卫生科、附属医院。（本年医院全部完成后，医后期各科尚须增设。）

（八）牙医专科学校此系独立单位，由中央大学主办，即由我委托医学院院长主持，三年毕业，其更进一步深造者六年毕业，为医学院牙科。一切课程，均与医学院密切合作，实属“合之两利”。国家办理之牙医教育机关，仅此一所，很值得社会注意。附设牙医门诊部。

（九）实验学校分高中初中两部。

（十）研究院

法科研究所设政治经济部。

理科研究所设数学部、物理学部、化学部。

工科研究所设土木工程部（包括水利）、电机工程部、机械工程部（包括航空）。

农科研究所设农艺部。

师范科研究所设教育心理部。

就上表看来，综计十四个大单位，其中关于直接教学的有七个学院，一个研究院，一个专科学校，一个中等学校。再进一步的分析，则仅教学方面，就有五十六个系科，九个研究部，共计六十五个单位。至教育行政部门和附属医院、农场、牧场、工厂和技工训练班，尚未计入。所以在大学之中，中大内容不能不算是当今最繁复的了。

说到学生人数，在南京最后一学年不过一千零七十二人；到今年则大学和研究院部分共计三千一百五十三人（随时略有增减），较南京时约加三倍。外加实验学校六百五十一人，技工训练班五十人，共计三千八百五十四人。本年大学本科毕业约四百人，所招新生，当然视合格成绩而定人数，但无论如何，必较毕业生人数为多；若是多一倍，则总人数一定是四千多人了。

至于所开课程，在南京最后一学年全年共为五百二十四种，本学年则上学期为七百三十七种，下学期为八百二十九种。从本学年起，都是按照教育部所颁部定课程标准开的。

至于每周各班上课时数的总和，则本学年每周讲授时间上学期为二千零二小时，下学期为一千九百八十小时，实验钟点上学期为一千四百八十一小时，下学期为一千五百五十二小时。至于实验时数，绝对不只此数，可以增到一倍，因为实验地位不敷，有上课在一班而分作几组作实验的。这种分组的时数也就不及统计了。

因为学生人数的增加，院系的增加，课程的增加，所以教员人数，不能不比在南京时要增加。现在计教授副教授一百八十三人，讲师三十九人，助教一百七十九人。

战区学生经济困难的，和一般学生伙食困难的，由政府给予各种贷金。这是一笔很大的数目。国民政府这种宽大的培养青年政策，是每个青年应当感奋的。此外还有中正奖学金和公费免费种种名额。师范学院学生是全部公费待遇的。医学院学生从本学年一年级起，指定为公医生，也是全部公费待遇的。

这几年以来，政府不断的以专门问题，教我们的教员来帮同研究，这学年内并且有时征调我们高年级的学生去参加某种工作，大家都是欣然参加，从未推却。这是我个人心中常引为欣幸的事。

当我们初来的时候，学生受外间不成熟舆论的影响，常有要求改变课程，受所谓战时教育的声浪。那时候他们心目中以为有一种短期速成的教育，像“万应灵丹”一样，一吞下去就可以抗日的。我很恳切的告诉他们，说是教育，尤其是近代科学教育里面，决无“王者之路”（捷径），何况大家不是王者。学问是谨严的，是有步骤的。一种学问学好了，平时可用，战时也可用。到那境界，只看你们能不能“一隅三反”。战时教育，只须把平时教育加紧，更须加重军事体育的训练，加强国家民族的意识，就可以了。当时他们表示接受，但是我知道他们心里还是不免有点怀疑的。到后来看见一班一班的毕业生出了校门，都有积极的工作，而且供不应求。再到后来他们被征调去工作的时候，知道在学校里学好的，出去可以用；没有学好的，出去了有机会也不能用，于是恍然大悟。

我们在重庆四年了，这四年的日子，不是好过的。我们的学校穷，同人也穷，但是国家在抗战的时候，谁说穷是不应该的？我们只能以大义相劝勉，以感情相维系。四年以内，我们不知道历尽了几多困难。我们只有一点可以勉强告慰于国人的，就是在这四年之中，中央大学没有停顿，而且照常进行，还有一点小小的发展。

但是敌人还是不放过我们的。像去年（民国二十九年）就被炸三次。第一次是六月二十七日，第二次是二十九日，第三次是七月四日。房子被炸毁和炸坏的，不下二十几所。我的办公室瓦没有了，墙也没有了；在夏天的烈日之下，我照常的和同人在"室徒一壁"的房子里面办公；修好以后，照常开学上课。我们和顽皮的小孩子一样，敌机来了，我们躲进洞去；敌机走了，立刻出来工作。幸赖师生防护服务团里各位同人的努力，到现在为止，在我们大学的范围以内，没有死伤过一个教职员和学生。

民国二十一年我到中大就职的时候，常以十九世纪初叶柏林大学所负的责任来互相砥砺；至今回想，去这理想还不知有多远。我当时并且以找着对手方来抗日的理论，勉励学生。我认为敌人的称强，不是一方面，而是多方面促成的。我们抗日不只是我国的兵找着敌人的兵来抗，而且，要我国的农找着敌人的农来抗，工找着敌人的工来抗，商找着敌人的商来抗，学校找着敌人的学校来抗。所以中央大学抗日的对象，就是敌人的东京帝国大学。我们现在不应该问我们忠勇的将士，抵抗得过敌人残暴的军队与否，我们现在应该问我们的科学和一般学术，抵抗得过敌人的科学和一般学术与否。我们希望我们以科学与一般学术，压倒敌人，就是我们的空军强大到轰炸东京的时候，我也不希望他轰炸东京帝国大学，像他们对付我们一样。

我认清敌人可以炸毁的是我们的物质，炸不毁的是我们的意志！炸得毁的是我们建设的结果，炸不毁的是我们建设的经验！

中华民国三十年六月十六日，于重庆警报声中

（原载《文化教育与青年》）

印度国旗的制定和我

实现自由亚洲，是我们中华民国堂堂正正一贯的主张。我们对于以前日据的韩国如此，对于英属的印度也是如此。为了这个主张，当年我们虽在抗日战争最艰苦的时期，蒋委员长仍偕夫人毅然访印，并亲自拜访甘地。且明白发表宣言，敦促大英帝国早日给全印度民众以独立自由。这在外交史上固属创举，在人道史上亦自有无限的光辉。世界上的人，不能忘记当时的战局情况，因为我们退守西南，海运断绝，致国际交通路线，全仗滇缅间陆上和空中的运输；恰好这条战时的生命线，握在大英帝国手里。为了我们对于印度独立的支持，许多英方维护帝国的当局，不仅在当时，而且到现在，还不能原谅我们，并且给过我们许多打击。但是这种堂堂正正的立场，仍使我们心安理得，因其足以表现我们中华民族的最高风度！

第二次世界大战终了，世界局势有一个新的转变，大英帝国不能不让印度独立，虽然任其分为印度和巴基斯坦两个自治领，但仍构成为不列颠国协中的自主部分。至今印、巴都已分别成为共和国了，却仍然维系在这同一国协之内，也是英国政略上的妙用。所以我最初奉命就任驻印大使的时候，还在英国尚未撤退，印度尚未完全独立，及印度和巴基斯坦尚未分家之前。我初到所递的国书，还是中华民国元首致大英帝国君主兼印度皇帝的国书，由印度总督蒙巴顿代表接受。（按：印度总督有二重头衔，一为 Viceroy，可译作“副王”，最尊贵，其次为 Governor General，乃普通总督之称。）所以我这位首先到达印度的中华民国大使，成为促成他独立自主的象征。当时声势的浩大以及印度上下推重的情形，可以想见，而且各报都有长篇的记录。这不是我有何德何能，乃是由于我们的国家，我们的政府，声势颇隆，我代表的正是我们一贯的国策。

当时因为中华民国是亚洲最早建立的第一个民主共和国，其立国经验比较后进为多；而且因为我国对他们的扶持，还不曾开始被忘记；更由我国在联合国安理会，以及在一般国际场合间，还有相当的力量，可以帮他们新起国家的忙（以后三年中，由我经手帮印度忙的事凡十四件，我曾于离印前亲自对尼赫鲁列举过）。所以我们的大使馆常常门庭若市。印度临时政府以及国大党的要人，不断的以请教的态度来和我谈他们的政治内情，并征询我的意见；因此就谈到印度的新国旗的问题上来了。

大英帝国经过不少波折，才允许印度独立，经过不必细说。一九四七年五月十七日印度总督蒙巴顿本拟宣布英方所定转移政权方案，后因印巴双方争执仍多，蒙巴顿总督乃宣布延期，次日亲自飞回伦敦请示。二十八日，我与尼赫鲁同赴贱民区访甘地长谈，三十日下午六时我单独往访后来成为巴基斯坦国父的真纳，他们都和我谈到新方案问题。真纳并强调巴基斯坦分立是“事所必至，理有固然”，希望我能同情。六月三日上午，蒙巴顿总督正式宣布了印、巴分治方案。晚间尼赫鲁代表印度，真纳代表巴基斯坦，与巴德符辛代表锡克教徒，分别表示赞成。印度国大党中央执行委员会正式通过接受案乃在六月十四日。七月五日，英国下议院遂将印度独立法案付下议院讨论；七月十五、十六日经上下两院正式通过，十八日午前十时四十五分由英王签署，完成立法程序。在这一段纷纷扰扰的期间，各方为瓜分家产闹个不休。我有一次在被尊为印度革命祖母的女诗人奈都夫人（Mrs. S. Naidu）处闲谈，谈到新国旗问题，似乎大家不甚注意。

七月二十六日上午潘迪特夫人（Mrs. V. Pandit，尼赫鲁的胞妹）打电话给我，接受我请她于三十日到我大使馆来晚餐的邀约，因为她不久要到苏俄去就任印度驻苏大使，我有送行之意。下午又在其他场合遇见她和尼赫鲁，尼并要求将她的女儿女婿一并带来，我当然欢迎，因为带点家庭气氛，倒还容易闲谈大事。二十七日，我在另一场合遇见曾任印尼革命军方面总理，当时来印度代表印尼从事外交活动的薛瑞耶（Shariar）君，我即约他于二十八日下午来大使馆茶叙，要和他讨论中国和印尼的友好关系与东南亚的大局。我为了印尼革命武力戕杀华侨、焚劫侨胞财产的暴行，经常对驻在或经过印度的印尼革命领袖作抗议、说服和交涉的工夫。（因为我国当时驻在雅加达的只总领事一人，为蒋家栋君。他的对象只限于荷兰政府，不能与革命军方面有任何接洽。此地我还要附带声明一句，那时候印尼的革命领袖，现在早被排斥，与苏卡诺[①]无关。）二十八日茶叙后，我知道薛氏正住在尼家，与尼交情颇厚。我既然三十日请尼赫鲁一家，为何不把他一道邀来，使他对我们的态度，增加一点了解。所以三十日的晚餐席上有潘迪特夫人及其女公子一人，尼赫鲁及其女公子一人（她后来是国大党主席了。那天她的夫婿临时有事不克来），国际学会主席西华饶（Shiva Rao），潘尼迦（K. M. Panikkar，以后被任为驻华大使），及薛瑞耶等。客人中除薛以外，如尼赫鲁兄妹以及其他客人，都是在国大

① 即苏加诺（1901—1970），印度尼西亚独立后的第一任总统。——编者

党和国会中的有力分子。在这比较轻松的场合，谈话颇觉自由。尼、潘等都逾时颇久才来，来到时都深致歉辞，说明是因为国会开会才散。我含笑问他们今天下午讨论何事，他们说下午的会场上还讨论到新印度的国旗问题。我问他们所拟议的新国旗是何形态，他们说辩论了许久，尚未十分决定，大概倾向于沿用甘地对英不合作运动时代所用的旗子，就是以绿、白和橘红三横条做底子，中间安放一个甘地土布运动的纺车。（我在此不能不略加说明：甘地于一九二一年四月十三日《少年印度》刊物上发表一篇专文，主张印度为了抗英，实有制定国旗的必要，于是他经过考虑和修正后，主张以代表印度教的橘红，代表回教的绿，代表其他各教的白，横着排列，以表示各个宗教的大联合，而且要把他自己的土布纺车放在中间。他认这纺车不但为家家妇女所心爱，而且为其生命所寄托。）我听到这种设计，心里不以为然，而且觉得非常可笑。我知道在这神化甘地的时期和地点，要来批评到他的得意之作，是犯大忌的。可是我对于自己认为正确的见解，又不愿意隐藏；这种隐藏是对于真理和朋友的不忠实。我将说出又迟疑了一下道："我是一个中国来的大使，如何可以评论你们有历史性的新国旗呢？"他们说一定要知道我所"代表的经验和智慧"。于是我说出来了。我说："据我的意见，一个像印度这样疆域广而人口多的国家的国旗，最好要使散布在各区的人口，看了政府颁布的图案和说明，就能按照仿制，不致错误。甘地的纺车虽然简单，但是棍棒等件仍然很多，各处仿制，很难合乎比例，将来势必不能一致。国旗不易标准化，是不方便的。这是我所持第一个理由。我知道甘地抵制英货的纺织土布运动，自有印度独立史上的意义，可是印度要建国，必须要现代化，断不能停滞在手纺脚勾的原始土车上面。这土车的时代任务过去了。我们现在不妨坦白的说，就在当时他也不过发生有限的作用，何必把他延长为重建印度的象征。这是第二个理由。”我说到此地，他们已经频频点头称是了，于是我临时想起了第三个理由。我觉得在当前全印即将分裂成为印、巴两国的现象，乃是国大党以及许多印度较开明而且爱国的人士所心里最不愿意的，并且希望着以后有复合的可能。我根据这种环境的反应和心理的了解，乃继续的说道：“我虽然是研究历史的人，但是对于印度历史的知识仍然很浅。根据这有限的印度历史知识，我觉得在大英帝国征服印度各地区以前，印度并没有完全统一过。在印度自己的政权统治之下，只有著名的阿育王（Aśoka）时期，几乎有完成统一的可能。现在印度朋友们既面临分裂的痛苦，又抱有将来复合的希望（尼赫鲁有次对我个人谈话时，也有些表示），何不主张将你们历史上和艺术上著名的阿育王轮，放在这中间呢？阿育王轮中虽然也有许多轮齿，可是他们都是按着一定几何图案的比例，不但容易绘成，而且民间处处都有这图案现成的印本。请它正位于你们国旗的中间，实属最美丽，又深切的富于涵义，更容易普及到广大的民众而不致有错误。我还要再进一步为历史说句话，我也曾听到有印度朋友们谈到纺车，往往不免过分重视其历史性，这是感情的，也是自然的。我愿为阿育王轮请问一句话：这件有代表印度统一性的古迹，其历史性岂不比纺车更悠久吗？”于是在座的人都点头大笑起来，称赞这是最有价值的意见，他们将于继续讨论时，有所主张。我于说话时曾注意到尼赫鲁的表情，觉得他当我说到阿育王轮那一段的时候，先在沉思，继而频频点头，于是我已经觉得这番话可能发生效力了。以后果然，并且把那些三种颜色横条的次序，也有所调整，编定绿、白和橘红的高下。以白色在中间，大约是要使这法轮的形态，格外明显。就在这当儿，潘尼迦说：“那阿育王柱上的三个狮头如何安置呢？”我笑着说：“你博学多能，一定有办法的，如果把他们放在公署的门上或是公文信笺的上部，像英国的雄狮与独角兽环抱图案一样，你以为何如？”他说：“我正是这样想，只是被你先说出来了。”说罢彼此大笑。此项安排，现在印度也仍然应用。

这可以说是一个很有趣味的场合。以一个中国大使来建议驻在国国旗的形态，而且这个驻在国也是有悠久文化的国家，恐怕可以说是史无前例。在散席的时候，我把一封致我国驻莫斯科傅大使秉常的介绍信，亲交潘迪特夫人，由我托傅先生照应她。潘因到俄后人地生疏，深致谢意。于是又把印尼的代表拉在一边，递给他一封备忘录式的长信，是我于二十九日深夜写的，要他严重劝告其革命军领袖和将领，迅速停止其对我们的侨胞现正实施的劫掠和焦土政策。这样结束了一天多事的日程。

现在偶翻使印时期的日记，都成过眼云烟。使节的重轻，主要的还是其所代表的国家文化和实力。而今世态炎凉，以国际间为尤甚。我们的哲学，向来不主张怨天尤人，我们要发奋图强，中华民国自有重新教人“刮目相看”的日子！至于我国亲仁善邻的传统，泱泱大国的风度，历史上自有其不可磨灭的记录。

我为写这篇文章，重翻我使印的日记和笔记，据实写来，所以不觉“言之长也”。以上所叙的事实，在台尚有吴俊才先生（当时《中央日报》特派员），马均权女士（在驻印大使馆管理文档），和现在马尼拉中国大使馆的秘书糜文开先生（当时在大使馆担任管理密电秘书）诸位，都是习见习闻的。我在写本文过程中曾向吴俊才先生参证文献，还承他提醒我一件几乎被我自己忘却的事。他说：

“请你不要忘记，英国移交政权给印度是一九四七年八月十五日零时。八月十五日是英印文件上所规定，选择零时举行，还是大使（这是吴先生沿用对我当年的客气称呼）建议的。当印度当局不知是上午或下午好，在莫知所择的时候，你提出中夜零时的意见来，他们大家立刻非常高兴的赞成！”

咳！“逝者如斯夫，不舍昼夜！”

[原载《传记文学》第一卷第四期（一九六二年九月号）]

走遍山野和都会*

和平村纪游

凄凉的山雨，萧飒的冷风，培养出万山间一条静寂的小河中，新肥的浪纹。一只小小的渡船，载我过去。时在三十年十一月八日的下午三时，于贵州东部的某地。

风景虽然沉默，我心中的血流，却在猛烈地激荡，因为我渡过这小河后的任务，使我的情绪发生了绝大的冲突。同一下午视察两个绝对矛盾的机关，我的情绪焉得而不矛盾？

大约因为地点的接近罢！地方行政当局把我视察第几伤兵医院和第几俘虏收容所的任务，排在同一个下半天。这是两个多么不同的场合——从外表以至内心？

---

*这是一组游记，本标题为编者所加。

在伤兵医院里，见到四百多断腿折臂的荣誉军人。我在任务上代表中央，对他们讲话；以热烈的情感，致恳切的慰问；并且分给他们一点慰劳金。他们情绪上的反应，只有火山才可以比拟罢。我赞美他们作战时的壮烈，他们脸上表现的真个英雄；我慰问和抚摩他们的伤痕，他们又忽然变成孩子。他们看见中央有人来慰问，真像多年流浪的孩子，见到父母一般。他们内心的微笑和伤感，只看他们夺眶的眼泪才可以认识。我的眼泪也要夺眶而出了。多年不流的眼泪！但是彼此的眼泪都不是通常儿女的眼泪！他们听见我说到蒋委员长，他们不是立正，而是不断的欢呼！

从伤兵医院到俘虏收容所，不过二十分钟的步行。我又要转入多么不同的环境里去呀！我一边走，一边压制我胸中已经奔放的感情。我有时不知不觉地把脚步放慢了。在路上凝神地在想，不，出神地在想。

我想到方才伤兵的伤，或者有些是现在的俘虏，当年蛮横的寇兵，直接造成的。这使我多么难过！

我又想，想到他们现在是解除武装的人。我们中华民族的风度，是不欺侮无抵抗的人的。我们对于这些手无寸铁的人，还要责备他们，增加他们心理上的痛苦，不算英雄。方才俘虏收容所的主持人不是告诉我吗？说这些俘虏之中，还有反战大同盟的组织；其中有些人还放出去过，让他们演出东亚之光这出反战新剧的。我还想到中央不是派过飞机飞到日本，不投炸弹而投传单，以劝导敌国人民吗？何况日本的军阀，送这些可怜的人们到俘虏收容所来，给我们劝导呢？

我想到此地，方把方才的情绪，强迫地压制下来，迈步踏进俘虏收容所——就是当地所称的和平村！

村里有五百多人，其中有大学毕业生，有中小学毕业生，有工人，有小商人，有职业的士兵；还有两个女子，一个是营妓，一个是飞机上的女无线电员。除女子而外，他们都穿着中国士兵的灰色军服，脚上有许多还踏着木屐。他们每天有早操，有功课。他们中间的觉悟分子——多属反战大同盟分子——组织得有高级研究班，时常举行讨论会，讨论东亚和平问题，一般的俘虏也可以参加。他们讨论出来的结果，写成很美术化的壁报。后来他们揭了一张下来送我。

他们的籍贯，分散在日本各地。他们被俘的地点，在中国每一战场。在湖北、湖南、江西、安徽、江苏、山东等处来的不必说；还有从太行山、中条山来的；更有一个是从天津附近静海县解来的。这是因为中国游击队要表示他们力量达到的范围，所以有这种远道“献俘”的举动。地面来的不算，还有天上掉下来的呀！

堂堂的中华民国，究竟宽大。在这香港交通还能维持的时候，我们准许俘虏和他们的家庭通信。他们的家庭有时也还有衣物和金钱寄来。我们有这宽大的精神，可是日本政府却大大不同了。凡属原系小商人等项职业的俘虏，日本政府才准他们的家庭写信和寄衣物来；至于职业军人被俘的，他们的通信权和家庭寄物权，却被他们自己的政府剥夺了！“其存其殁，家莫闻知。”这是日本政府有意为他们“出征军人”造成的痛苦。

最可笑的是他们的亲戚故旧，在和平村里初次会见的情形。新来的人对于原来在和平村的亲友，骤然相见，几乎不敢相认。凝视半晌，才开口问道：“你不是战死了吗？你的尸灰都作‘无声凯旋’了，为什么你还在此地？”是的，他疑心“眼见鬼”了！日本的尸灰，原来有这种的妙处！

我生平演讲，哪怕是对我自己的学生，常常不愿意用“训话”两个字。但是这次就承受了“训话”两个字罢！这番训话是下午五点开始的。我在台上讲，台下有十六支铅笔在笔记。这种大规模笔记队的阵容，构成我生平第一次阔气地演讲，不，是训话。

我相信板起面孔来讲是没有益处的，所以我完全用教育者口吻来说法。我首先描写日本的风景，描写家庭的甜蜜，以动他们思乡之念，由此以打动他们的心弦。再进一步去告诉他们侵略战争的狞恶，使他们扪着良心，为因日本侵略战争而离乡背井、妻离子散的中国人想想。更进一步，使他们认识日本前途的危险。他们的军阀盲动，如何毁灭了明治苦心建立的日本帝国基础。我不谩骂他们，我要他们反想；我不责备他们，我要他们心服。最后，我提出一个口号，勉励他们“以后永不做武装屠杀的斗士，而做和平幸福的先锋”。

我想这番话不见得毫无影响。我讲过以后，退到休息室来，他们在会场里已经推出三个代表来见我。据他们说，他们听了很感动。他们拿了一张条幅纸请我写字，我就提笔写了“愿诸位以后永不做武装屠杀的斗士，而做和平幸福的先锋”两行字，留下做个纪念。他们又要请我在第二天来吃饭，并且要开一个欢迎游艺会来欢迎我。我低头想了一想，也答应了。

正是第二天，九日的下午六时，我又渡过了这条静寂的小河，还是冒着蒙蒙的细雨，重行踏进和平村来。俘虏做了三盘大菜，其中一盘盛着一条大鱼，上面堆了花。我吃了两筷，觉得太生。可见这菜是中国做法，还脱不了日本味口。

饭完以后，游艺会开始了。开场就是欢迎词，一连三篇！第一篇是用中文写成的，先由日本俘虏念，再由日本俘虏翻译。第二篇是日本文的，也由日本俘虏译成中文。第三篇是英文写的，由日本俘虏宣读。听说宣读的人是一个日本庆应大学的学生。我洗耳恭听，也只听懂了百分之二十。

欢迎词毕，由二十几个高级班的分子，在台上合唱“起来！起来！不愿做奴隶的人们”这个中国抗战歌。接上就是一出独幕剧。剧情是表演明治维新以前日本社会思想混乱的情形。台上四个人，代表四个人生态度。一个是和尚，天天喝酒玩女人。一个女人，天天卖弄风骚，以喝酒、赌博、玩和尚为事。一个游浪者，天天在街头吹箫，瞎唱，要钱过活。最后出来一个武士，也是醉醺醺的状态，提了一口倭刀乱砍。那时候正值这女人与和尚在调情，于是他一刀把和尚砍死。砍死以后，他引吭高歌一曲；唱完后掷刀倒地。据和平村中一位主持人姚开白先生对我翻译这歌词大意是：这武士自述知道砍死了人，而自己不知道为什么要把这人砍死，于是感觉到迷惘和悲哀。是的，这正是日本武士道的迷惘和悲哀！

正戏上台了。这是一出三幕剧，描写日本贵族阶级与平民阶级的分野。剧情的大意是，日本当年盛行“高利贷”。有一个酒店的主人欠了放高利贷的人的钱，这人前来索债，这酒店主人还不出。但是他有一个漂亮的女儿，被这放高利贷的人看中了。主人既然还不出钱，放高利贷的人便要抢他的女儿。正在无可奈何的时候，一个伯爵的儿子，西装革履在店门口出现了。他把这凶狠的放高利贷的人赶走。但他自己看到这漂亮的女子，又一见倾心。可是按照日本的社会风尚，贵族和平民是阶级悬殊，不能通婚的。这位热恋的青年怎么办呢？他于是心生一计，想把这个酒店主人乔装贵族，去见他的父亲，强认作这是一头门当户对的亲事。可是这个几十年开酒店的老头子，实在生活习惯、举止言词，太不可救药了。于是他又另打主意，想再改造这个女孩子的哥哥。他开始了对他训练的工作。他告诉他，当他去见老伯爵的时候，老伯爵是要考试他一下的。老伯爵一定先要拿一把最心爱的剑出来给他看，要他说出这剑的来历。他便先把这剑的历史教会他。于是老伯爵知道这少年是出自有教育的家庭。按照老伯爵的习惯，第二步就是要这少年和他的儿子比剑。他儿子的剑术是第七段，于是他们约好，由他输给这少年一剑，使老伯爵看了这少年剑术高明，联想到他的家庭门第一定很好。哪知道这少年，就是这女孩子的哥哥，是个傻子。教来教去也教不会，闹得笑话百出。这头亲事，也就完了。这是因阶级而造成的爱情不自由。

我看到第二幕终了以后，时间已到深夜十一点半。我还要过渡回到旅舍。于是招呼他们继续演下去，我先离座了。他们还要我稍停一下，将第三幕暂停，提前表演一个压台的跳舞。

这跳舞是单人表演的。在舞者出台以前，由一个日本俘虏先行报告，说："这位舞者是东京附近某个小城里的跳舞教师，在东京也上过台，颇有一点名气。现在由我们日本的军阀，把他送到和平村来，表演给罗先生看！"这个舞者于是裸体的腰围一匹红绸，"距跃三百，曲踊三百"地舞起来了。跳了一段，高歌一段，似乎有点悲感的情节。

舞完了，我也起身了。忽而有一个俘虏提议，要高呼"罗先生万岁"三声送别。他们居然都站起来叫；而且叫的时候，是两手并举的。我一生没有人叫过我万岁，有之，自日本俘虏始！

这是子夜的时分，三五个小灯笼，照不见崎岖山路上的积雨；到了河边，走上渡船，这群小灯笼映在河流里，组合为点点的星光，不断地移动，有时竟成细长的光柱或光绳，倒也美丽。

回到旅舍，辗转不能成睡，稍一闭眼，就看见一面是伤兵医院，一面是和平村。所有经过的情形，无不历历在目，我胸中矛盾的热流，又激荡起来了。最后在入睡以前，忽然眼帘底悬出一幅地图，把这两种情景遮盖了。这是一幅完整的中华新地图，象征我们国家民族的伟大！

三十年十一月，贵州

（原载《黑云暴雨到明霞》）

诺曼第巡礼

长绿的半岛，带着起伏的丘陵，曲折的海岸，似曾保留着太古的宁静。

瑟堡（Cherbourg）港引来了海上巨舶，和跟随巨舶的喧扰，但这不过是诺曼第（Normandy）的一角，其余在大自然的怀抱里，还是艺人弥勒（J. F. Mille）的画图。

只是这次空前的战争，却看上了这美丽的半岛，选作联军登陆的所在，在战时小地方也闻名世界，是何等的不幸，然而我却为看战迹，说是看风景也罢，远道而来。

正是十二月六日的早晨，海气作成阴雨，我和三位朋友得了一辆小车，绕着这半岛作一次巡礼。瑟堡本身虽经四天的巷战，损坏还少，一到郊外，便满目都是断瓦颓垣。车到高丘少停，知道正踏在一个德军的炮台上面，右边的岩石底下又是一个炮台，成为掎角之势，前面的城市外是苍茫的大海，和两道破浪的长堤。

再循着这半岛沿北线的海岸西去，正是当年希特勒夸口的“大西洋长城”，断续的铁丝网旁边，露出残废的堡垒，坦克零星横卧，长射程炮无目的地指着青空。沿岸的别墅民居，多成残砖焦壁，最有诗意的一堵古雅的石墙，已经被炮火轰去一半了，那残余的一半上，还爬着红叶烂漫的古藤，表示他历劫不磨的生力。

画家弥勒的故居，就在格鲁西（Grnchy）小村，我们能不乘兴一访？这沿路山幽径曲，黄叶萧疏，几栋小屋，俨然世外人家，可惜这位艺人的故居，正为炮火所毁，门上石刻的题名还在，里面已成废墟，依稀地可以看出两间小房。循败坏的小梯上去，那左边的一间想是画室，壁炉旁边靠着一张摇椅，一个酒瓶，想去这已经不是弥勒的故物，但也可以重构当年他凝神作画的神情，玮奇的自然和纯朴的农村，对于这位画家的心灵，是怎样的将他陶醉。

从此到海格岸尖（La Hague）经阿特维（Audervliie）一带，冈峦叠翠，烟雨朦胧，夹路是黄花红叶青藤，映着蔚蓝的海色；黝黑的巨石，像鼋鼍作势，要一跃入海，正迎着白头的软浪；渔舟几行，随浪高低，有时傍着嵯峨的礁石，点缀一轴画图。

忽见沿岸的海面，现出一线残紫，再接一痕新黄，再没入无边的深翠，才知道山后略现阳光。

回看山冈，一重绿罩，一道寒林，不断地互相间隔，黄白相映的花牛，潇洒地在中间缓步，有一个在树下舐犊，流露它劫后母子的纯爱。

牛奶、黄油、苹果，这都是诺曼第丰富的特产。途中遇着一个十二三岁的女孩，紫衣金发，脸庞像苹果一般的红鲜，站在车上，驾着一片黑马，身旁放了两桶黄油，慢慢地前进，正如渔舟般的在雨中荡漾。

从阿特维折向东南，在卡特莱（Carterct）访到一个乡村饭店，吃了一顿田家风味的午餐。软热的面包，充分的黄油，肥鲜的海鱼，松嫩的牛肉，沁人心脾的战前美酒，供我们对着海滩，解除长途的饥乏。这种愉快和自然的情绪，哪是在人海中的伦敦和巴黎所能得到？

沿途经过的圣沙浮（St. Savenr）遭受破坏甚大，一个中古时期留下来的古堡，规模相当宏伟，中弹后只余空旷的隙地。对着残墙，瓦砾中犹见壁炉，正不知谁家曾在炉前相聚，华郎（Valognes）一城，所余不过十之一二，沿途小规模简单的住宅，有少数已在兴修，俘虏的德军，穿着灰色而没有符号的军衣，正在为主人挖土，由破坏者来建筑，当他们一锄一锄挖下去的时候，当不胜今昔之感。

在圣华斯特（St. Vaost）的海岸，我们也踏上了所余而仅见的登陆平底渡船，回想去年炮火的交织，弹花的飞腾，壮士的喊杀，配合着被掀起的海啸涛喧，是何等景况，至今日我在寂静的黄昏，苍凉凭吊，真觉有如隔世。

黄昏吞蚀了大海，回车时从灯光明处，遥知瑟堡在前面迎候。

谁说诺曼第宜于春夏？要知一片青绿，反不如绿色中夹一些枯叶寒林倒是天然逸趣。

三十四年十二月七日，瑟堡

（原载南京《中央日报》，一九四六年七月二十二日）

海边寂寞的生辰

——记三十四年十二月二十一日生辰

人人都有到世上来的一天——生日，这不是要人来庆贺的日子，而是值得自己回想的日子。

自从我自己能作主张以来，除了家庭有人记得而外，我总不向朋友提到生日的，那天若是和我一道工作的人十分留意的话，或者觉得我在那天到办公室格外早一点。最近三年，我的生日不曾在家里度过。前年我在天水，恰巧约几个朋友便饭，无意中被发现了，那晚围炉相聚，共赏西北的严冬，谈谈此后西北的建设。去年那天我在迪化，天明还没有起来的时候，想冲寒巡视南疆，在风雪漫天的天山和昆仑山下为国家做一点吃苦而带冒险性的工作。一起来就向朋友商谈这种计划。当时做了一首诗道："年年今日付谁知，长忆怀中恋母时；欲向知交话心迹，军情敲断半篇诗。"这是那天实际的情况，这件事受了意想不到的阻碍，固然使我失望，也是国家的损失，只有长叹一声！哪知道今年我的生日，忽在英国一个寂寞的海滩旁边度过。

我离开伦敦坐汽车到蒲尔（Poole），预备登波音飞剪飞往美国。在四点钟的汽车行程中，欣赏三点半钟沿途美丽的风景。冬令的季节，嵯峨的树下，还是绿草如茵，上面铺着红黄的落叶，以资点缀，格外不觉单调。晓雾盖住低地，像是一片一片的湖面；朦胧的太阳，允许我对他正视；牛羊在树围的牧地上，正进早餐；鸥鸟成群飞翔，使人联想到视线外就是碧海。到蒲尔后才知道由此赴里士本（Lisbon）途中气候不佳，停止飞行。英国海外飞机公司一位声音甜脆的女职员，用原车送我到沙湾海边（Sands Bay）的沙亩旅馆（Sandacres Hotel）中，权领世上的幽闲。

气候仍然不佳，于是幽闲再留我一天，在冷静中回想。海边的独步，窗前的凝望，觉得一平如镜的波光，浮出整个人生的影子。海鸥的低回，树枝的飘拂，又象征这影子的动荡，却是潇洒的动荡。我难道在孤岛上吗？这真是令人出神的境界。在大自然的爱域，忽然涌出慈母对我的笑容，经过痛苦后的笑容。我母亲的孤坟在多年的沦陷区中已经收复了，敌机是否加以损坏？我为什么不先去一看，而今日只身在此？我又想到设如我在家两个孩子欢跃的围着，是何等天真？设如我母亲看了，又是何等高兴？在这过去的三百六十五天中间，我做了些什么？我虽曾直率陈词，又有什么用处？我成了《转绿回黄集》那本小诗。我为著《新民族观》写了二十万字。但是临行前匆匆地仅整理了十六万字，印作上册，下册又何时完成？我又想在这大胜利也是大毁灭的时代，国家向何处？世界向何处？难道我不知道我向何处吗？不！最后这个观念要不得。我不学古人强说“知非”，因为悔恨是弱者。我也决不满足，因为满足者，把肠胃替代了脑筋，但是我不能不想。想入海天相接的混茫。

“我们愿意请你去科尔夫古堡（Corfe Castle）去游玩！”昨天的声音，忽然来到耳边。想！暂时与你分别。生日去凭吊废垒，是何等别致？

经波尔茅斯（Bournemouth）到科尔夫途中，风景美丽，不亚昨天所经，而且还要幽丽，因为有时加上一重海景。海水浸入田地，成了若干真正的小湖，有些起伏的地形，夹着两边的高树，更显出所望见的层次，决不肤浅，这地方通常被叫做泊贝克岛（Purbeck Island），其实非岛。古堡的废址在小山脊上，占了很好的形胜。当八七六年丹麦人入寇英国的时候，英王亚佛瑞（Alfred）在此曾败丹军；九七八年英王爱德华（Edward the Martyr）在此中了继母的阴谋被害，却因此而在教会中被封成神；于一二一五年签署《大宪章》的国王约翰曾在此发号施令；十四世纪初叶爱德华第二在此被囚；玫瑰战争中的名角商墨塞（Earl of Somerset）做过这古堡的主人；十六世纪末叶美丽的赫登夫人（Lady Hatton）在此曾过她豪华的生活；十七世纪中叶班克斯夫人（Lady Bankes）英勇的防守，使克灵威尔的军队，长期屯兵于坚城之下；以后用内应的方法收复，旋即炸毁，以免将来再成为军事重镇。这里有过宫廷的阴谋，有过骑士的战绩，有过美人的妙舞清歌。还有一段逸事，就是当年赫登夫人要再嫁的时候，哲学家倍根曾向其求婚而被拒绝。后来这位夫人，把她的后夫柯克爵士（Sir Edward Coke）弄到身败名裂。设如当时倍根娶了这位不断发生麻烦的夫人，恐怕他那些哲学名著也写不成了。现在美人黄土，香冢难寻，而倍根的著作，还存在后人的心灵深处。

断续而高耸的危墙依然狞峙，但当年房屋的布置，无从认起，何处是君王膜拜上帝的神堂？何处是囚犯抢地呼天的幽狱？何处是阴谋的内室？何处是纵乐深闺？问那半堵残垣，没有丝毫回声；只是墙上的古藤，静静地在冷风中点头，像是会意、野心、占据、享受豪华，一阵一阵地成了时代巨浪中的泡沫。

我们出来后进入一个一六一六年遗留下来的茶店，门上写着“古老茶室”（“Ye Olde Tea House”，这是古英文的写法），古色古香的房间里，却有少妇当炉。我们同进“下午茶”，“下午茶”对英国人是何等重要！忽然一位同游而多事的美国朋友，为我标榜，于是少妇取出古老的簿子来请我签名，并且要中英文并签。我能拒绝吗？此风一开，同行的十六人中个个买了风景片来要我签名，把我围着，使我有片时的热闹。热闹？热闹场中谁知道我的心情，我的怀抱？这是我内心的冷寂。在这冷寂中隐藏一点小小的骄傲，这却远胜无谓的恭维。

归巢的野鸟绕着寒林，汽车掠过栖枝未定的宿鸟，车前的浅雾淡烟，渐渐地拉拢这一天的人生之幕。

重游巴黎

巴黎，世界的花都。

二十余年的久别，仍然保留着固有的风姿，谁想经过了这一度世界空前的浩劫。

赛茵河蔚蓝色的轻波，依旧荡漾地流着。森林公园嵯峨的高树，成行的向狭长的池水照着苍凉的影子，迎接我缓步地欣赏黄昏。圣母教堂峨特式的建筑无恙，只是白石多边的外围，仿佛多添了一点风雨侵蚀的黑痕，挂着金色的夕阳，与尖顶上童贞女衣上的铜绿相辉映，倍增美丽。小巧玲珑的卢森堡公园还享受他原来的丘壑。罗浮宫中维露丝（Venus de Milo）石像与插翅的胜利（Victoire）两大名作，已回到当年的地位。凡尔赛的镜宫，照过路易十四，照过拿破仑，照过威廉第一的加冕，照过克里孟梭、威尔逊、路易乔治等巨显的会议，不久又一度照过不可一世的希特勒。只是我经过凯旋门的时候，正值阴雨，终觉有点凄凉。

战后的巴黎，居然完整。德军占领期间，居民只有精神的压迫，巴黎却无物质的损毁——除了近郊的汽车工厂，仍然保留着炸痕。法国友人相告，谓德军进入巴黎的时候，军风纪甚好，绝无事前想象中抢劫奸淫之事，和他们在东欧的情形不同。这或者是德军在东西欧的作风，完全两样。

一次访问一个观摩

——参观伦敦《泰晤士报》的回忆

民国三十四年的冬天，第二次世界大战方才结束，联合国在伦敦召开一个组织世界文教组织的会议，产生了现在大家都知道的联合国文化教育科学组织，简称为“文教科组织”。其实这组织最早拟定的名字里并没有科学这个词，把科学加进去是根据中国代表团的提议，全体一致地通过。中国代表团的团长是胡适之先生，我也是代表之一。大会开完之后，我提议参观伦敦泰晤士报社的内部组织及工作情况，于是请陈通伯先生透过英国教育部和该报接洽。在那时候中国是并肩作战而取得共同胜利的五强之一，声势很盛，当然我们去参观，他们更表示热烈欢迎。通伯去接洽的时候，该报社首先声明他们的规矩，每天晚上只接受一个参观团体，这团体的人数不能超过六人。他们认为如此才能使参观的人真正能够了解报馆工作的实际情形，若是代表团要去的人多，他们情愿招待二次，而决不愿一次超过六人。这种办法我想倒是很对的。我们大约是十点多钟到达，先由他的副总编辑和教育栏编辑来招待，叙述《泰晤士报》组织的系统和从采访编辑到出报和分发的步骤，然后陪我们到全馆各部门去实地观察，处处显出他们迅速、机动和认真工作的精神，这些我都不必多说。我只略举三件事来和大家谈谈。

第一，是他们搜集参考资料的认真和保管资料办法的科学化。当德国飞机对伦敦大轰炸的时候，泰晤士报馆的资料室大部分被炸毁了，可是他们用尽方法重新搜集，虽然不曾复原，可是已经达到相当可以运用的阶段。副总编辑跑到资料室的书架上拿出一个关于我的档案出来，说明这是炸过以后所剩余的。打开一看，关于我的就有二十七条，其中有一条是我在上海扶轮社的一篇英文演讲，还有一篇是我吊英国剑桥大学汉学教授翟尔斯（Giles）的电文，我自己都早已记不得了，看见很为惊讶。他们的编辑工作和资料是分不开的，所以写出来的文字都有根据，论人论事，也都能把来龙去脉搞个清楚。

第二，是他们编辑室和排字房可以说是“同气连枝”，这一边在打字机上打好，那边已在排字机上排好了。写作和排字打成一片，所以他们可以得到争取新闻、报道新闻最大的便利，而我们的新闻事业在这方面可以说是步步艰难，处处吃亏。当然上面所说的便利，不只是伦敦《泰晤士报》一家独有的现象，凡是西洋报纸都能享受。我们对于打字机的改进及其和排字工作的配合，是在近代文化战上最迫切不过的事。

第三，我最感兴趣的是在报纸付印以前，总编辑、副总编辑亲自看大样和修正版面的工作情形。这种工作都是他们站着做的。在一间相当大的房间里，从隔壁推进来一张一张的台子，每个台子恰如整张报纸的大小，高与乳齐，上面是排印好的大样。总编辑和副总编辑就站着仔细地一张一张看过去，文字不妥的地方，或是排列不对的地方，他们就站着修改，有时候还加以讨论，真有一丝不苟的精神。伦敦《泰晤士报》甚至于有向不排错字的名誉，最后校核阶段中编辑部工作人员这种工作的精神，自然是达到这项成果的重要因素。（在十九世纪末二十世纪初，英国社交场合里介绍人相见的时候，有时在介绍词中可能说“这是某某先生，他的名字在《泰晤士报》不曾拼错过”，大约是说草茅新进的名字，可能拼错。这种介绍词颇带势利性的幽默。）

我们看完之后，再由社长、副社长请我们稍进茶点，等我们将出会客室的时候，他们送我们每人一张印好的卡片，上面印着明天见报的我们前来参观消息和我们简明的履历，非常精致，也博得参观者的一种好感。伦敦《泰晤士报》在多少年来大家都公认为是欧洲对于外交、政治最有影响的一个报，他销路并不算很大，可是欧洲各个重要都市和重要的政治社会机构，没有不重视伦敦《泰晤士报》的言论和报道的。虽然现在因为英国国势的削弱，英国报纸的地位也受到影响，可是英国的动态还是欧洲大陆各国所最注意的。而英国在海外的自治领和殖民地，更是要从伦敦这个有历史性的报纸上去窥探英国乃至世界的消息和他们母国的观点。

《泰晤士报》有国内版、海外版，以及各种成单行本的副刊，种类很多，其中以文学和书评的副刊从知识分子看来更有价值，可是他的销路顶多不过几十万份（详细数字我现在举不出来），比起伦敦的《每日镜报》（*Daily Mirror*）和《每日邮报》（*Daily Mail*）每天销到四五百万和二三百万份的来比较，真是瞠乎其后。可是报纸的影响有时却并不和销路成正比例。举一个例来说吧，就是这一年冬，我在伦敦一个理发馆理发，理发师递了一份 *Daily Mail* 给我消遣。我和他说："你爱看《每日邮报》吗？"他以标准英国人的表情对我说："这是我的报，因为我看了它几十年了，我天天看它，但是我从不相信它。"在英国的的确确有这种情形。伦敦《泰晤士报》因为传统的关系，不免有点故意要显出他的高人一等的态度，或者可说是优越感。在三十年前哪一个人在伦敦《泰晤士报》读者投书栏里面登载过一封信的话，他在社交场合里就可以被人用作介绍词的材料说："这是某某先生，他的信，某天在《泰晤士报》登载过的。"听来虽觉可笑，可是无形中表现了《泰晤士报》在一般人心目中的地位。

我是主张报纸，尤其中国现在的报纸，应当平民化，尤其应当在广大的民众里生根，所以我并不主张办报一定要学这种保守的形态，可是伦敦《泰晤士报》这样关于他们国家大事持论的谨严，研究的周密，和办事丝毫不苟的精神，我认为是我们值得观摩的对象。

一九五六年二月二十八日

（原载台北"《中央日报》"一九五六年三月一日）

但有凋谢无死亡

罗家伦先生与中国台湾笔会

陈纪滢

罗家伦（志希）先生于去年（一九六九）十二月二十五日逝世后，国人追念他的文字已有多篇，现在我想专门谈谈他十年来主持中国台湾笔会的事情。这也是他晚年领导的唯一民间团体，与参加国际文坛活动的一段历史。

对他的一般了解

在抗战前后，我虽在多种聚会上见过罗先生，但并不熟。直到国民党政府迁来台湾，他于驻印大使馆馆务结束回国，暂寄寓爱国西路自由之家时，他才算知道我。约一九五〇年四月底，“中央日报”社长马星野兄，突然通知我，要我写一篇有关五四的文章，并且说另外邀了罗先生。为了这件事，我亲去拜访罗先生，倾谈一个多钟头。谈话主题集中于五四爱国运动之兴起与其导致文化运动的经过。那时我已读过罗先生所著《新人生观》，钦佩他努力使中国现代化的用意，跟那篇篇珠玑、新颖、智慧与清丽的文字。我称赞他那本书将是中国近代青年的处世宝鉴。因为那里的观念，就是使人成为现代国民的法则。至于罗先生在那本书里注入的感情，不减当年五四运动学生时代的那份狂热，尤为可贵。不是我当面颂扬他，更非阿谀。在他去世后月余的今天说来，我这种观点，更觉坚定。

自从这次谈话之后，二十年来，可能文艺界我算是跟他往来最多的一位。也承他不弃，许多事跟我打听、商量。所以他不但参加“中国文艺协会”为会员，又担任了多年常务监事，并且几乎所有“中国文艺协会”的活动，也有他一份。他那时的兴趣极高，包括提倡简字运动。我们在一起开会、看戏、谈天与吃大小馆子的机会更多。志希先生的情趣、才华，与其永不肯脱离书生面目的那种作风，我着实领略不少。

中国台湾笔会的再生

我在本刊上，曾一再介绍国际笔会与中国台湾笔会，想读者仍有印象。现在我再重复而扼要地说一遍，就是国际笔会（International P. E. N.）是半世纪以来，国际间唯一而最高的文学综合机构，由英国人在伦敦于一九二一年发起。中国报名参加是民国十四年（一九二五）。但截止到一九四九年，中国只是名义上是会员，却始终没参加过活动。一九五六年国际笔会第二十八届大会在伦敦召开，决定一九五七年在日本东京举行第二十九届大会。这是有史以来，一个国际文学最高机构首次在东方的聚会。当时台湾地区驻联合国教科文组织（UNESCO）“常任代表”陈源（通伯）教授，因为既是中国笔会的原始发起人之一，又参加着英国笔会为会员，看到这种发展，就向“教育部”报告，并建议趁机恢复中国笔会的会籍，俾能赶上参加东京的大会。“教育部部长”张其昀先生于一九五七年春天召集会议，并成立“中国台湾笔会”，公推文艺界前辈张道藩先生任会长。同时委托陈通伯先生就近与总会联络，以便早日恢复会籍。国际笔会每年四月初在伦敦召开执行会议，中国恢复会籍的申请没能够提到执行会，所以延至东京大会才正式通过以“台湾台北中国笔会”的名义作为中国会籍的恢复。当时为了这个名称，曾多方考虑是否接受。考虑结果，还是接受下来。好在以后并不似当时奥林匹克运动会所加给我们的困扰，国际笔会历届大会仅有我们代表中国（China），“台湾台北”字样从未在国际笔会文件上出现过。当时的英文名称是（The Chinese Centre of International P. E. N. of Taipei, Taiwan, R.O. C.）国际笔会当初通过这个名称是煞费斟酌的。

因为根据会章，每一个国家可以有几个中心（Centre），冠以地区。比利时、德国、美国，都有两个中心。香港也有一个中国笔会。最初执行委员有罗家伦、曾虚白、陶希圣、谢然之、虞君质、李曼瑰、邱楠及笔者等。

罗氏继任会长

张道藩先生因为任“立法院院长”关系，担任会长一年，于会籍恢复成功之后辞职。一九五九年春，召开会员大会，选举张道藩、罗家伦、曾虚白、陶希圣、张其昀、李曼瑰、虞君质、王蓝及笔者等九人为执行委员，公推罗家伦先生为会长，并开始筹备参加在西德法兰克福所召开之国际笔会第三十届大会。一九六二年十一月二十七日又开大会，改选罗家伦、张道藩、陶希圣、曾虚白、谢然之、李曼瑰、邱楠、王蓝及笔者等九人为执行委员，仍推罗氏继任会长。

罗先生自担任会长后，因为他既是“国史馆馆长”，又是党史会主任委员，就把中国台湾笔会的通讯地址附设在台北市北平路二号“国史馆”内，并聘请王蔼云先生为秘书。迄一九六九年七月十九日召开会员大会推选林语堂先生继任会长，罗氏负责中国台湾笔会会务整整十年有余，王蔼云先生同时也担任秘书工作这么久。

第三十届国际笔会

罗先生担任会长后第一桩工作，便是出席第三十届国际笔会。当时恢复会籍及争取出席，系根据一种国际情势而决定的。……另一方面，我们虽号称文化传统优良，文学著作丰富，但除少数古典著作被世界文坛知道外，近代文学文艺活动与成就，国外知道得很少，因此有借机向外传播的必要。中央当局跟我们持同样看法，连“外交部”也赞同有这么一个组织。所以中国台湾笔会的代表，首次出席西德法兰克福的第三十届大会，是获得有关部门的鼎力支持，而“行政院”把申请补助费一事，批交“外交部”支付的。

这次的代表是这样安排的：正式（公务）代表（Official Delegate）二人：罗家伦、陈纪滢；代表二人：陈源、曾恩波。（本来在我们心目中无所谓正式与不正式，凡出席人员都称代表；可是依照大会请柬规定，必须指明何人为正式，以便接受免费招待食宿。）

因为决定一定参加的时间过于迟缓，所有筹备工作及旅行手续，都偏劳王蔼云兄昼夜不停赶工，于一九五九年七月十二日启程之前顺利完成。罗先生和我这次出去，虽然代表中国台湾笔会出席国际笔会，有为笔会与文艺界在世界文坛铺路的义务；也算是首次有两位文化界人士自台湾出发，将广泛接触友邦智识阶层。一方面须准备点礼物，一方面准备资料。准备资料之事，由我负责，以便人家问起来，不会瞠目不知所对。准备礼物之事，由罗先生请王蔼云兄负责。礼物中有《故宫书画三百种》三套，昆虫及花卉邮票共一千套。我带着台湾文艺界各种活动记载，以及大陆文艺方面各种资料。到了香港住九龙半岛酒店。水建彤先生问我们；“给德国笔会带着礼物没有？”罗先生答：“没有。”水先生说：“根据我的经验，最好带一点儿。”因为水先生曾于一九五七年代表中国香港笔会出席东京第二十九届大会，许多代表都向地主国赠送纪念物。我们所带画集，罗先生心目中早已有了对象。（赠法总统戴高乐、德总理艾德诺，与教宗若望二十三世。）邮票又显太微薄，于是罗先生令我跟水先生到香港去买一份不轻不重的礼物来。结果以一百美币左右的代价买了一只大型象牙球，以显示中国手工艺之精巧，又可解释为世界大同、万邦谐和的意义。罗先生非常赞赏这份礼物。

我们与香港中国笔会代表黄天石、雷啸岑、邢纪章等分别乘飞机，于七月十三日晚上离港，经曼谷、加尔各答、新德里、贝鲁特、伊斯坦堡、罗马等地，历二十七小时的行程于十五日到达法兰克福。我们住大都会旅馆（Hotel Monopole-Metropole）。罗先生曾留学美国，并曾在柏林大学研究，又做过驻印度大使，曾有无数次国外访问。前次去欧洲是一九四六年，为联合国教科文组织成立，当然对旅行饶有经验。我虽望尘莫及，但早在一九四〇年也曾旅行过苏俄，对于到国外，并不感到什么特别新奇。但此行任务重要，在没开大会之前，仍不免惴惴不安。那天，我“新闻局驻德代表”叶梅生，与“中央通讯社”记者洪珊两位先生，也自波昂来会。第二天，陈通伯、曾恩波二先生也自伦敦抵达。我们立刻展开工作，印刷罗先生的论文及拜会德国笔会，并会晤总会秘书长卡浮（David Carver）等。

大会揭幕前夕（七月十八日），德国笔会会长卡斯诺（DR. Erich Kastner）（童话家）以酒会招待全体代表、观察员、贵宾及西德政府文教界，济济一堂，约近两千人参加。罗氏率领中国台湾代表团周旋其间，我们分别跟英、美、法、德、义、比、荷等等欧美主要国家及“流亡作家”的代表交谈，使我们于会前充分了解了人事背景。又在酒会上，会晤了香港、韩国、泰国、日本等地代表。尤其香港、韩国两个代表团都曾来台湾访问过，早已熟识，立刻加入了我们的行列，显着东方国家的阵容相当壮大。通伯先生久居英法，熟人更多，借他的光，我们也多认识了许多作家。

科学时代的想象文学

第二天大会以及各次讨论会，罗先生都率领我们踊跃参加。他的论文《科学时代的想象文学》（*Imagination*

Literature in the Age of Science)（大会规定的论题），内容大意如下；

> 大会选择这个题目，不特供本届大会讨论，而且唤醒世界作家注意，实在最合时宜。而当前科学发展已由原子进入太空时代，其影响人类生命的祸福，开拓人类活动的范围，扩大人类想象的意境，决非以前的人们所能梦见。人类无坚的知识既已打进了宇宙的神秘，人类晶莹的智慧和高尚的情感，也同时发挥，以从事人类文化的提高与幸福的增进。科学与文艺必须相辅相成，才能免除人类的浩劫。但科学时代的想象文学，决不是认为要作者的幻想便可作科学的启示或预言。不但中国的《封神榜》仅是消遣的神话，决不可能附会到科学发明上去，就是威尔斯（H. G. Wells）先生的科学预言小说（因为威尔斯是位科学家出身的文学家），如《星球间的战争》一书，也不能认为对于太空时代的开辟有任何实际的影响。须知太空时代，是核子科学与近代工程互相配合而逐步演进的结果。现在《科学时代的想象文学》的重要任务，决不属于此一范围，而在于作者能正视这科学时代所产生和可能产生对于人类社会的影响，预先或同时加以充满了智慧的引导，使其顺着人类优美天性的方向发展，以增进人类的互爱，以提高人性的尊严，

人类才能享到真正的和平康乐幸福。

罗氏于原子科学以外，又提到现代生理心理科学的发展，也须注意。他说：

> 现代心理科学中，如心理分析、精神病理等科学的研究，甚为发达，对于治疗方面，贡献极大。许多关于性的心理病态研究的材料甚多。而现代西方小说家利用此等材料，将其过分的暴露，其结果在社会发生若干不良影响，如少年犯罪，便是其中最显著的一种。要想产生有价值的文学作品，固然需要充分的自由；作家本有自由去选择他需要的材料，但是应当知道因他行使而受他人所尊重的自由，其内在的价值，远超过斤斤较量，认为是他自己有权随意行使的自由。

罗氏最后讲到东西文化沟通问题，提到西方近代文明以“征服自然”为主流；而中国文化重在体会自然相与融洽，故重在修养，双方各有利弊，此后应互相调剂，培养一种新的文化。

罗先生全篇讲词，词句警辟，立意新颖，获得全场掌声，并有很多人趋前握手致贺。

听完了第一天的论文宣读，及了解了多数代表们的成就，使我充分知道全体五百多位作家跟相等数目的客人，像罗氏在国内这样地位、声望与著作的人，还不多见。当时我只认为会长向松（Andre Chamson，法国国家研究院院长）、伍德女士（DR. C. V. Wedgwood，英国史学家）二人，可与罗氏比拟。至于英国诗人斯本德（Stephen H. Spender）与美国剧作家赖司（Elmer Rice），还都没有罗氏的成就，甭说影响力了。只因为西方的文字容易传播，再加上国家的地位，出版事业的发达，他们的大名，在英语民族中就不胫而走，非常普遍；而中国人则吃亏特甚，不仅译品少，并且从来以谦虚为美德，不爱夸张。

我看清楚了情形，内心非常有感触。从此之后，我就选择极适当的场合，和相当有分量的人物，向他们介绍数十年来罗氏著作及其对中国新文化的影响。当然更把他在学术界与政府的地位据实告知。再经过我们几次宴客以后，几个重要国家的团长，不仅对罗氏另眼相看，连我也沾光了。（据知除我外，那次还没有任何国家有"立法委员"相等身份的作者参加大会。虽然这种台衔微不足道。）罗氏虽无博士头衔，以后彼此见面及公私文书记载，均称他为 Dr. Lo 了。多数东方人性格含蓄，中国有修养的知识分子更以"自吹自擂"为耻；可是遇到像国际笔会这种机会，如果没人对某人作适度的介绍，则也属不智。互相标榜固然为人听不取，但不夸张的介绍，仍有必要。所以后来我和文艺界同人，凡参加这种会议，尽可能由我担任这项工作。我也以此为快。（两次亚洲作家会议席上，尤其与私人谈话，我都把同行作家，加以适度的介绍。）

罗先生年龄比我大一代有余，学识不知高多少倍。我与他同行，本身就是一项光荣。我能向世界作家把他对国家、对时代的贡献传播出来，真是更大的光荣！

莱茵河上谈“五四”当年

法兰克福大会闭幕后，罗先生与我决计由梅因兹（Mainz）乘船赴科隆（Köln），再转西德首都波昂（Bonn）。这次多了陈通伯先生同行。通伯先生与罗氏同庚（是年都是六十三岁），都是当年五四风云人物；而通伯先生因办《现代评论》、与鲁迅笔战多年，为学术界所尊敬。

我何幸得此机会，与两位前辈同游。于是我们三人围在船上沙龙的一张圆桌前。一边喝着莱茵河名酒，一面向他二位请教《现代评论》与《新潮》创办经过。罗先生告诉我：

《新潮》是民七下半年筹备，九、十月出版。发起人除罗氏外，另有傅斯年、康白情、俞平伯、汪敬熙、潘家洵、李大钊等人。后来参加的有周作人、鲁迅、陈大齐、王星拱、陈嘉霭。编辑：傅斯年、罗家伦。发行：徐彦之。最初大家共凑足三四百元。傅孟真评《诗经》与罗家伦《什么是文学？》是当时较受读者欢迎的文章。《新潮》经理人是李晓峰，他在景山东街开书局。孙伏园任校对。不久，就出版了一套新潮丛书：陈大齐著《心理建设与迷信》、王星拱著《科学方法论》、周作人著《点滴》，都是当时新潮的出版物。

通伯先生接着也谈了些《现代评论》的经过。谈时，他俩都兴高采烈，神色飞扬；但谈完了，也不免光阴似箭，一去不复返之感。

参观克虏伯与历史研究所

我们在法兰克福曾访问哥德故居，到了波昂，又一同访问贝多芬之家。罗先生对这两处纪念宅第都曾表示了他的感叹。在杜塞道夫（Dusedorff）接受余建勋教授之招待，去参观克虏伯厂，是我们意外的收获。除非政府安排，普通旅客得不到这样机会也。后来又去明兴，罗先生特别要去参观德国历史研究所，看第二次大战盟军审讯德国高级将领的档案，对他影响甚多。听说回来后曾对“国史馆”与党史会有若干革新工作，就是因为这次参观所得到的收获。

罗先生曾在柏林大学研究过。这次我们未能去柏林，深引为憾。可是遍游莱茵河与南德，也是他多年向往的事。我二人在德国共耽搁四个星期。回国后，他每次跟我谈起来，仍念念不忘莱茵河之旅与南德之游。可见他非常喜爱德国。

欧洲之游

从德国去了法国，在巴黎游遍所有名胜。有一天，他累了，不乐意出门。我就请一位侨领朱先生陪他在旅馆休息。但我也悄悄告诉朱先生，您如果能找得墨与纸笔，等罗先生休息好了，可请罗先生给巴黎侨界留点墨宝。朱先生答："那太好了，我们都知道罗先生是大书法家。我马上去取文房四宝来。"

等我游罢了凯旋门及香榭丽舍大街回来，罗先生已写了十几幅中堂了。罗先生因长于书法，每次旅行往往带着图章、印色与笔，以酬应求他写字的人。他也喜爱带他那两本《心影游踪》，因上边有他的诗集。罗先生有时候也以开玩笑的态度怪我多事。我却说："咱们吃了人家，不能还礼，只有偏劳您大笔一挥，聊尽人情了。"说罢，二人会心一笑。我也很欣赏他的责怪。

以后在伦敦、日内瓦等地的侨社，都有他的墨宝留下。

在日内瓦为等罗马电话，我俩曾分别游蓝梦湖（Lake Lemon）与勃朗峰（Mont Blanc）。在梵蒂冈谒见教宗若望二十三世，算是我们此行的高潮。非常感谢当时的谢寿康（次彭）"大使"。靠他与教廷的深厚关系，在极短的接洽中，教宗若望二十三世就答应接见我们。接见的时间，是八月二十二日上午十时。罗先生着夏季长衫马褂，我临时向于“大使”焌吉借了一套燕尾服。谢大使着礼服。接见我们的地方是罗马郊外教宗的夏宫。虽然晋见的时间仅有二十五分钟，但由于谢“大使”的巧妙介绍，罗先生与我都受到教宗的重视。我们所剩最后一部《故宫书画三百种》也当面呈上。最后也合影留念。

罗马之行，罗先生特别愉快，尤其看了许多古迹及大歌剧，更觉收获丰富。

到了希腊雅典，承温“大使”源宁的特别安排，既参观了名胜，也参观古迹。以后又去土耳其首都安哥拉，虽然仅停留了三天，却参加了土国国庆大典，这是当时邵“大使”毓麟的安排。我们经香港返台。

此行连去带回共计四十天之久。天天在一起，顿顿饭在一块儿吃。在日内瓦、洛桑两地，还有同榻之雅。罗先生对我谈到许多方面的问题，我也请教了他许多问题的细节，使我增加见闻不少，尤其政治秘辛。到今天他的论点以及小的故事，我还能背述。其中有一点，最是我念念不忘的，他两次说：“人须有独立的人格；在某些方面，我总是独来独往。”我了解他所指某些方面是什么意义。

赴会巴西与菲律宾

一九六一年夏，他与马星野先生（当时“驻巴拿马大使”），同去巴西参加国际笔会第三十一届大会。会后经美国返台。一九六二年，第三十二届因在保加里亚召开，中国未参加。一九六三年，第三十三届在挪威首都奥斯陆召开，我方推派李曼瑰女士及曾恩波先生代表参加。一九六二年第一届亚洲作家会议在马尼剌举行，由罗先生任团长，率领陈纪滢、邱楠（副团长）、李曼瑰、姚王雪英、卢月化、钟鼎文、王蓝、冯放民、余光中等全团共十人参加。

罗先生那次赠段“大使”茂澜、王“委员”霭芬伉俪对联一副，文曰：“樽俎折冲，波澜北阔；帏室借箸，瑞霭馨香。”罗先生对于“文学传统与现代化”一题，曾发表言论。他除介绍中国五四以来的新文化运动，并确认文学为“内心的呼声”。对于“革命时代文学作家之任务”一题，罗先生曾说：“作家必须有促进人道和提高文化的理想，因此作家难以避免与政治问题的抵触。”罗先生在讨论会中曾担任主席一次。除此之外，因菲律宾华侨众多，于开会之暇，不免与侨社有所接触与酬应，因罗氏的出现，中国代表团有形无形中都特别受到重视。一九六四年，第二次亚洲作家会议由泰国召集，在曼谷举行。罗先生事忙，不暇出席，公推陈纪滢、李曼瑰、徐钟佩与华严等四人出席。后来李“委员”因从美国刚刚回台，来不及办手续未去，由我们三人出席。当时我也因事忙无法去，罗先生则坚持我非去不可。他有多种理由主张我去，其中之一是我比较熟习各方面的情形，有我去，他可安心。后来并责以大义，我才勉强拜命。但是我们在启行以前，仍是向他请教肆应之方，以免差错。总算没替他丢脸，不但钟佩、华严两位女士得到大会代表们的敬重，我也因一次专题演讲（中国的小说），获得全体的鼓励。

一九六五年，国际笔会在纽约召开第三十四届大会，由曾虚白、谢然之、王蓝、郑南渭及殷张兰熙等五位代表参加。第三十五届大会由西非科特迪瓦在首都阿比让召开，由陈纪滢及邱楠代表参加。本来这两次，志希先生都应该去，也可以去。他总是谦虚地说；“出国的机会，多给别人，少留给自己。我当会长的，应该多让别人去。”实际上，偶然出国走走，未尝不是桩兴奋事，也是“荣誉”；常常出国，如果不是为了要公，则既是精神负担，也是物质损失。盖照已往规定，出国人均须私囊破费也。据我所知，中国台湾笔会，在罗氏领导十年当中，尽管推派了多少人出去，但从无一人是自动要去的。一方面固然由于作家们尚有此涵养，罗氏的宽宏风度实为促成过去诸事务愉快而顺利的主因。

一九五九年到一九六九年十年间，除参加了五次大会、两次区域性会议外，还招待过韩、菲、泰、美、巴西、日本与香港等笔会来台湾参观或过境的作家，前后不下六十人。

每次都举行宴会，每次罗先生都周旋得很好，留给客人深刻的印象。

回想当初

我们当初推举罗先生任会长有多种理由：一、在文学界他不但是前辈而确有成就，当之无愧。二、他具有为大家服务的热忱，肯牺牲，也很开明。三、他拥有办公机构（“国史馆”），笔会附属在那里，不只是对外有光彩，就是事务工作，也可以借助于他。四、他在国民党内也有崇高地位，每周都能出席常会。笔会因组织始终未健全，重要事务须赖高阶层决定，所以有位出席常会的人比较方便。五、联系工作，尤其与“行政院”及所属机构的洽商事宜，以罗先生的声望与地位，比较容易。最重要的是罗氏肯负此艰巨。他得病以前，还为笔会上书“行政院”。缕陈事实，期望使此机构正常化，并拟有详细工作计划与报告。

最后不能不提的是因罗先生任会长之故，“国史馆”王处长蔼云兄就替罗先生义务地执行一切事务工作。每次派代表出国，都忙得他团团转，如打整新姑娘出嫁那样，非上了轿（飞机），不得安心。真是中国台湾笔会一大功臣！

几十年来，我承罗氏不弃，以半师半友的身份，在作人与作学问方面，受益不浅。因笔会之故，两次追随，并有前后五十天整日的伴游，特别是在欧洲四十天，我两手各提一逾二十公斤箱子走出法兰克福与慕尼黑车站，跟在马尼拉为他整理行箱的情形犹历历在目。人生不过数十年寒暑，与一位学人能有这样缘分，总算罕事。如今思来，又愉快，又悲怆！这位学人如果不是得的神经系统症，他临终前，必有许多警世之言。想到这里，更觉黯然？

一九七〇年元月十九日

[原载《传记文学》第十六卷第一期（一九七〇年二月号）]

悼念罗志希先生

蒋君章

一代学人罗志希先生竟以脑血管硬化并发肺炎而于本年民族复兴节（一九六九年十二月二十五日）午前，溘然长逝，噩耗传来，党政界与学术界，识与不识，无不同深哀悼。作者与先生的关系，介于师友之间，虽钦敬其为人已久，但在两种工作关系中和一个问题的研讨中，对先生的印象，极为深刻而敬佩。于其逝世，实不啻受霹雳之震惊。

先生患病而请假休养，而入荣民医院治疗，其本兼二职即“国史馆长”与党史史料编纂会主任委职务由黄季陆先生继任，每一消息，都使我感到有一种不祥的惊恐。先生进入荣民总医院疗养，住在老年科病房。老年科的主任，是我的侄子介仁。他是在国防医学院毕业后，由荣总医院借调工作，后来在美辛辛那提一家相当规模的医院，一面实习，一面研究；工作一年后，院方留任，予以老年科主任之职；又一年院方再留，以离国已久有所不便而返国，荣总当局即畀以老年科主任之职。他对老年人各种病症，学理和经验都不算错。我急急问他罗先生的病况如何？挽救之可能希望若何？他告诉我，罗先生患的是脑血管硬化症，此症发觉如早，尚有药物可以防止其发展，像罗先生那样已至记忆全失的程度，即在外国也无药可治；医生的责任，只是使先生不致有痛苦，生命可以延长而已。我听了他的话，真有如冷水浇头，希望只寄托奇迹的发现，并嘱其好好照料罗先生，尽量想办法救治罗先生。不料噩耗终于到来，虽非意外，却仍使我哀伤不已。

大家都知道罗家伦志希先生是五四运动的健将，可是当五四运动正发展得轰轰烈烈的时候，我还是乡间的小学生，连报纸都看不到，而且也还不会看。只听得大人们说北京的学生为了打倒卖国贼，起了学潮，各地学生都在响应，有三个学生领袖叫做段锡朋、傅斯年、罗家伦的，可以称得上爱国的学生英雄。当时的印象，如斯而已。

民国十五年，我在东南大学肄业。下半年，罗先生应邀来校授课，我才初次认识了闻名已久的罗先生。他讲的主要科目大约是中国近百年史或中国近世史，我已经记不清楚了。教室是在雨操场，是在交通要道的旁边。那时候我不过是一年级学生，虽然学校并不限制我们选修这种课程，但是我认为我读这样的课为时尚早；但是每经雨操场大教室时，辄见人头挤挤的在静心听讲，室内座无虚席，隙地和窗外有时也站满了旁听的人。旁听名教授的课，这本是东南大学的传统，我有时也不免驻足而倾听，但见先生口讲指画，手舞足蹈，真是连讲带做，感人至深。由于嗓音沙哑，声调不高，而教室又大，所以先生讲学，到了后半小时大有声嘶力竭之概；可是，他自己的疲乏，一概不顾，自始至终，贯彻到底。其诲人不倦的精神，由此可见。

东南大学以北伐军事发展的关系，十六年上半年停办，十六年下半年改组为第四中山大学，实行大学区制，即江苏省的教育行政也由第四中山大学主办。而原来由江苏省立的法政、河海工科、第一工业等大专院校都并入第四中山大学。其时执政的中国国民党办了一个中央党务学校，罗先生好像是党务学校的教务主任，校址便是东南大学的田字房和体育馆，中间以铁丝网相隔。罗先生在党校开什么课？虽然是我们关心的，但是也无从知道，因为本身的功课很忙，到党务学校去旁听，出入也诸多不便。那时候，我认识罗先生，罗先生却不认识我，自党校成立后，中间隔了一条铁丝网，自党校迁至红纸廊的河海工科大学原址后，罗先生和我们的距离越拉越远。中央党务学校即中央政治学校的前身，也就是现在政治大学初期的雏形。原是以养成党务工作的干部为目标，由此而进一步从事社会科学的学术研究，为党政机关造就高级工作干部。经费的来源，本出于国民党的中央党部。行宪后，国民党的地位与一般政党无异；而由国民党一党负责来替政府造就高级工作干部，未免有欠公允，因而改成国立。

我和罗先生第一次相见，他也认识了我，那大概是在对日抗战的胜利前后。罗先生那时候已经做了我的母校校长达十年之久，我有时候也回重庆沙坪坝的母校，但总是有什么公家的事情要接洽，如果我要找罗先生也是顺理成章的事；可是中大的师友很多，看看他们便可以直接解决问题，所以在这些机会中，我都没有直接去找罗先生。因此，把罗先生认识我的时间，一直向后延展到三十四年的夏秋之间。其时，我在军委会委员长侍从室第二处陈主任布雷先生的办公室工作。一日，布雷先生正找我谈什么事情，号房报告罗志希先生来见。布雷先生命他引至办公室晤谈，这是很少有的例子，他要我不要离去，谓见见罗先生也好。罗先生和陈先生见了面，寒暄了几句后，志希先生忽然风趣地说，我在你们陈府的宴会有坐首席的资格，因为我是你们的西席。原来布雷先生的大小姐陈琇女士，是罗先生任中大校长时毕业的。故先生作此豪语，因相与大笑不止。罗先生之见布雷先生，是需要某种资料，我已记不清楚了。布雷先生因指着我说：“你要什么？可向蒋秘书接洽。”这样，我和志希先生才初次见了面。但在重庆的接洽机会始终不多，而且我也尽可能避免这种接洽，因为侍从室资料，机密性的甚多，经管人一不小心，有所泄漏，那真是吃不了兜着走了。

我和志希先生接触多而较长的一次，也使我对志希先生的认识更加增多的一次，是在三十五年夏季庐山暂住的一段时间，先后约达一个月，而且是朝夕相处。自时局的看法以迄学问的研究、生活的习惯等琐事，几至无所不谈，使我对罗先生增加了许多了解，并且也增加了许多尊敬。

…………

三十五年夏季，主席蒋公避暑庐山。陈布雷先生时任国防最高委员会副秘书长，秘书长为王宠惠先生，另一副秘书长则为梁寒操先生。作者在当时的职务是国防最高委员会的秘书，在陈副秘书长办公室工作。近二十年的惯例，蒋公常川驻在的行辕或行营，布雷先生常随行以资咨询与协助，是年夏季并不例外。我们的住处是在脂红路六号A。我在山的一段时间，正是马歇尔七上庐山的时间，当时政治各小组的主要接触地点是在南京，而执政党的重要决策是在庐山。故南京有所决定，报告马氏，马氏即搭乘专机到九江转牯岭。马氏在牯岭的寓所，和布雷先生的寓所隔一条小溪，旁有教堂一座，暮霭苍茫或晨曦隐约中，时见这位“热心为中国统一而奔走”的五星元帅与夫人。在山涧旁的马路中，彳亍往来，似散步，亦似沉思，使我们对他油然而生敬意，也淡然而惜其徒劳。

所以这一年夏天，我们预料工作一定十分忙碌，所需的资料一定很多，所以布置寓所由一位姓金的同事先行。布公时兼农民银行常务董事，故寓中一切设备均由农行九江分行和牯岭办事处负责，作者携带认为需用的资料，搭轮前往九江，而布公则坐飞机前往，以节精神。当时便有三篇大文章就需要我们准备，一篇就是三民主义青年团第二次全国代表大会的宣言，一篇是七七纪念日告全国军民同胞书，另一篇则是八一三纪念告军民同胞书。这些文章的内容，都是与国家、民族的未来，和当前局势的发展，息息相关。所以光是这三篇，已经够我们繁重，不料横路上又杀出一个程咬金来。《大英百科全书》需要一篇中国八年抗战的权威作品，这一任务自然又落在布雷先生的肩上。向来健康欠佳神经衰弱的布雷先生，如何可以做这么多的重要文字？时陶希圣先生适在牯岭，住仙岩饭店。陶先生的主要工作似乎是另在其他重要方面，无法安定下来，为这篇文章效力。我们是谈过这件事的，于是作者向布雷先生建议，可否电京请罗志希先生来山，帮同了理？先生首肯。发电后的第三天，志希先生上山了。寓所是在脂红路下的一所独院，和我们的住所，相距不过两分钟走路的时间。这是我和罗先生接触最频繁的一段时间，也是最值得回忆的往事。

我把奉谕办理这件事的经过和邀请先生上山的任务，说了一个大概，并且交阅了原件。先生允考虑后答复，我也认为先生应在机车轿劳顿之后，好好地休息一下，明晨长谈。

原来，那时候从南京到牯岭，先坐飞机到九江附近。然后坐汽车至莲花洞，换乘山轿上山。途中泉水净淙，山鸟叽啾，夏蝉长鸣，秀峦满目，颇令人有山阴道上，应接不暇之势。可是坐山轿却令人颠得头都要发昏，特别上陡坡，轿夫求省力，上一步，把轿子向上抛一下，他们是省力了，可是坐轿的人却颠惨了。我自己已有经验在先，在上好汉坡的中途，颠得受不了，只好下来走了。我知道罗先生一定很疲乏，所以兴辞而出了。

第二天一早，我便去看罗先生，小作寒暄后，便话入正题。先生对这件工作，表示他的意见：第一，这篇文章既是刊登在英文本的《大英百科全书》，应具有世界性权威作品；他赞扬百科全书的编者要中华民国的最高统帅撰写这篇稿子，是有见解的。第二，这篇文章的性质既然是如此，那么所需的参考资料都应该权威性的和第一手的。第三，篇幅既然不多，文字需要精简，而且应该竭力避免把非详加解释，外国人难于看得懂的东西写进去。第四，对中共问题，应将其如何“牵制”国军和“偷袭”国军的重要事件写几段进去……。第五，文章的最后发表是英文，所以中文的撰述，应以便于翻译工作为原则。第六，抗日军事的发展，如果只是文字叙述，难免有纸上谈兵之憾，应附有态势图，使阅者易于了解。其他还有什么，事隔二十多年，我已记不清楚了。但是，重要之点，大约如此，已可以看到罗先生的精细和郑重了。我答应把罗先生的意见向布雷先生报告后，再作决定。我们之间的大致分工如下：由先生任执笔起草之工作，由我协助他提供参考的资料，及绘制地图的筹划。布雷先生对罗先生所提的意见，大体上都很赞成。于是罗先生开始拟一个纲要，经核准后，我便照这个纲要提供资料。幸好，事先带去的资料很不少，所以应付得过来，并没有中间需要向南京调阅资料的麻烦；否则，这篇文章的完成，便需更长的时间了。

在这一个多月的时间内，作者和罗先生几乎是一天见面两次，有时也有三次的，大约晚上这一次叙谈比较的久。因此，我对先生的认识，增加了许多。当时，我所得的印象，大约如下：（一）这是一位工作认真而负责的学人，他当每一个问题及其细节，在彻底了解之前，不肯动笔的。（二）他的性格温雅而和蔼，彬彬有礼，像学究，不像一位对新文化运动有高度热忱，而对旧文化处处主张重行估量其价值的风云叱咤之士。（三）他是历史学家，所以他对历史事实的发展，颇能掌握其重心，对于轻重和详略的把握，很能够得到它的要点。（四）由于他是史学家，所以对过去的重要文化遗产，甚为重视；而且他是接受西洋史学洗礼的，所以对于历史的进化，即所谓不断接受其他国家的优良文化来改进我国固有的文化，是他的期望，也是他的理想。所以罗先生应该是一个保障我国文化优良部分和接受西方有利于我国革新的斗士。我们从他力主现代化而其生活与对人的态度，从不失礼义的规范来看，作者自信当时对罗先生的印象是不会十分错误的。

由于我和罗先生的接触如此频繁，所以这篇文章的准备工作，布雷先生是知道得十分清楚，对其进展，也十分的满意。文成，缮正后呈核，也很快的发了下来，修正之处并不太多。余下来的，是翻译和制图。这两件事情，必须回京以后，始可办理，而罗先生则文章初稿完成以后，反而为书法的应酬所苦。原来，当时在庐山工作的人，知有要人来山，辄以宣纸请求墨宝，几乎成为一种风气。罗先生的书法，当时已相当有名，初时知道他在准备一个要件，大家还不敢麻烦，后来知道工作已毕，于是罗先生的书法生意，大大的兴隆起来。他苦着脸对我说："这是苦工，比写文章要苦得多。"他说："我是悬肘而书，每一笔都用尽气力，特别是大转弯的地方。"每见其三五条写完，辄浑身湿透，其苦可知。不过，他特别对我客气，自动的写了一个条幅送给我，可惜这幅字我无法可以带出来。我在大陆上带出来的字，只有柳翼谋先生为了我母亲逝世五周年纪念所写的送给我的一首五言绝句带来台湾，连罗先生写给我的那样有纪念价值的一幅字部留在大陆的老家。在庐山那段时间，有一次罗先生忽然问我："你知道我是什么地方人？"我迟疑了一下说："是江西的什么县？"他笑着说："有许多人都说我是江西人，是的，我在江西住了好多年，可是我有两句诗‘酒味家乡好，诗情客地多’，可以对此辟谣。”至此始恍然先生原籍乃为绍兴。

三十五年夏，从罗先生下山以后，我们又见过几次面，为了研究制图和翻译的事。翻译大约是由新闻局的万君和科长担任的，制图则国府军务局的高级参谋杨学房先生担任，而精绘则由地质调查所担任。

三十五年以后，先生出驻印度，任民国驻印首任大使，我们便无法相见了。直到三十八年先生卸任驻印大使，返国述职，寓台银招待所，即今日的自由之家，我很偶然的与先生相值，相对默然，不堪回首。其后，国民党中央改造委员会成立，先生任党史史料编纂委员会主任委员，我任第四组副主任，有时在会场上相见，不过点首示意。一九五二年以后的一段，我摆脱了党政工作，与先生见面点头的机会也没有了。直到一九六一年，我又有一个与先生接触很多而时间相当长的机会。这个机会是“五十年开国文献委员会”给我的。

这个委员会的发起，是国民党的决策，得到“行政院”和“立法院”的支持，其预算初时列在“国史馆”的预算中，后来改列在“教育部”的预算中。陶希圣先生担任主任委员，罗志希先生担任副主任委员，两位先生看得起我，要我担任总编辑的职务，会中专任人员只有三数人，其余都是兼职。而在编辑方面除“国史馆”和党史会的工作同仁协助一部分外，两位先生有意栽培后进，由台湾大学历史研究所借调研究生若干人作为我的助理。委员会成立之初，大约是在一九六一年的四月，在仁爱路与杭州南路之交，租有办公室，在楼上办公。最初，我还不知道我所任的职务是什么，所以只是每周开会时去一次，看见大家发言踊跃的情形，素性不善多言，尤其不愿发表和人不同意见的我，只是洗耳恭听。但有一种感觉，就是大家所说的是感想多而具体的意见少，这本是我们会议的一般情形。罗先生对我的沉默寡言，似乎有些耐不住，他指定要我发言。我提出一个建议，就是请与会的各位先生，就这部书的内容要点或应该具备的基本事实，大家写一下，交委员会的专任人员，作一综合后，成为一个纲要，我们再就这个纲要，详加讨论编辑计划。陶先生和罗先生对我的意见认为可行，于是以两个星期为期（大约如此），届时再行开会。

那个期间，我的工作负担实在很重，除了政大的课以外，手上还有“教育部教课书编辑委员会”要我编绘的中国历史地图和外国历史地图，另还有不少的文债要还，所以我只在两个星期内把这部书中应备的重要事实写了几张十行纸，说句良心话，不过是聊以塞责而已。那时候，陶先生和罗先生都常常到会办公，他们没有见到我去办公，但是看到我所提的要点，实际上并未得到要领，而字数大约还是我写得最多，罗先生还夸奖我一番。但是他郑重的告诉我：“你是总编辑，现在已经七月底了。十月十日要出书的，你得奋起精神来，做好这件事。”至此，我才恍然于罗先生过去看不惯我的冷穆的神情之故，而这个突如其来的“荣衔”，实使我心惊肉跳，手足不知所措。于是我要求三天之后，和陶先生、罗先生长谈。

三天期满，我见到了陶、罗两位先生，提出我对全书的计划要点，请求两位先生的指示。记得我的主要内容，是建议以国父所讲的三民主义民族主义的第三讲和国父“知难行易”学说的有志竟成章为主要骨干，分为革命运动的酝酿与发展、武昌首义与各省光复两大部分。如果政府肯给钱，则此项工作可以继续至一九六一年，否则两部分工作完成，已可对五十年来文献作一交代。我原是抱着向两位负责的先生请教而去的，不料两位先生对我所说，毫无修正，认为这是可行的计划，期望立刻实施。罗先生并且强调地说：“八月开始了，你不工作，如何得了？”我因此请求至台中党史会的史库一行。罗先生立刻同意，陶先生和罗先生相约，我去后，他们两位也到。罗先生向我说：“史库新修的主任委员室，我还没有住过。你去后，就住在我的主任委员室，我指定一位同志专门陪伴你，另外指定一位同志专门替你找资料。”文献会有办事务的，罗先生不放心，特别指定党史会台北办事处的刘世景同志替我买车票，并通知台中史委会秘书沈裕民同志和总务总干事杨毓生同志在车站接我。陶罗两先生对我这一份的器重，真使我感动，而罗先生这一种特别的优待，真使我既感激，又兴奋。于是我在八月初首途往台中，其时我已开始阅大专联考的地理试卷，也只好函请沙学浚学长的谅解，另聘他人接任我的职务了。

罗先生当时说指定一位同志陪伴我，我很觉诧异，像我这样中年以上的人，还要人陪，不太把我看作小孩子了吗？等我到了党史会的史库，才知道罗先生为我设想的周到。原来，党史会的史库，是位于草屯与彰化之间的荔园，在一个小市镇新庄的左侧，真是一所僻静而安全的所在。史库房屋，分为两大部分，在同一大院子内，据说是当地大户洪姓的产业，连同附近的土地一甲多，都由党史会价购。罗先生的原意，是要整个党史会迁建于此的，先完成的是藏书库。藏书库是一所洋式新建筑的楼房，楼上是办公室，楼下及地下室，才是资料及图书的庋藏所，重门叠锁，典守谨严，建筑异常坚固，而且都是不着火的设备。四周更是一个空旷的大院子，有喷水及各种花卉与新种的荔树甚多。在大楼的左侧，是一座三合院的旧房子，正房相当高大，五开间，中堂尚有洪姓的祖位甚多。右侧二大间是个办公室，左侧二大间，除一小间是沈秘书的办公室和一般的会客室外，另有一大间，分为两间，那就是主任委员的办公室、卧室和会客室了。家具清洁，座位宽敞，桌、椅、橱均备，沿墙有两重长板，供资料陈列与阅览之用。两侧是厢房，厢房之间为诸花杂陈的院落，厢房外则大荔树数十枝，此其所以称为荔园也。在这样一个大院落中，公余，职员星散，只留着号房一人看守门户。号房的背后，是高同志的住所，高同志就是罗先生指定协助我找资料的。从号房进洪氏旧舍，隔一矮墙，有月洞门相通，卫生间、浴室、厨房都是靠矮墙而建。而这个三合院中，平时只有一位工友住在右厢房的另一端，左厢房为客室，则空无一人。主任委员室是靠左厢房的，和那工友的住房，正好成一对角线。乃恍然大悟罗先生特别指定夏同志住在左厢房接近主任委员办公室的一间客房中，作为我的伴侣，是怕我在夜间不免因人静而发生恐惧，并且特别指定一位工友同志为我服务，怕我夜里需上厕而恐惧，另置痰盂，供我使用。其为我设想之周到，真使人把肺腑都感动了。自从我到以后，司膳的工友同志每日必上草屯，每餐必备三菜一汤，餐后必有水果，有时草屯买不到水果则自台中带来。我颇觉过意不去，请他们办得越简单越好，可是他们一定不肯，他们的理由是主任委员关照总务总干事要他们这样办的。罗先生这样待我，我只有以工作的表现来报答他的厚爱了。

我到荔园后小作休息，第一件重要的事情，是索取史库的资料目录，随看随即把我所要的资料号码记录下来，穷半日和半夜之力，先把这件事情做完。第二天，陶先生和罗先生都来了，连同台中市重要同志和荔园的工作同志，开了一次会报。首先陶先生说明编纂“五十年开国文献”的意义及其工作分配的经过，次由罗先生把党史会各工作同志分担的工作，作一简要说明，继由各同志将工作的经过及进度，作扼要的报告。最后，由陶先生和罗先生略对今后工作的重心和进行的方法，作种种指示。罗先生最后并对各工作同志要求和我全力合作，尽量给我便利，并要求高同志要等我休息之后才休息。我谦谢不遑，要求罗先生不必对高同志如此要求，我但要求各同志已有的工作成果，使我有先睹之快。罗先生同意了，各同志也欣然同意。散会后，罗先生赴北沟“故宫博物院”，陶先生则在台中小作勾留，即返台北，我则留住荔园。是晚，各同志纷纷把他们的工作成果，都送到我的工作所在，那两条长板上堆满讲义夹，另外还有两口箱子，也储满了讲义夹，真是洋洋大观。

我有好强争胜不肯落于人后的个性，尤其是陶先生和罗先生对我器重之深和期望之切，我当得以全力报效，我预定留在荔园的时间是一星期。在这一星期中我的工作进度，是翻完各同志的所有工作成果，同时如果发现需要补充的资料，就照着我所录的号卡调来参考。每早略见阳光时起床，在园内或园外路边散步十五分钟，即开始工作。早餐后，休息十多分钟，继续努力，一直到吃饭时休息。有几位从台中或中兴新村来的工作同志，我常常分别邀一二位和我共进午餐，一方面解独桌而食之寂寞，另方面可得交换意见的机会。如此，我竟能在一星期内把我预定的工作做完，这是初时梦想不到的事情。当我把所有工作成果翻阅一过以后，使我感到精神上的负担很大。说句发自良心的话，各位同志都已经尽了最大的努力，但是偏颇之处在所难免；而每一部分需要补充之处都还不少，决非短时期内所能竣工。其中只有蒋永敬同志所搜集以武昌首义和各省光复的两大箱讲义夹，粗备体系，补充尚不十分困难。于是我和永敬同志长谈一次，对他的搜集资料和依类编次的工作，我提若干补充的意见，永敬同志异常坦率而诚恳，认为应该如此补充，进行尚不困难。我再征求他的意见，我们先把后一部分出版，称为文献第二编，赶在“双十节”出版，请教他可不可以这样做，能不能办得到，他的答复很干脆：“能！”我便匆匆离开荔园，由台中党史会派车接送我上车，返回台北，向主任委员和副主任委员请示。

我向两位先生所作的建议，大约如下：

（一）全书分一、二两编，一编为革命渊源，补出；二编为武昌首义，先出。

（二）二编略可分作三册或四册。第一册为武昌首义的筹划及其经过的有关资料，均以原始资料的累积为原则；第二册为临时大总统府及各部的组织法及《临时约法》等，后来罗先生称为开国规模；第三册为各省光复，可能一册容纳不了，则增出一册，后来竟增至三册。

（三）应行补充之资料，凡可利用照相或复印者，尽量照相复印；其不能复印者，则尽量请人抄写，以招考方法吸取工作人员，以论件计酬方法，鼓励工作速度；其校对，则请台中党史会同志担任，也酌给报酬，以资鼓励。

（四）以一个月为度，把上列各稿编齐，以一星期为度加以审定，以一个月为度，由党营的裕台公司印刷厂为中心，将全书印成。

（五）文献会对印刷及校对事宜，应事先作充分的安排。

两位先生对我的建议，完全同意，我并且向陶先生要了一笔聚餐费，准备把台中和荔园的两处同志，集合起来，聚餐一次，同时宣布各项办法，吁请各同志全力支持。因此，事情进行得异常顺利，在一个月之内，我竟能把武昌首义，开国规模，各省光复上、中、下共五册编好，目录定好，把应该照相的资料运送台北，把应该复印的也都办好，应该抄写和校对的，通通办妥，把几大箱稿子携回台北。这完全是各方面合作紧凑，而我自己每夜必至午夜二时始停工作，以镇静剂帮助睡觉，目不停视，手不停挥，竟把右手的腕筋用得疲劳过度而用按摩推拿法治疗，竟月始愈。中经波米拉台风，也并没有影响我的工作。

其中还有一个感人的插曲，就是我两臂露出的部分在第一次台中回来时，已搔得伤痕累累，被罗先生看见了。我第二次再到荔园，桌上便有蚊烟香点着了，工友告我这是主任委员关照的。

其后两年，我又屡至台中与草屯，然与罗先生晤面机会不多。及第一编补编完成，我也因所负其他文债太多，无法交待而辞去了开国文献的职务，和罗先生见面的机会更少了。

最后，我还要写一段“新文字狱”的回忆，来说明罗先生对真理和正义的态度。

“蒙藏委员会”在田炯锦先生担任“委员长”的任内，编印边疆丛书。作者在抗战时期写过一本《边疆地理》，在政治大学边政系也担任边疆地理这一门课程有年。因此，“蒙委会参事”张兴唐先生推荐我写这一本书，并且由田“委员长”约我面谈过该书的内容。由于篇幅有限，海疆部分略去，只写陆疆部分。全书凡分四章，即中国的边疆、东北边疆、西北边疆、西南边疆。“问题”是出在第三章的蒙古部分。

关于蒙古部分的疆域这一段，我的原文如下：“蒙古旧名外蒙古，以别于漠南之内蒙古，今内蒙古已分为热河、察哈尔、绥远、宁夏四省，外蒙遂改称今名。”全文四十一字，是本于历史的事实作蒙古一词的演变之交代。不料这四十一个字，却引起部分“监察委员”的不满，认为违背“宪法”，违反“国策”，抹杀蒙古以外的蒙古人，提出纠举案。以

"监察院"的名义，致函"行政院"，要求令饬"蒙藏委员会"将该书销毁，已送出者收回销毁。原纠举书，《联合报》与《征信新闻报》都曾发表。作者因此而大出风头，《民族晚报》还特别派记者杨尚强先生来访问我。我对杨先生解释蒙古一词的三种意义：一即政治区的蒙古，就是指北部边区的蒙古，是自治地方；二即地形区的蒙古，称为蒙古高原，指北山、阴山以北，大兴安岭以西和阿尔泰山以东的地区；另一即指蒙古人。其分布除蒙古外，尚散住在漠南四省、青海、新疆、东北的兴安等省，西伯利亚的卫拉特、布里雅特与加尔马克，也都是蒙古族。在拙著蒙古这一节的（六）人口与宗族这一部分，有如下的一段："蒙古人可分四支，即喀尔喀、加尔马克（即额鲁特）、布里雅特、乌梁海，此四族之分布，实不限于蒙古，且及于黑、辽、吉、热、绥、宁、青、新等各省。"拙著并未抹杀蒙古以外的蒙古人。蒙古之分内外，实始于清初的分化政策。清末民初，外蒙古遭受帝俄侵略，形势日急。乃将内蒙各盟改为特别区，热河、察哈尔、绥远设都统，宁夏设护军使，在政治上称护军使辖地，自此遂无内蒙古的名称，而外蒙也就只称蒙古了。到了民国十七年，国民政府把这些特区连青海在内（青海时称西宁镇守使辖地），一律改省。我所讲的是事实。但我当时要求杨尚强先生不要把这些事实发表出来，因为纠举我那本小册子是用"监察院"发表的纠举书，"监察院"略与外国的参议院 Senate 相当。我尊重体制，所以我必须尊重“监察院”，不可以把崇高的“监察院”所发表的正式文件，说成连近代史的常识都有问题。如果因为少数“监察委员”联名起来所造成的新文字狱，我因而受法律制裁，我也乐于接受的。感谢杨先生尊重我的意见，只说“监院”的纠举显然出于误会。

田炯锦“委员长”对纠举所列各点，均不同意。列举事实，认为原著并无错误，不能收回，也不允销毁。时陈故“副总统”兼任“行政院长”，对田“委员长”所陈与纠举书所说各点，加以研究后，认为“蒙藏委员会”有充分的理由，不同意执行“监院”纠举所要求各点。因而某部分人士不甘罢休，把这个案子提到国民党九届某中全会，会中组织一个小组，研究这个问题，罗家伦先生便是这个小组的召集人。一日，先生以电话招我，我欣然而去，以为是“开国文献”的什么问题有指示。及见到罗先生，他问我对“监察院”纠举书所列各点，有何陈述。我还是把上面的一段话复述一遍，并且强调我尊敬“国家”的体制和“监察院”，我如果确是违背“宪法”、违背“国策”，应受什么制裁，我都心甘情愿。罗先生特别站起来，握着我的手，赞许我光明磊落的态度。他才坐下来，告诉我案子的发展情形，他是这个小组的召集人，他想听听我的意见。我也重行站起来，表示对他的感谢，但是由于我是处于被纠举的地位，我要说的都已说过了，只有请罗先生秉公平与事实两原则来处理这个问题。罗先生重又赞许我公而忘私的态度，并且说他已有了腹案了。他的腹案，包括四点：

（一）蒙古不再称外蒙古等与历史事实不相背；

（二）这本小册子没有“违宪”；

（三）这本小册子没有违背“国策”；

（四）蒙古问题将来另行解决。

这次的谈话，至此结束。于是我对罗先生的印象，又加深了一层，他是一个服从真理，忠于历史事实，而又能顾及大局，和不肯牺牲并无错误的个人的一位学者型的长者。

我和罗先生的接触只是这几次，所得的印象，也大约只有这几点。我总觉得无论段锡朋先生也好（我在段先生主管的训练委员会中做过一年半工作），傅斯年先生也好（我和傅先生接触不多，所知有限），罗志希先生也好，他们都是旧文化中训练出来新文化的斗士，既能尊重旧礼教，又能迎接新文化，与一味重视旧文化以及一味崇拜西洋文化的人，迥然不同。在此提倡中国文化复兴运动而以伦理、民主、科学为实践内容的时候，我们失去了罗先生，是我们国家的损失。先生的风范，将长留于这一代的中国历史，是无可怀疑的事实。

[原载《传记文学》第十六卷第一期（一九七〇年二月号）]

我所知道志希先生的几件事

陶希圣

五四运动宣言　出自志希之手

说到罗志希先生，不能不谈起五四运动。在座的毛子水先生和查良钊先生，都是五四时候的人，我那时是法科一年级，志希比我早两年，他在学生中间的名望已经很高了。那正是文学革命转入新文化运动的时候。其时正值欧战结束，有几位先生在天安门的广场上搭棚子演说“公理战胜强权”，鼓吹民主与科学。然而到了巴黎和会，却依然是强权政治，把德国在山东的权益让渡给日本，载之于《凡尔赛条约》。这时有些同学如易克嶷等在校舍里演讲，抗议巴黎和会侵犯中国主权，反对日本接收胶州湾和胶济路的权益。我也时常去听。五月三日（星期六）中午我在译学馆的大饭厅吃饭，廖书仓和几位同学走进饭厅，简单的报告巴黎和会的经过以及和约的把山东的权益让渡给日本之事，请大家当天晚上到大礼堂开会。廖书仓先生善书法，马神庙一带很多店铺的招牌是他写的，大家都知道他或认得他。这天晚上，大家都去大礼堂开大会，决议各校同学明天在天安门集合，发表宣言，游行抗议。第二天即民国八年五月四日，各校学生一队一队进天安门广场，结成大队，要进东交民巷使馆区，被阻不得通过，于是派代表到英、美、法和日本的公使馆呈递抗议书。学生大众在天安门广场上站立了好几个钟头，然后排成行列，从西长安街，经西单牌楼，走西单大街，转入赵家楼，进曹汝霖的公馆，打了驻日公使章宗祥，然后退出赵家楼。这就是今天我们所说的五四运动。当时大会主席是段锡朋（书诒），而国务总理是段祺瑞。北京市民称为“二段”。天安门大会宣言寥寥百余字，简短而有力，出自志希先生之手，这是罗家伦为学生界所周知和推重之始。当时我只知罗家伦其人而并不相识。段书诒先生的确是一位领导人才（当时并没有“领导”的口头语）。他主持大会，对于一个议案，经过辩论之后，把正反两方的意见简明扼要的引述一番，交付表决，大家几乎都以他的意见为依归。当时学生的运动，都是自动自发的，并没有政党参加其中。在报刊方面，《北京晨报》是极力鼓吹，杂志则大都是后来才流行。五四这个时候是志希先生名望事业的发轫时期。这一段历史毛子水先生亲身参与，比较熟悉，应该请毛先生来讲。

因五四运动出头的几位同学

我们的同学因五四运动出头的不少，我离开学校后遇到过好几位。我在民国十一年北大法科毕业后，到安庆的安徽法政专门学校教书，就遇到方豪（字俶新，浙江人）。他是安徽省立第一中学的校长，这是我离开北大后头一个碰到的五四的朋友。五四时期，他是北京学生代表。民国十三年我到上海去，又遇到一位朋友，也是五四时学生联合会的主干之一，就是李伯嘉先生，他是上海商务印书馆编译所法制经济部主任，所长是王云五先生。其时傅孟真先生归自欧洲，到了上海，他在五四时代已享大名。那年（不记得是何年）阴历腊月三十除夕，李伯嘉先生找我，说孟真在他那里，要我去和他谈谈。那时我家也在上海闸北，我到伯嘉家里，和孟真先生长谈，一谈谈至深夜一两点才回家，这个年就在李家过了，我的太太和小孩子们等我回家等不到，只得各自就寝。

党校教务副主任负实际责任

从五四以后到民国十七年，这中间差不多有八九年的光景，志希先生的经历我不知道。一直到民国十六七年，我从武汉逃出，在南昌停留一个时间，再走上海，进南京，在中央党务学校才见到志希。他是中央党校的教务副主任，教务主任是戴季陶先生，负实际行政责任的是副主任。我那时在中央军校做总政治教官，又在中央党部民众训练委员会做科主任，有时到中央党校去，与志希相见。我一身兼两职，总是白天睡觉，夜里写文章，不大喜欢上班。我家仍在上海，每逢周末，我便回上海去。还有个故事：中央党校有训育员十人，都是党中同志最好的人选，当日出了一个缺，有人推荐我担任，谷叔常（正纲）先生是训育副主任，不接受。他说这个人不行，他白天睡觉，他在中央党部科主任的薪水每月都是别人代领的，他自己没亲自领过一回。中央党校的训育员我就没做到。后来我问谷先生，他坚决否认有此事。

那个时候，段书诒先生也在中央党校讲学。他跟志希是北大老同学，他爱同志希开玩笑，志希有涵养，也有风趣，从来不为老朋友的玩笑发火。

志希执笔写的大文章

中央党校校长是蒋总司令兼任。蒋总司令有关时局的大文章，由志希先生执笔的不少。自此时以后，志希先生写的大文章，开始我只是听说，后来我确实知道经过的更是不少，今天可略为谈谈。刚才说过，民国八年五月四日北京天安门学生大会宣言是志希写的，到民国二十年五月南京国民会议，蒋主席的开会词是他写的。这是一篇很大的文章。志希写这篇文章是在汤山。据说，他曾经打电话向戴季陶先生要资料，戴先生挂断电话，发脾气说：“志希居然要我替他找资料！”但又不能不替他找出若干文件亲自送去，这篇大文章轰动一时，并永传不朽。国民会议的宣言则不是志希先生的手笔。

《大英百科全书》一段中日战史

以后志希先生的事迹我又不大清楚，到了抗战胜利之后，民国三十五年八月，蒋委员长在庐山，我有事从上海往牯岭报告，报告完毕之后，我以为就没事可以回家了。委员长要我多住几天，我住在九十四号仙岩饭店，这一下就住了一个多月。凡是委员长所在之地，必有许多记者前来采访新闻，这些记者都跟我熟识，时常到我住的地方闲谈。有一天，志希上牯岭来了。记者们问我，罗家伦先生来此何事？我就告诉他们，《大英百科全书》请委员长写一段关于中日战争的历史，委员长要罗先生执笔。我对记者们说，你们去看罗先生时，不要提这件事。后来有些记者去看志希，问这问那，谈东说西，后来还是志希自己忍不住，说了出来。这篇文章只有一万多字，却将抗战八年的经过与委员长的指导与主张，战略与战术，概括详尽，理路明晰，的确写得非常好。

合写最短的宣言　呼吁党团团结

民国三十六年九月，在南京，中国国民党第六届中央执行委员会第四次全体会议与党团联席会议，大会的宣言是志希同我两人写的，我们两人对席而坐。宣言不到一千字，是历次大会许多宣言最短的一个。这次党团联席会议，现在也无妨谈谈。当时会议的气氛似乎不怎么好，我那时胆子很大，在《中央日报》写了一篇社论，援引北宋范纯仁的故事。范纯仁的父亲范仲淹在仁宗庆历年间参知政事，有名的天章阁十事之奏，力行改革，尤其是延揽儒者，在太学讲学，造就了一批人才，如欧阳修、司马光，这批人才就是这样子出来。后来熙宁变法引起党争，而范纯仁力主调停。我引这段故事呼吁党团团结，这可以说是一篇很大胆的文章。到了大会开会我和志希奉命草拟宣言，我们立意要写一篇最短的宣言，发出团结御侮的呼声。

志希写文章如韩幹画马

到台湾后，中国国民党召开第七次“全国”代表大会的大会宣言还是志希同我对席而坐草拟初稿，总裁蒋公两三次修改，然后提出大会通过的。

说到写文章，文学家说要有灵感，我从来不知什么是灵感，我的文章是打硬仗，打出来的。我写的东西，只有骨头，尤其不会转弯接笋，志希则善于润色，有时在生硬之处加上几句或改几个字，焕然可观。志希写文章，犹如韩幹画马，体态丰腴而骨气内蕴。最后还是总裁增删改动，才方分寸切合，气力充沛，形成名如其实的大文章。

每做一事必有一番建设

以后我主编“中华民国开国五十年”的文献，志希先生极力支持我。我们在一起的机会就多了。

关于志希的生平，我只能说得这么多，关于志希的事业，我也只能说得大纲，有目无书。志希长于建设，更勇于担当。他每到一个地方，必着手一番建设，开创一番事业来。北伐之后，他做清华大学校长，虽然时间很短，只有短短两年，但他将清华改变为名实相符的第一流的大学。清华原是留美预备学校创办起来的，到了志希做校长之前，已经颇具规模，志希接长之后，把清华改隶教育部，使清华成为一间正规的大学。他又为清华建了一个大图书馆，清华原来的图书馆，注重西文书，尤其是英文书籍，志希特为搜罗中国典籍，使清华图书馆可以和北大图书馆和国立北平图书馆鼎足而三。这个图书馆楼上的地板是玻璃的，至今我记忆犹新。

抗战前夕，志希担任国立中央大学的校长，抗战发生，他把中大由南京迁到重庆。到台湾来之后，他是党史会的主任委员，在草屯的党史会址原是一座祠堂，他扩大建筑，才有今日的规模。

另外，志希的生平有三段事情我不太清楚。第一是他留学欧洲的情形。第二是他以监察使出巡新疆，此事他跟我谈过不少，我都忘了，不过他留有记录，他有两本诗集描述塞外之事，他也和我谈到在盛督办的独裁统治之下，他所经历的危险。第三是他出任驻印度大使这一段，马星野和吴俊才两位先生能够详细叙述。那时就是尼赫鲁做印度总理，志希告诉过我，有一回在一个会上，印方所悬挂的地图，把西藏和西康部分地方划入印度，即所谓“麦克马洪线”，他曾提出抗议。他为了中印边界的争议，搜集了古今中外多种舆图。

关于志希的生平事迹，头一段五四运动，我只知道一点点，后来有几篇关于时局的大文章，我略为知道一点，至于晚年他在台湾的事迹，大家都很清楚，也不必多说了。我所知道他的事，实在非常少，今天只能够做一个开场白，希望引出各位的话来。

［原载《传记文学》第三十卷第一期（一九七七年一月号）］

我所认识的罗志希先生

马星野

南京大石桥

民国十六年夏天，我因为厦门大学风潮（当时我是厦门大学文学院学生），一时不能复学，到南京来投考中央党务学校。入学考试试场，是南京大石桥前东南大学的体育馆。在场监考有两位穿夏布大褂的人，一位是白面书生型，一位是魁梧雄伟武士型，考生们切切相告，那白面书生型的，一定是五四运动领袖，文采满天下的罗家伦了。（当时党校教务副主任是罗先生，事实上，教务主任戴季陶先生很少来校，校长又是蒋总司令兼任，不在南京，全校教务上责任，是罗先生担负的。）当时，我是十九岁青年，有“英雄崇拜”心理，急想认识罗家伦，结果是认错了，那“白面书生”是保定军校出身，名军事家吴挹峰，是当时担任总务副主任，那魁梧雄伟武士型的，却是罗家伦先生。

罗先生本是东南大学教授，国民革命军奠定了东南，国民政府建都南京，东南大学暂时停办，中央党务学校，即借用东南大学右边的一半校舍。中央党务学校不但用了东南校舍，而且罗先生将东南大学最好教授们，如今天在座的方东美先生及赵兰坪、韦润珊诸位先生，全请来党校任课，当时教授阵容，是一时无匹的。北京大学在座的，有王世杰先生及周鲠生先生、段锡朋先生等，金陵大学的唐启宇、赵叔愚等先生，复旦大学的赵棣华、王世颖、余井塘诸先生，也都被罗先生延揽过来。在龙潭战役，首都危急存亡之时（宁汉分裂，蒋总司令下野之际），罗先生与谷正纲、吴挹峰先生，坐镇校中，渡过战争的风浪，也渡过政治的风浪，使刚才诞生的革命学府，不但安然屹立，而且对党国有卓越的表现。

红纸廊

志希先生一生，对中国大学教育之贡献，是非常大的。他是蔡元培先生的得意门生，所以他办教育，与蔡先生的理想和做法，很相类似。他先后主持了政治大学的前身中央党务学校与中央政治学校的教务，担任了清华大学的校长，及国立中央大学的校长。在政治大学，他名义上先后虽是教务副主任、教务主任、代教育长，事实上，校长由蒋公兼任，教务主任党校期间由戴季陶先生兼任，一切教务责任，皆落在罗先生身上。有许多次，罗先生请党国元老及学术权威们来校演讲，常误称“罗先生”为罗校长，刘文岛就是一个。

自党务学校开始，我便追随罗先生，他自己开课教书，教的是“中国近百年史”。民国十七年，学校由大石桥迁到红纸廊，那是江苏法政学校的旧址，也是辛亥革命前，端方总督办公地方，扶疏的槐影，幽静的走廊，里面有小小三间办公室，罗先生与总务主任吴挹峰先生，就在里面工作。两个人同一个办公室，有两张旧沙发，虽嫌简陋，也很清雅。自民国十七年起，直到民国廿三年，我便常常有机会，到这个小办公室向罗先生请益。许多罗先生的著作，是由罗先生口授，我做笔记的，也就是在这个办公室中完成的，包括很多篇现在还未发表的珍贵稿件。

罗先生对他的老师蔡元培，非常崇敬，执弟子礼至恭。可是，他对于他自己的学生，却非常宽大，而且谦虚。他写信给我，总是称“星野兄”。我们一块工作，谈天吃饭，极其随便。他自己吟诗得句，常常洋洋得意地念给我听，讲些中外名人的故事，常常自己哈哈大笑。罗先生是教育家，却也是极富“幽默感”的人，他不但爱说“笑话”，即在严肃的大会场中，也常用“这不是笑话吗？”的口头禅。

在红纸廊的若干年中，我从罗先生处得到不少教益。这不但是由讲堂中听演讲，了解了罗先生治学的严谨方法，了解罗先生知识的广泛渊博，而最最重要的，是跟他做事，跟他聊天，在无拘无束交换意见中，得到的启发与认识。我在中央党务学校时是学生，在中央政治学校时，是教务处一名编译部编译，兼主编中央政治学校校刊；以后考上了公费留学，回国以后，做了外交系讲师，新闻系教授、系主任，一直到抗战胜利南京光复，中央政治学校改组为国立政治大学，我还是担任新闻学系主任，达十四年之久。而罗先生，早已于民国廿三年，辞掉了中央政治学校教务主任，专任国立中央大学校长去了。

清华园

罗先生担任清华大学校长的时间不长，我在他校长办公室内服务，也不到一年。那是民国十八年到十九年间的事。清华学校改组为国立清华大学，罗先生对于清华改为国立大学，有伟大的抱负与发展的计划。他说，已往的清华是“留美预备学校”，今后的清华是国家完整的大学。他主张把科学的根苗，移植到清华园里，使他在中国土壤上，开花结果。他开始招收女生，他开始淘汰“次一流”教授，把全部旧教授，只剩下了十八个人。他除继续保持有名的清华“国学研究院”外，加设了各科研究所，请第一流学者为教授，大量添置图书及设备。我的中学国文老师朱自清先生，便是图书馆馆长，兼文学院院长。自清（佩弦）先生，是我于民国十三年左右在温州第十中学的恩师。我们两人，亦师亦友，在清华园的荷塘月色中，我们常常散步谈天，非常有味。我住北院，他住南院，那时，朱师母染患肺病，家中仍是子女绕膝，生活同在温州时代一样苦。

原来，我在丁惟汾先生主持下中央训练部做编审。罗先生要我到清华去，一方面，帮他编校刊，一方面，也是他希望我在清华那样幽美环境中，多读一点书，多听几位名教授的课。我们办公室中几位秘书，像郭廷以量宇先生（后为"中央研究院"近代史研究所所长，已故）、唐心一（曾任招商局副总经理），都是罗先生得意门生，才华洋溢。量宇传了罗先生的史学，心一的文学也受到罗先生熏陶。我与郭先生、唐先生三人住北院一座单身职员宿舍，还有一位戈定邦先生，是东南大学秉农山先生的得意弟子，权威生物学家，也住在一起。郭戈两位，都是从东南大学实验附中，到东南大学毕了业，郭先生读过罗先生历史的课。还有一位唐培经先生，也是罗先生十分赏识的学生，他因在清华大学教数学，其夫人为女生管理员，故没有在校长室共事。

罗先生的改革清华计划，是大刀阔斧的，当然也引起旧教授们的阻力。为开董事会，他于十八年春间南下，由吴之椿先生代理校长职务，我也由校长室转到教务处。当时在南京，正开过中国国民党第三次全国代表大会，中央党务学校起了一点风波，蒋校长接受罗先生一贯的主张，把党校改组为中央政治学校，由短期的制度延长为两年半制，更延长为四年制，丁惟汾先生为教育长，余井塘先生为教务主任。那年四月间，政校当局打电报到清华找我回去，任教务处编译，兼编校刊。罗先生在中原大战阎冯叛乱期间，不能再在北方耽留，为表示决心，不做清华校长，到武汉大学应王世杰校长之聘当教授去了。

由红纸廊再回大石桥

罗先生自北京大学毕业后，曾由蔡元培先生设法，请纺织业巨子上海穆藕初（湘珊）先生筹一笔经费，送罗先生、汪敬熙、周炳琳、段锡朋、康白情等数位，出国留学，为国家培植领导人才。罗先生留学，同我们现在专读学位的留学生们不同，他在美国普林斯顿大学，在英国的伦敦大学，在德国的柏林大学，法国的巴黎大学，都没有读学位。除从名师大学者致力于研究哲学、历史、文学外，尤其对这些大学文理学院如何办得成功，最为注意。因此他主持清华大学时，有一幅一流大学的发展蓝图，及至民国廿一年，他受任国立中央大学校长，便把他在上述世界一流大学观摩到的理想与制度，应用到中央大学，付之实践。

他接办中央大学时，仍兼任中央政治学校的教务主任及代教育长（代丁惟汾先生）。我自民国廿年，得中央政治学校留学考试录取，到美国研究新闻学，身在国外，故没有随罗先生到中央大学去。罗先生发展中央大学的大计划，我未及目睹（在座王蔼云先生最为清楚）。惟他百忙之中，常有信寄到美国，要我留心研究美国报业发展情形，期许我将来回国可为中国办一个第一流报纸。廿三年我回国后，上海《申报》及《时事新报》，都要留我在上海，但中央政治学校的聘书，七月间即已寄到，中央政校蒋校长召见我时，就要我从事办报以前，先办新闻教育。

当时，罗先生对我可说是照顾非常周到。我回国时，还不到廿五岁，罗先生怕我教书会被学生轰掉，特别要我到外交系四年级去教新闻学。他说："外交系四年级学生们即毕业，不会因教授太年轻而轰你的，而且太早就办新闻学系，也没有足够之师资。"因此，我自廿三年九月开始，即教政治学校四年级外交系的新闻学，当时班上还有许绍昌"大使"这类出色同学，听我讲课，而没有把我轰掉。

罗先生在中央大学，又兼政大代教育长，很招引一些人的妒忌。因为首都人才云集，只有第一流学者，才会被罗先生所汲引。换言之，谁要到政大、中大教书，非通过罗先生的选择标准不可。而这标准，又如此严格，因此，有许多求职不遂之士，便造了许多谣言，中伤罗先生，指为他把持全国的大学教育。罗先生为止谤计，只好请求蒋先生，准他二者辞去其一，而最初他拟辞去中大，蒋先生认为中大情形复杂，在正上轨道之时，不能让罗先生离开。经过数月，蒋校长派程天放先生为政大的教务主任，罗先生为校务委员会委员。罗先生身兼政大、中大两主任，足足三年之久。政大到台湾复校以后，他还在政大研究所，教过两个学期的书。

沙坪坝

罗先生做了十年的中央大学校长，其对国家作育人才之贡献，非常之大。而其将中央大学，在日本人的飞机狂炸之下，由南京迁到重庆之沙坪坝，使这所最高学府，于八年抗战期中，弦歌不绝，学校规模越扩大，学生人数更增多。罗先生曾有名言："我们抗战，是武力对武力，教育对教育，大学对大学，中央大学所对着的是日本东京帝国大学。"这种在艰苦中奋斗，在炮火下求上进的精神，最可佩服。

抗战八年间，我因在中央政治学校担任新闻系主任，住在政校所在地之南温泉。罗先生的中央大学，在重庆市以北的沙坪坝，南北距离相当的远。我除了有时被邀到中央大学讲演，及看看我在中央大学念生物系的妹妹马秀权以外，很少到中央大学去，向罗先生请益的机会因亦减少。但是，由罗先生亲自写出的《炸弹下长大的中央大学》一文，可以看见中央大学迁校的情况，真是可歌可泣，而中央大学，如火中凤凰，变得更壮大美丽。中大迁校，没有出什么乱子，已经不容易，这全归于罗先生之坐镇南京，指挥若定，而有正确之远见，及早准备，不像他校之乱迁乱搬，闹出风波。这是因为罗先生平日对教授同事们礼貌周到，虚怀若谷，所以到了危难之时，大家卖力，如马洗繁、王书林、吴榦等教授，冒着万险，为中大迁校努力。在我的经验中，像罗先生对教授之尊敬，是主管大学行政者所罕见的。

罗先生到重庆的第四年，曾经说过："我们学校穷，同人也穷，我们只能以感情相维系，以大义相劝勉。在国家对日抗战的时候，谁说穷不是应该的。"当时已有三千一百多学生，比南京时多三倍，有一八三位教授，讲师卅九位，助教一七九位；有七个学院，一个研究院，一个专科学校，一个中等学校，其中，有五十六个科系，九个研究部；有医院，有农场，有工厂。除沙坪坝外，校区还向柏溪发展。还有一部分单位，留在贵阳与成都。罗先生在日机疲劳轰炸下，主持中央大学，其辛苦可以想见。而中大学术之水准，并不因环境艰苦而降低。

新德里

罗先生学识广博，能力卓越，他一生主要时间，是在办大学教育，但是在政治方面，在文化宣传方面，在外交方面，都有卓越的贡献与成就。印度于二次世界大战后独立，中华民国第一任驻印大使，是落在罗先生的身上。他不仅是中华民国的第一任大使，也是印度成为国家后，第一位外国派驻最早的大使。罗先生常常提及他帮助尼赫鲁，暨他的妹妹等设计“印度国旗”图样的故事，现在印度国旗上的“阿育王（Aśoka）轮”，便是罗大使建议经尼赫鲁采纳的。这位在印度极受欢迎的大使，不是穿燕尾服讲应酬客套话的职业外交家，而却是以其才学风趣博得驻在国尊敬的哲学家、历史家与文学家。

当时，我在南京办《中央日报》，罗大使主张，由报社派遣一位驻印度特派员，我欣然接受。今天在座的吴俊才先生，便是罗先生爱护器重的《中央日报》驻印记者。自此以后，《中央日报》不断有关于印度的有系统通讯刊出，而更难得的，罗先生亲自为《中央日报》写文章。他的《印度游记》，清新美丽，文字之典雅，描写之生动，使读者百读不厌。我还记得他写泰姬陵（Taj Mahal）的一篇，怀古之幽情，俨然一篇元微之的《连昌宫辞》，或吴梅村的《圆圆曲》，哀艳感人。罗先生是诗人，也是感情异常丰富的人。

《中央日报》有系统的刊出在任驻外大使文章，除罗先生外，似无第二人。

罗先生的驻印外交工作，在座的查良钊先生、吴俊才先生当有更详细的回忆发表。

巴西与秘鲁

除做大学校长及驻外大使外，罗先生做过很多很多重要工作。他曾在中央宣传委员会，做过副主任委员，也在考试院，担任过长时间的副院长。因为他才华横溢，对于做“副座”的工作，似乎不能充分发展其抱负。他在独当一面的党史委员会主任委员、“国史馆长”及新疆监察使任内，则却做得有声有色。更有一件事，是他很感兴趣的，那是国际笔会的中国分会会长。蔡元培先生是第一任会长，林语堂先生是最早的秘书长。以后在台湾复会，罗先生做了十多年的会长，最后再由林语堂先生任会长。在座陈纪滢先生最清楚。

我是笔会的会员，一九六〇年，国际笔会第卅一届大会，在巴西的旧都里约热内卢开会。自七月廿三日开幕，到七月廿九日在圣保罗城闭幕，罗先生邀我共同出席。当时我在巴拿马担任“大使”，该城适在自台北到巴西的中点，我得侍随罗老师到南美开会，真是平生一件极快乐之事。那年，罗先生于七月八日离台北，先在西雅图参加了“中美学术会议”，后经过墨西哥于七月十九日到巴拿马城。我与内子辜祖文，及小女马大安，全“大使馆”的同人，侨领吴玉明、唐昭和、李金奎等全到机场欢迎，异乡得逢师长，非常快乐。第二天，他与我去见巴拿马总统拉瓜地亚，当晚，在“大使馆”参加盛宴，巴拿马外交部长莫来诺夫妇等均参加。在巴拿马，我们游了巴拿马运河水闸，华侨们久仰罗家伦大名，集体欢宴，当时的盛况与愉快的情景令人难忘。

在巴拿马三天后，我与罗先生一同乘机南下秘鲁。我们二人深受驻秘鲁“大使”徐淑希夫妇及“公使”于彭夫妇的欢迎。我们师生二人，并同往利马的“乡村俱乐部”（Country Club）参观了“印加”（INCA）文化博物院。那天，恰是我与内子祖文结婚廿五周年纪念日。我们婚姻，是罗家伦先生任证婚人，吴挹峰先生任介绍人，在南京中山东路蜀峡饭店订婚的。我们二人，同是罗先生的学生。他在巴拿马，对我九岁的小女儿马大安特别喜爱。罗先生桃李满天下，而对于学生及学生们的子女，极为慈爱。于彭“公使”（其尊翁于右任“院长”与罗先生交谊最深）的夫人，是中央大学高材生，其女公子，当时正要转赴美国学新闻学，在秘鲁，罗先生看到他们一家，更是欢慰无限。

七月廿二日，我们二人同乘机离利马到巴西，半夜，到了圣保罗。因里约热内卢机场已关闭，在圣保罗住了一夜，次日才到里约热内卢。海天一碧，山明水秀，我们住在滨海大道上的旅馆，我得亲自侍候罗老师起居，此次尚为第一次。在巴西，开了三天的会，到圣保罗行闭会典礼，罗老师要拜访老友张大千先生，我因巴拿马馆中有事（当时，美国运河区与巴拿马政府，经常有大冲突，风波不小），只好离别罗先生，由委内瑞拉回巴拿马。罗先生看了大千先生后，到阿根廷去游览了几天。这次笔会中，罗先生与各国笔会代表，周旋得极好。李迪俊“大使”夫妇，对我们招待得也非常周到。

我与罗先生在国外同行，只有过这一次，所以觉得特别值得纪念。

我所认识的罗先生

一九六九年的圣诞节前夜，我家在过圣诞节。往年此日，罗先生常常到我家中过节，尤其是当罗师母与紫微妹妹远在澳洲那几年。而这一年圣诞节，罗先生卧病在荣民总医院。我与内子祖文、舍妹马均权、俊才妹婿，都是罗老师的学生及部属，视罗先生如慈父，于当晚同往荣民总医院二病房五号看罗老师，见师母亦在。王雪艇先生夫妇、薛人仰先生夫妇均在病床之旁。当时，罗先生肺炎已很厉害，呼吸迫促，瞳孔已散光，鼻孔接着氧气管，臂上挂着葡萄糖针，喉头上已刺穿一洞，以皮管吸取痰液，血压虽正常，脉搏已到一二六次。到了夜九时半，我们才向罗师母告退。第二天，是圣诞节，又是民族复兴节，中山堂有纪念会，蒋“总统”没有到，由严“副总统”宣读文告。我于会后到“中央社”处理一点公事，回家正想与祖文到荣民总医院看罗先生时，医院已打电话来，谓罗先生已逝世，急与内人赶到荣民总医院，王雪艇先生夫妇、吴俊才夫妇等已先到。我对着用白布遮盖着的罗先生遗体行礼，怆然泪下，悲痛不胜。论公，则国家损失了这样一位大教育家，论私，则我一生受罗先生教诲与知遇，此恩此德，何以为报。当时，大家要我写一篇哀悼文字，使海内外罗先生的朋友，知道这个不幸的消息，我含泪撰一短文，在一九六九年十二月廿七日《中央日报》发表。

罗先生长眠了，他的思想，他的功绩，长留于人间。我从民国十六年，考进中央党务学校起，受他教诲历四十二年之久。我所了解的罗先生，与一般人有点不同，一般人以为罗先生是五四运动领导人物，以为他对于中国固有文化，会有敌视的态度，对于中国固有伦理，会存轻视的态度。事实上，罗先生是中国文化根基最深，也是最热爱中国文化、最重视中国伦理道德的人。

一般人以为罗先生自五四运动以后，名满天下，留学回来，担任了各种各类的公职，如新疆监察使，如“考试院副院长”，如“总统府国策顾问”，如驻印度首任大使等等，一定是对政治地位感到兴趣的人。事实上，他纯粹是一位教育家，是历史家，是思想家，尤其是他对于教育，几乎可说是他的终身事业。我认为罗先生对党国贡献很多，而最大的即在于教育方面。

一般人以为罗先生是白话文的提倡者，是简体字的提倡者，是新诗的提倡者，即使是替领导人起草文告，也常用白话。而据我知道，罗先生是极喜爱文言文与旧体诗的，他白话文、白话诗，写得那样好，大半因为他文言文、旧体诗有极高的素养。他留存下来的诗集中，七绝的旧体诗，远过于新体白话诗。他对中国诗画及书法，有高深的了解。他著《石涛上人年谱》序（《伟大艺术天才石涛》），说明他对中国艺术，认识的深刻正确。他两大册《心影游踪集》，绝大部分，是极秀美极清新的旧体诗，而那一篇自序，是极美的文言文。读去，会令人联想到《玉台新咏序》。

一般人以为罗先生学问如此之博，古今中外，历史、哲学、文学、玄学、内政、外交、边疆问题，无所不谈，一定是一位粗枝大叶，博而不精的人。但据我所知，罗先生为学仔细精微，毫不苟且，决非一般人可比。当他研究近代史时候，为穷究鸦片战争及太平天国的历史，他可以在大英博物馆，无昼无夜的抄原始文件。他做党史委员会主任委员，对于史实，从不轻易下判断，而以求实求真的态度，编了许多史料丛书及数十部“革命文献”，都是最珍贵的近代史料。他以科学的精神治学治史，事事都主张要拿证据来。

总之，罗志希先生是位伟大的时代领导者。他在中国现代化的历史中，有着他崇高的地位，是不容怀疑的。

［原载《传记文学》第三十卷第一期（一九七七年一月号）］

“但有凋谢无死亡”的罗志希先生

方东美

罗志希与段书诒

我同罗志希先生认识比较迟，我们之认识跟五四运动有关。五四运动在北京大规模的发动以后，北京的学生界第二天即连夜派许多代表到全国各地，我们那时在南京，来跟我们接洽的是段锡朋（书诒）、周炳琳（枚荪）、陈宝锷三人，另有数人只见面不过一刻钟，他们立刻又乘车赶往上海、广州去了。罗志希就是偶而见过一下面，他就到上海去了，没能交谈。段书诒等三人仍留在南京。以后和我比较熟的是书诒同志希两人。这两人的性格不同。志希很幽默，他无论谈什么问题，总是先找个小小枝节问题做先导，因此他真正的用意是什么，一时还不容易看出来。段书诒则不然，随便什么时候，他总是赤诚相见，他是怎么样的一个人，是不需要猜测的。再有一位和我很熟的朋友是邓中夏，是少年中国学会的社友，后来做了共产党，被杀掉了。

柏拉图的前车之鉴

志希自民国十四年以后，数十年来，可说和教育界有很密切的关系。我从民国十三年开始教书，他自民国十四年和我们一同到中央大学前身东南大学，还有张歆海、韩香梅、余上沅、梁实秋等人，一起到东大。那时南京还不是首都，东大的教授互相接触的机会非常多，每周都有很长的时间相聚畅谈。我从那时开始，和志希的关系渐深，他留学美国普林斯顿大学时，写过一篇论文《科学与玄学》，我那时的兴趣也正在此，所以甚谈得来。从和他的谈话中，就已可看出来，他对政治有某种抱负，我对此不表同意，我对他说："世界上有两个大民族，中国人与希腊人，可以说在血液里面，都有很深的政治意识和国家意识。我是很崇拜希腊的哲学家柏拉图（Plato）的。但是像柏拉图那样爱希腊民族，那样爱希腊国家，那样热心的从事政治，结果呢，他的头虽然没有被砍掉，却也一度被囚为奴。假使一个真正的读书人，若想根据他的理想来搞政治，柏拉图就是一个前车之鉴。恐怕在世界上，不仅仅希腊如此，别地方也是如此。"所以在谈到政治的时候，我就同他对吵，不同意他的观点。但是我说："不管任何人，要有柏拉图的能耐，怀抱理想而从事实际的政治，有两个条件，第一，肯拿头出来，第二，当主张不能实现时，必须降身为奴。但是柏拉图却把他政治上的理想，写成不朽的著作。"

奶妈变娘的痛苦

北伐时，全国的大学都停了，中央党部办了一个党务学校。他第一个就来找我谈党校的问题，我说："关于政治之事，我们两人立场不同，至于党务学校，多多少少是为国家造就政治人才而设，应该去找那些政治兴趣真正浓厚的人参加才相宜。"但是他很噜嗦的一定要我去党务学校任教，我只好答应了。我知道在党务学校里头，他是极尽忠职守、极负责任的，但是他也有他的苦衷，甚至也很受误解。这误解在什么地方呢？就是凡是在学问上、教学上，肯卖气力的，在任何学校，都是受学生欢迎的。不过在学问上受学生欢迎，有时候会构成一个问题，人家会说你不安分，就好像有人请你来当奶妈，并不是请你来做母亲，但是学生有时会在他的内心里把奶妈当母亲，这是很遭忌的一件事。我在党务学校卖了两年的气力之后，得了气喘病，因为当时三百零八人一大班，又没有麦克风，讲课极费气力，很伤身体，所以我就设法逃出来，回到中大的本行。而在志希的一生中，我知道这段期间正是他谈恋爱和经济最窘迫的时候，但是他日夜把他所有的精神和生命贡献给学校。然而实际上他所得到的，有点奶妈变娘的情形，他的这种痛苦，对别人一向不肯说，偶尔还肯对我透露一些。

群众心理学的运用

刚才有几位先生说志希几乎胆小一点，表面上看来好像是如此。我记得在北伐时候，志希好像在总司令部里面做教育处处长；九一八事变之后，全国人心鼎沸，青年学生尤为激动，上海、苏州一带的大专学生，入京请愿，要求抗日，沿京沪线一带卧轨哀求政府抗日，当时总司令部或许是政治方面的人才多些，对学生的心理不太了解，对于如何处理此事，感到十分棘手。志希就跑来问我，他说："我现在出个题目给你做，碰到像这样的事情，我们一定要使总司令出来面对学生，但是学生占据铁轨，阻塞交通，也可能变成暴徒，总司令如何面对这个问题？"我就告诉他："你应该是读过《群众心理学》的，在群众心理学上，倘若一下子就拒绝群众的要求，一棒打回去说'不'，那一定会出乱子。倘若他们要求抗日，你就应该请总司令下手谕，叫学生派代表到总司令部来，共同来讨论抗日的政策和办法，代表派的越多越好。"他当时用手猛搔头发，说："万一出了乱子，总司令的尊严该如何来维持？”我就告诉他：“我生平曾做过的一件事，在五四运动以后的第二年，全国仍在闹罢课，在南京一些学生更是极力鼓动学潮，在五四那一天一定要闹事，有一次南京的学生大规模的召集了在金陵大学集会，做主席的是一位查先生，他不赞成罢课，被群众上台几乎要把他打个半死。有几个人上去想维持秩序，不成，后来我冒险上去，说：‘请大家坐下来，共同讨论如何罢课的方法。若单只南京罢课，那是没效力的，若只是北平罢课，那也没效力。若要罢课，还是像从前一样，全国性的大罢课才行，我们大家来商量个办法，选派代表到北平、上海、广州、武汉。’这样一搞两三个钟头，还没有结果，大家的肚子都饿了，等到一敲钟吃饭，那些想闹事的学生都一齐跑掉了。学生罢课的愿望虽然没有达到，但是问题等于解决了。”我就引此例向志希说：“你若是读了法国拉蒙氏的《群众心理学》，一定是可以运用的。假如此事出了差错，你就说是我献的策，把我拿去砍头好了。”志希回去以后建议，果然，总司令一出来宣布抗日计划，甚至如何建造战时的堡垒、如何修筑浙赣路等，这些计划一宣布，学生果然安静无哗，都回到原来的学校去了。

这件事可以看出，当事情发生之初，志希他是非常迟疑的，这就是刚才黄季陆先生说的志希胆小的地方。但是我向他献策，说：“倘若出了乱子，拿我去砍头抵罪。”实际上，要是真的出了乱子，必须砍头抵罪的话，那是他去顶的，因为是他直接向总司令献策的。由此可见，他是很勇敢、肯负责的。

后来他出任清华大学校长，因为我们在东大和党校两度同事，谈的很多，他就来找我谈了两次，关起门来谈如何办清华之事。我当时对他有三个献策。第一谈用人问题，例如教务长、文学院长等等，他提的人，我说："这你不必同我谈，这都是你的同学，你知道的应该比我清楚，不过在这些人里头，有些和我当年在武汉曾经同过事，我晓得坏石衡青的事的，这些人要负很大的责任。你假使要用这一类的人，以后清华恐怕会有问题。"又谈到另外一些人，我说："某某人也许能够帮助你，但是他很富心机，为他自己着想的，你终究要吃他一点亏。"我又说："这些话我本来不应当讲，这些人都是你的同学，你知道的更多一些，我不过偶尔跟他们有同事的经验，我的观察是如此。"

青年教授的"胡说"

不过，我积极的有两种建议。这两种建议是什么呢？当时在南京，中国科学社在社会上很有地位，也很有影响，但是我对中国科学社的印象不佳，我觉得谈自然科学，他们的数学训练不够，这不是偶然的。在民国十一、二、三年，杜威（John Dewey）、罗素（Bertrand Russell）到中国来演讲，罗素到南方演讲，仍然板起面孔来讲些专门问题，他那时写了 *Analysis of Matter*，已完成了 *Principia Mathematica*，又开始写 *Introduction to Mathematical Philosophy*，而中国学生当时对这些专门问题觉得很新奇，不大懂的，所以就请了中国科学社学物理、数学的人来替罗素翻译。但是，连很浅易的数学问题，中国科学社翻译的人有时也译错了，所以我就知道中国科学社学物理及自然科学的人，他们的数学训练不足。这还牵涉到我一个问题。我那时在东南大学教书，只有二十几岁，年轻气盛，也很崇拜罗素，有一次我在课堂上偶尔讲了一句话，我说："有许多数学家不识数，甚至在哲学里很有名望的人也不识数。"当时在东大教书的，有五十多岁的老数学教授，他们的老师还是具有鼎鼎大名的法国 Poincaré，是这么有权威的人，而且教书多年，今见我这毛头小教授，居然说数学家不识数，许多数学系听我的课的人为之大哗。这班上有周鸿经（纶阁）和唐培经两人，后来他们考取庚款留学英伦，读数学，同时已有武昌大学毕业的管公度先期在英国研究数学，语及此事，他们共同的结论，追认我的看法是源本英德新纯理数学的根本理论。归国后，皆到中大任教。从重庆松林坡，南京，一直到台北，每年大年初一第一个到我家拜年的，都是当年在班上反对我的这两位数学家。周纶阁后来死在美国康奈尔大学。我当时是以意大利数学家Piano的“Postulational Technique”先依极简洁的设准，再以逻辑的步骤证立数的形成，则正数、负数、分数、无理数、无穷数都能够解释，以后他们到英国去，接受了Campbell，Hardy，Whitehead，Russell这个思想，才知道这并不是青年教授的胡说。

我即以这个故事警告罗志希，我说你办清华，一定希望办成一间理想的完全大学，除了文学院你自己懂之外，至于理学院，我觉得中国科学社的那一批人，他们的纯理数学训练不足，很不合时宜，你要把理学院办好，首先要把数学系办好。我对此是外行，只因从前闯过祸，现在把这个意见贡献给你。

使清华成为第一流大学

至于第二个建议，对此我很有感触。我在中大的同事王抚五教化学，胡刚复教物理。当时我们教授的接触很频繁，有一次我问王抚五：“你教化学事情一定很忙？”他说不忙，我大吃一惊，我说：“你除了教课之外，实验的工作一定忙得不得了。”他说：“实验的事我不管，我讲化学里的科学方法。”另外胡刚复在中央研究院任物理研究所所长的时候，买了大量物理学的仪器，把这些仪器存放上海法租界的一所大房子里，很久都没有开箱，此事令我感慨无已。我对志希说："你若想把清华办成一间完全的大学，则理学院中找实验的人才比教授还要重要。"志希曾在东南大学教过书，知道邻校金陵大学注重化学实验，东大前校长郭秉文先生找来了一批杰出的实验化学家，像张子高、孙洪芬、王季梁这些都是化学实验最有成就的人，他们训练了一批优秀助教出来。至于生物学，也从金陵大学拉来了许多好的助教。志希听了我这样说，他几乎把东南大学转变到中央大学这几年训练出来化学、物理和生物学的助教，一举请空了，他们到了清华后，从讲师做起，一直升到教授，许多人后来都享有盛名。

我觉得志希办大学，对国家最有贡献是他做清华大学校长的时候。清华是由中美庚款办起来的，原来隶属于外交部，他们把钱存在美国，浪费得不知有多少。志希做校长时，透过外交部、教育部，透过政府各种政策的运用，把这笔钱争取回来，成立"清华基金"。如果没有清华基金，以后清华不可能成为很好的大学。此外，他又注重实验，在北方除了北洋大学之外，对自然科学注重实验，首推清华。其他大学谈科学、方法学、论理学很少做实验的。志希做清华校长，扭转了这一风气。这是对国家无比重大的贡献。他有这两大贡献，然而后来清华毕业的同学，对罗志希这位校长的功绩，不肯承认。我认为这是世界上莫大的不平之事。这些事他不肯说的。他吃过亏之后，过了四年，在南京他对我说："当年你说的话，有些我听了，我自己也觉得很满意。但是有些当时你警告的，我没有听从，我现在哑子吃黄连，只有自己知道。"

郭秉文与张乃燕

后来他做中央大学校长。中大的校长是很不好做的。在革命以前有一位很能干的校长郭秉文先生，他可说是一位无文化意识、无政治思想主张、无民族观念的校长，但是他在美国学了企业家的方法，办学校的本领超过当时全国任何大学的校长。他未做校长以前，先结纳了江苏省富有名望的黄炎培，把经费给稳定了。然后他到美国去，往各实验室跑，许多中国学生在美国做实验助教的，都请他们回来，充实理学院。所以郭秉文虽然是一位没有文化意识、没有政治思想主张、没有民族观念的校长，但以美国私立大学校长的标准来说，他是一位能手，颇有成就。他把南京高等师范一所旧学校，经过几年，变成东南大学，地位搞得很高。但是北伐以后，实行大学区制，许多党国元老固然不错，对国家有很大的贡献，但是从法国抄来的大学区制，几乎害死了中国人。当时大学院派张乃燕为中大校长，这是一位低能的人，连他家里的人都知道，他的伯母是我的一位亲戚。请人乱请，搞成一笔烂账，后来朱骝先出长中大，也没有办法。中间又经过桂崇基，然后才是罗志希。志希在民国十四年和我一起到东南大学教书，所以中大的情形，他也不是不晓得，他说："我是北大毕业的，就是有所主张，在中大一定遭受反对。"他很明了这一点。他说我虽然跟他同期进东大，但里面一些老教授旧朋友，我比较熟悉，问我该如何。我说："文学院是一批烂账，这没有关系，你自己懂得，以后请人你也是内行的，可以把反对的抵销。最大的困难是理学院。你把孙洪芬找回来做理学院长。"孙洪芬的资格很老，同时他在中美文化基金董事会负很大的责任。但是碍于情面，他也来了一下子，他一看事情不可为，只做了很短的一段时间他就辞谢了。所以理学院的事情始终搞不好。

但是因为偶然的一件事情，使后来中大产生莫大的困难。那就是中大同学会。因为中大学生日增，毕业的学生也越来越多，势力逐渐膨胀。他们反对北大出身的罗志希做中大校长。同学会开会应该在大学内正大光明的开，但是因为是反对校长罗志希，所以他们跑到城南的一个会址秘密的开，但是学校办事务的人禁止任何人在那里开会。这样一来，有些同学甚至痛哭流涕，这些毕业生中有些是教授、讲师、助教，他们为学校之事，却被禁止在同学会私下的会址开会，因此造成更大的阻力。对同学会行政上造成更大的困难。

为中大求师的苦心

志希他以前在清华注重实验，已有很大的成就，在中大方面，他也极力的罗致人才。他请教授，诚恳到怎样的程度，在座诸位或许不十分知道，我可以举一些例子来说明。在北伐以后，政府气象一新，一切欣欣向荣，教育政策也比较积极。全国的学会每个月在南京开学术会议不知有多少。志希是学文科的，他虽然写过《科学与玄学》的论文，但是他的科学也只是玄学式的科学，对真正的自然科学，他不会有很深的了解的。但是凡有新型的学术会议，他无有不到的，而且是第一个到，最后一个退席。当时我就笑他不务正业，校长的该办的公事有多忙，哪有这许多时间来参加这些外行的会议。他回答我说："这你就不了解了。学问之事是个人的事体，可以很专门，但是在学术会议上，这些专家学者必须把他们的专门之学，用文字语言表达出来，来使人懂，而不会乱说话的。譬如弹道学，我完全是外行，但是我听了弹道专家的讲演，他用他的方式来表达他的专门之学，我听了之后至少可以抓住他的见解之要点。我认为这是一位做教授的人的第一个 Qualification。教授必须要有学问，同时要能表达，这样才能领导学生。所以我对这样的学术会议，绝不放过。无论我对这些学问是如何的外行，没有退过一次席。我的目的是在'为中大求师'。"就因为志希如此用心的访求人才，他请到了北洋大学出身，后来留美成绩都极优异的卢孝侯为工学院院长，他在工学院教学的成绩也是最好的。关于聘请工学院教授，志希他自己先出去观察接触，然后才同卢孝侯仔细商量研究。因此，中大在他的主持之下，张乃燕所留下的一批不够资格的教授，他无可如何，因为多少有些政治背景，只有暂时容忍。另一方面他极力为中大罗致人才，延聘一批有学问的教授，尤其是自然科学理工科方面的人才，是以中大的各学院中，工学院的成绩最好，理学院次之，再其次是法学院，再其次是文学院，因当时南京是首都所在，立法委员皆在南京，有许多法学专家，他也容易找人，文学院国文系教授人选，实居当时全国第一。

在大学史上精神不死

从以上这几点看起来，他是以全部的心血为国家、为青年学子求师。但是他求师的结果，延聘了一批有学问的专家学者来任教，这自然会构成一个阵营。而张乃燕所留下的那些教授，以及毕业生中在学问上次人一等的，心里就生了嫉恨。再加上他虽然是很忠实的党人，在政府的各部门中也有很亲密的关系，但是我想，在那时候出国很容易，许多人出国一个短时期就回来了，然后请一些党国要人写推荐信，然而志希仔细观察这些推荐信所介绍的人，都不合格，不合乎他追求良好教授的要求，他都拒而不用，因此产生许多怨恨。这事在国家的政治向上，欣欣向荣之际，困难比较少；但在中大迁到重庆之后，就发生作用了，在学校经费、增加设备以及聘请新教授方面，处处掣肘，志希不得不挂冠求去了。他内心所感受的委屈和痛苦，很少或不肯对别人说，因我和他连续不断数十年的同事，他告诉我最多，他这时的心情，我为了解。所以我觉得有些人写罗志希在中大，或者是歌颂他的贡献，只是一些表面的现象，他内心真正的苦处，就连他最亲密的朋友恐怕也知道得很少。

我昨天翻翻志希的诗集《心影游踪集》，他最后的《自寿》诗有一句话说："但有死亡无凋谢。"也许这时他的精神衰了，我觉得这句诗应该颠倒一下："但有凋谢无死亡。"因为人总是自然人，哪能不凋谢呢？甚至境遇坎坷，衰老得更早。我觉得志希就好像一朵好的花，春讯已了，委落芳尘，是凋谢了，但是在中国大学的历史上，他的精神是不会死亡的。我因为断断续续和他相交数十年，颇知他内心的感慨和痛苦，我说这话我并不是恭维他。在大陆时的大学校长，大家最称道的是蔡元培先生。除了蔡先生之外，许多在大陆时代做过大学校长的人，我想大家都知道做校长的责任和分寸，为国家训练人才，为青年求良师，没有一个能忽略这一点。但是在今天的台湾，我老实不客气的说，我在台大教了近三十年的书，我不承认台湾有大学。因为在台湾做大学校长的是什么人？这些做大学校长的只知奉迎上司，而没有一个对学问表示重视！

“留美预备班”与“文化沙漠”

说到这里，使我想起在台湾志希告诉我的一件事。当傅孟真先生去世之时，台大的校长有可能落到他的头上，但是当时代替傅孟真先生行政事务的人，立刻跑到卢孝侯先生那里，说请他准备接收。从这件事可以知道，在傅孟真先生去世之后，罗志希有可能出任台大校长，但是有人以他在驻印度大使任内，他的报告直接寄给总统，在政治上犯了忌讳，因这个阻力，他的校长没有实现。就因为他的校长没有实现，使这数十年来台湾的学术界蒙上不白之冤，即被外人称为“文化沙漠”。假使罗志希当时接了台大校长，我想许多小人不能这么多年一直蒙蔽“政府”，不会使台湾的大学变成留美预备班，甚至当年清华留美预备班，到美国去还选好的学校进，台湾的留美预备班，则只要出去不择手段，连许多美国四五流的学校也进，这些学校还远不及台湾的，而这些人都是在台湾的大学毕业之后才出去的。像这种教育上的污点，数十年来使台湾的学术界和从事教育的人蒙上不白之冤。而且误了许多青年，既无正当的政治信仰，没有民族观念，也没有爱国的情操，一出去之后就转变了，这实在是一个很严重的问题。我想，罗志希如果接了傅孟真遗留下台大校长的职位，台湾的学术界当有另一番气象，不至如外人所讥评的“文化沙漠”。

在这一点上，他的自寿诗“但有死亡无凋谢”，他现在是凋谢了，但是他为国家办学之严肃、诚恳，忍受别人所不能忍受的痛苦，只求把学校办好，就这一点上，我想他的精神是不会死亡的。除非大家昧着良心，不承认他的贡献。大家只看他的表面上好像很热闹，又有谁知道他内心所承担的痛苦呢？

搜集中印边界资料有心人也

再有一件小事可以看出志希之细心。他从驻印度“大使”下旗归国后，告诉我两件事。他说：“我们与印度虽然断交，但是印度是我们的近邻，而且她是从殖民地争取独立的国家，其本身有亡国之痛，对今日之错误，将来总会有觉悟的一天，所以教育上的联系是不能够断的。”他说，查良钊先生还在印度，正在做他所不能做的工作。另一点是他在大使任内，收集了许多中印关系和有关边界的资料，从帕米尔高原起，经克什米尔、新疆疏附一带到拉达克，以及西藏西康边界，尤其是东北部印度阿萨密省（Assam）之北，英印当局妄将边界向北推移，侵入中国，即所谓“麦克马洪线”，成立所谓“东北特区行政管理局”。印度独立之后，继承英国帝国主义，妄图继续侵占这些中国疆土，以为中国方面没有资料，把疆界乱划。志希是知道这些事的，并收集了许多资料。而且中国曾经极力的帮助印度，在抗战期间，宁肯得罪英国，支持甘地、尼赫鲁的独立运动。并且在美国旧金山会议讨论设立联合国时，那时印度还没有独立，尼赫鲁父女在美国对中国外交负责人，低声下气，到处走访，待他独立之后，即翻脸不认人。印度这个国家，应该让他吃点苦头。后来在一九六二年中共和印度发生冲突，把印度打得落花流水，我又碰到志希，我说：“当年你告诉我在印度的一些事情，现在有人替我们报了仇了。”他为之狂笑。罗志希这个人，表面上看好像是粗枝大叶的人，但有时候他的心是非常之细的，他是识国体讲民族利益的。他和大家一样，对印度从亡国的殖民地，还没有独立，就想继承英帝国的权益，独立之后，更是变本加厉，变成新帝国主义者，都是痛恨的。

从以上几点看起来，罗志希这个人，假使我们能够了解他，他的精神是不会死亡的。

[原载《传记文学》第三十卷第一期（一九七七年一月号）]

我对罗先生三点特别的感想

王世杰

我今天没有预备多说话，亦未预备任何书面，只能利用这几分钟的时间，把我的几点感想说一下。关于志希先生的生平，希圣兄和星野兄已经叙述甚详。我只说说我对罗先生生平几点特别的感想。

第一，关于他的思想。罗先生之政治社会的思想，一言以蔽之，他是个现代主义者。尽管他对中国的古书读得很多，对国学有很深的造诣，对中国旧有的文化很尊重，但是他在在所表现的，在政治、社会的思想方面，却是一个现代主义者。我今日不欲多所引征，只举两个事例以说明之。一、在中国的文字方面，罗先生赞成使用简体字。当年在南京，我记得使用简体字的方案由教育部提到中央政治会议之时，事先蒋先生也曾赞成，但是在会中却未通过。当此案提交中政会时，教育部所能得到的完全支持者只有两个人，一位是吴稚晖先生，另一位即是罗先生。二、民国三十七年，国民大会召开，选举总统，蒋先生以今后政治的中心在行政院，拟请胡适之先生出任总统，他自己为行政院长负实际责任，要我去敦劝胡先生，我对胡先生劝说过好几遍，他始终有些疑虑。而在党内，支持蒋先生这一个计划的，也只得两人，即吴稚晖先生和罗志希先生。

第二，关于罗先生在教育工作方面的成就，我认为他主要的贡献有三：一、他做清华大学的校长时，中美庚款的清华基金从外交部一些官僚的支配下争取过来，使清华大学成为一家名符其实的国立大学。二、罗先生做中央大学校长的时候，对日抗战发生，他在极艰苦中把中大从南京迁到重庆沙坪坝。像中大这么大的一间大学，在抗战期间戎马仓皇之中，交通工具极端困难，经费也不充裕，在短短的时期却能把中大图书仪器的设备和众多的优秀教职员迁往后方，在重庆沙坪坝建立一所颇具规模的大学。这不能不说是罗先生对中国教育的重大贡献。三、罗先生做大学校长之时，对于选聘教授，极为严格，毫不苟且，也是值得我们敬佩的。我记得当政府迁台之后，蒋公拟提名他为“考试院副院长”，有一次问我：“罗志希很好，为什么有许多人批评他、攻击他？这是什么原因？”我回答说：“据我所知，罗志希在做大学校长之时，政府中和党中许多人向他推荐教职员，倘若资格不合，他不管是什么人，都不接受，因此得罪了不少人。”

第三，关于罗先生的外交工作。他的外交工作时间甚短，只在印度做过一任大使。这个时期他有一件工作，使我特别注意，至今不忘。现在南韩这个国家还存在，志希先生的一件工作起过作用。当联合国成立之后，为处理朝鲜半岛的问题，特别成立了一个委员会，主席是印度代表。当李承晚政府成立，回到韩国，我国决定承认李承晚政府为大韩民国政府。但是在联合国中充任朝鲜半岛委员会主席的印度代表却持反对意见。志希那时是驻印大使，特向尼赫鲁说明中国的意见，请印度支持，最初没有成功。于是志希依部令，即放弃情面，直接告诉尼赫鲁，若印度在联合国中反对中国以李承晚政府为韩国政府的提案，则印度在联合国的重要问题中，中国皆将不予支持。于是尼赫鲁支持中国的提议，大韩民国政府乃被联合国承认。对于此事志希之奔走实有不少影响。

此外谈谈罗先生之艺术嗜好。志希最大的艺术嗜好是欣赏及收藏中国的书画，他三四十年间不断收集书画真是尽心尽力，所收藏者多不朽精品。约在十年前，我将我国私人专藏的一些书画精品，编印成一部《艺苑遗珍》，七大册，在十几位收藏家提供的精品中，最大的部分还是志希的收藏，共有几十幅。其中有元代画家吴镇（梅花道人）的《嘉禾八景》，是吴氏的第一件名作。另外他收藏石涛的作品有十数件，其中最为人所珍贵的是石涛的自画像（已由罗夫人捐赠给台北故宫博物院）。

以上所谈的几件事，我匆匆发言，没有作有系统的构想，只就对我曾经有过深厚感想者，简单的谈谈，语焉不详，有负老友，有负《传记文学》编者，深觉不安。

［原载《传记文学》第三十卷第一期（一九七七年一月号）］

我与罗志希先生

傅启学

我与罗志希先生交往，是在一九六三年十一月，他亲来我的宿舍，请我担任党史会副主任委员的时候。我对他曾有好感，对他的诚恳要求，没有办法谢绝。从此，同他共事，有三年四个月。

以前对他钦敬的两件事

第一件事是读了他在《新潮》杂志的文章。民国十年夏，我在贵阳模范中学毕业，考取贵州省政府保送南京高等师范的名额，共考送三名，我是在第二名。在路上赶了二十几天，到了南京，次日就参加考试。因为沿途疲劳，没有一点准备时间，第一天考试结果，自己也觉得不满。第二天考试，我们因身心俱疲，上午八点钟考试数学，我们在八时半才睡醒，数学已是缺考。因此，我们都没有录取。幸好我的国文考得七十八分，南京高等师范算是优待，准我为文史地部特别生。民国十一年南京高等师范停办，改为东南大学，事实上不能进入高等师范了。当时南高的教授刘伯明、梅光迪、吴宓等，创办《学衡》杂志，反对白话文，反对新文化运动，同我的主张不合。民国十一年七月，北大在上海招生，我考取北大，在八月下旬就到了北京。

我到北京之后，住于北大西斋，因为赞成新文化运动，在图书室去看北大教授主办的《新青年》，北大学生主办的《新潮》。我对这两个杂志，从创刊号起，一直读到最后一期。《新青年》杂志的文章，我最喜欢陈独秀、胡适之的文章。《新潮》杂志的文章，我最喜欢看傅斯年、罗家伦的文章。这四位先生的文章，都有内容，很精彩。陈独秀、傅斯年的文章，很有力量。胡适之、罗家伦的文章，则很清楚。我当时不仅看文章的内容，而且看文章的写法。我觉得罗先生的文章，最清楚最简洁，对他不觉有了好感。后来同学们告知五四运动时，“内除国贼，外抗强权”的口号，是罗家伦提出，大家采用的，我对他更有好感。

第二件事是民国二十六年七月中旬罗先生将中央大学图书仪器完全迁运到重庆。我当时在南京，任职于中央宣传部，日本将发动第二个九一八事件，我大体知道的。庐山会议决定长期对日抗战，我也是知道的。对于南京上海一带，同平时一样，很多人不知实际情形，都骂罗家伦是一个胆小鬼，动摇社会人心，对他的攻击，非常恶毒。我当时接触面较广，常为他解释，都没有效力。他是参加庐山会议的，知道战争决不能避免，又不能明白解释，泄漏机密。他在众怒之下，任劳任怨，使中国在抗战期间，保存了一个设备完整的大学。

请我任党史会职务的原因

我在大陆时，没有机会和他认识；到台湾以后，才有晤面机会，但只是泛泛之交，晤面时可以握握手而已。他请我任党史会副主任委员，没有任何人介绍。他无意中看到我著的《中国外交史》，专诚来请我的。

一九六三年十一月国民党第九次"全国"代表大会开会，他是中央评议委员，我是中央候补委员，都列席于代表大会。我看代表的名单，美国总支部代表，列有黄社经先生。我在三藩市《少年中国晨报》担任主笔时，与黄先生认识。黄先生在中国街开一个书店。在第二天开会时，我带了一本《中国外交史》，准备送给他。到了会场查问，才知道黄先生没有来出席。罗先生的座位同我相近，我顺便送给他，请他指教。罗先生列席，很清闲，大概看了我的书，认为还不错，所以会后就来找我。

我当时住在绍兴南街二十八号，大门是在仁爱路上，非常难找。罗先生找了半个小时，找着住在这条街的罗才荣先生，才引他到我的宿舍。志希先生来访，我不知有何事。他坐了闲谈一会，对我郑重的说，要请我帮忙。当时我同他没有交情，以才疏学浅谦辞。他说："我看了你的《中国外交史》，不仅文笔流利，而且论断正确，希望你不要见弃，一定要帮忙。"他推重我的著作，我不便再说才疏学浅。我说："我现在正在整理中国古代外交史初稿，又在台大专任教授，实在没有时间再担任一个职务。"他说："党史会副主任委员有两个名额，狄君武兄卧病荣民医院，不能办公，各方面介绍的人选，使我难于应付，无论如何要请你屈就，一方面可以帮我的忙，一方面可以解除我人事上的困扰。"罗先生坐谈差不多两小时，我看他来意诚恳，对我又很重视，我过去对他又很钦敬，才答应他说："我台大教授的职务，等于终身职，不能辞去。我在党史会只能兼任，不支薪水，凡是可以服务的事，一定尽力帮忙。"他看见我允诺，非常高兴的辞去。隔了两星期，他亲自送任命书来，遂开始了我在党史会的工作。

在党史会作了两件事

我任职后，第一件工作，系与罗先生编《吴稚晖先生选集》。选集共分两册，上册是我选的，下册是他选的。对于我选的部分，他完全同意。在会内的工作，都是审核稿件。他不要求我去办公，请我办的文件都送到我的住所，办完后再送回去。他请我办的事，有两件事值得叙述。

第一件事是请我写《国父孙中山先生传》。国父百年诞辰是在一九六五年十一月十二日，各界纪念筹备会成立学术论著编纂委员会，罗先生任主任委员，我任委员兼执行秘书。一九六四年五月罗先生召集党史会主要职员在草屯开会，商量编纂计划。编纂计划中有《国父孙中山先生传》。讨论完毕后，罗先生当众对我说，请你写国父传。我当时谦辞。罗先生说："我相信你能写，而且会写得好。"我答应考虑，次日才允诺写作。我回台北后，即向台大申请休假一年，专心著述。经十五个月的全力写作，终于完成五十五万字的国父传。一九六六年十一月，我写的国父传，得到中山学术委员会第一届的学术奖。罗先生对我道贺说："你著作的国父传，已证明写得不错，总算我没有请错人。"

第二件事是编纂纪念国父的一套学术论著。在草屯开会决定的计划，大部分由我负责执行，在一九六五年十一月十二日出版了下列书籍：

一、党史会编、罗家伦主编:《国父全集》 三册

二、党史会编、罗家伦主编:《国父年谱》 二册

三、秦孝仪编:《蒋"总统"对国父思想之实践笃行与

融会贯通》 一册

四、傅启学编著:《国父孙中山先生传》 一册

五、李守孔编著:《国民革命史》 一册

六、党史会编:《国父画传》 一册

七、党史会编:《国民革命画史》 一册

八、党史会编、傅启学主编:《革命先烈先进传》 一册

九、党史会编、傅启学主编:《革命先烈先进诗文选集》 六册

十、党史会编、金平欧主编:《革命先烈先进阐扬国父思想论文集》 三册

十一、党史会编、各界领袖及学者:《国父百年诞辰纪念论文集》 五册

十二、党史会编:《国父墨迹》 一册

这一套丛书,是罗先生核定,一大部分交由我执行。罗先生对我说:“这一套丛书的经费,是各界纪念筹备委员会负责,纪念会过后,不好要钱,无论如何要在诞辰这一天出版。”我秉承指示,全套书籍都准时出版。这套丛书,除《画传》《画史》《墨迹》之外,共有二十三册,每册字数平均在六十万字以上,共有一千四百万字,可以说是一部巨大的丛书,对于研究国父思想和中国近代史,都有很大的帮助。关于《先烈先进传》《先烈先进诗文选集》,是我负责编辑,孙子和同志协助编辑。

替他解释了两个误会

旁人对于他的攻击，他多是犯而不校，下述的两件事，是我自动为他解释的。

第一件事是吴相湘先生对于他的误会。我同吴先生是北大先后同学，同在台大任教，同当党部指导委员。有一次相湘由草屯回来后，气愤异常，大骂罗志希封锁史料，不让学者研究。罗先生约我任职党史会，相湘又对我说："罗志希这个人，是不可以合作的。"我答复说："我在台湾，自动请我帮忙的，这还是第一次。在学术界比较有地位，看得起我著的《中国外交史》的，这也是第一人。他是北大老学长，我替他帮忙，他如果不合作，我可以随时离开。"后来我问罗先生关于相湘的误会，罗先生说："相湘兄想看中央常会和中央政治会议的会议纪录，这是中央规定，现时不能公开的。相湘兄看不到这两种文件，以为我对他封锁，的确是一种误会。"后来我会着相湘兄，转述罗先生的立场，相湘似乎比较了解，以后不听见他对罗先生的攻击了。

第二件是罗刚先生对于他的攻击。志希先生主编的《国父年谱初稿》，罗刚先生指出有一百零八点错误，并在中央全会开会时，公开发言攻击。因为这次攻击，中央曾成立小组，审查《年谱初稿》的内容。我到党史会后，审阅这些案件，一一研究，《年谱初稿》有数处值得研究，是确实的。苏东坡庐山诗有言：“横看成岭侧成峰”，同是一个庐山，横看侧看就有不同。现在对于史料，多系根据前人叙述，根据史料不同，自然有不同的看法。志希先生主编的《国父年谱初稿》，都是有根据的，不过有数点是否真确，值得研究而已。一九六六年罗刚先生编的《国父实录》第一册出版，我看了之后，发现两点大错。第一点说孙哲生先生诞生于檀香山；哲生先生诞生于香山县翠亨村，是确定的事实，此点当然错误。第二点说一八九六年李鸿章在俄签定《中俄密约》及《喀西尼密约》。查《中俄密约》系李鸿章签订；但《喀西尼密约》系上海《字林西报》记者在俄国使馆窃取的交涉密件，因俄国公使名喀西尼，发表时《字林西报》命名为《喀西尼密约》，决非李鸿章签定，此点显然系错误。我为预防志希先生再受攻击，已准备好资料为他答辩；因为我是评议委员，是有资格可以发言的。这个消息我略为透露。在一九六六年九届二中全会开会的第二天，罗刚先生托一个朋友向志希先生说，只要不对他攻击，他决不再攻击。志希先生问我是甚么一回事，我说：“我不是想攻击，是准备为你辩护，你可以允诺来人。”这次全会，志希先生果然没有受到攻击。后来中央的审查小组，我代表党史会出席，得到一个公平的解决。

我离开了党史会

一九六六年台大政治系受美国哈佛燕京社的委托，作台湾地区“监察院”的研究。系主任赵在田，约我和教授张剑寒、贺凌虚、胡佛，副教授徐松珍、陈文仁六人，担任研究工作，他们并推我主持。我们研究的方法，是用行为政治学的方法，注重个别访问和个案研究。在张剑寒教授研究部分，曾说明“监察委员”有派系。我们这项研究，是不公开发表的，并注明文责自负。但部分“监察委员”看了研究报告的派系部分，非常不满，有一部分“监察委员”向国民党史中央检举，说我们是中共的同路人。这个罪名太重了，我向中央报告，说是我主编，我应负一切责任，这个罪名不能加在我的头上。后来又说我是费正清的同路人，胡佛教授研究部分，又发生问题，甚至认为我写的部分，也大成问题。审核报告引我写的“人是有错误的，只有上帝没有错误”。这些话，本来是说明监察制度之必要。但审核报告说，这有讥讽总裁的嫌疑。我看了这个审查报告，知道必发生严重后果，恐怕连累罗先生，遂先引咎辞职。这个时候，罗先生已有健忘症，有时候一个普通的字，都忘记如何写，实在不能请他为我帮忙。我将审查报告关于我的部分，向他报告，他说：“应当没有问题，应当没有问题。”我说：“已经有问题了，此后我对一切文件的审核，不会再被信任，我不能不离开。不过在你有病的时候，离开了你，我实在很难过，希望你原谅。”我将辞呈交上，两人相对无言，黯然而别。不到一年，罗先生因病退休，再过一年逝世，我心中有说不出来的伤感。

我的案件，当时相当严重，曾蒙蒋总裁召见垂询，因领袖的伟大英明，化大事为小事，我仅受轻微的党纪处分。一九七二年三月，我编著的《中国外交史》，改在商务印书馆出版。台大政治研究所主任连战看了这本书，认为有学术价值，推荐于“教育部”，获得一九七二学年度法科学术奖。这时罗先生逝世已有三年。我这本书在一九五七年完稿之后，系自行付印；除自序之外，没有请人作序。出版后，也没有一个书评。一九六三年罗先生一阅之后，即加推许，我对他确有知遇之感。罗先生一生，誉多于毁。他对旁人的攻击，犯而不校；对自己的建树，避而不言。我同他共事三年有余，知道他有为有守，现在应该是他盖棺论定的时候了。

[原载《传记文学》第三十卷第一期（一九七七年一月号）]

罗志希先生在驻印大使任内的贡献与影响

吴俊才

罗大使志希先生是我国新文化运动的一位先驱者，也是一位教育家、思想家，同时也可以说是一位文学家，他的散文、诗歌，都是脍炙人口的，就国民党来说，更是一位前辈的革命者。在我个人的感受，罗先生对年轻一辈特别有一种关切和鼓励之情，一种出自内心的深厚的爱护，而且不单是对他所主持的学校受教过的学生。我个人并不是罗先生的学生，但是从他那边所得到、学到的很多，可以说是终身难忘。

给印度以极大的支持

抗战胜利以后，中华民国在全世界各国中是第一个派遣特命全权大使到印度去的国家，罗先生就是在这一个政策之下奉使印度。我个人当时因为在南京《中央日报》服务的关系，奉当时的社长马星野先生的嘱命，随罗先生一道到印度去工作。后来大陆的情势变化，印度承认了中共政权，罗先生下旗回台，我又在新德里的威灵顿国际机场送罗先生登机返台，所以可以说在罗先生出使印度的这一段期间，我与他在各方面的接触甚多，认识也很深，得到他的鼓励也更多。在这一段期间我想谈到有关的几件事——当然罗先生一生的事业，道德文章，许多前辈先生了解得更为深刻，我知道的很少，不过在印度的这一段，可能我因为接触较多，知道得也比较多一点。

第一件我想提到的，是罗大使初抵印度，正是抗战胜利之后，中华民国国际声誉最隆的时候，不但在亚洲领袖群伦，就是在全世界外交上的发言权，也是很有地位的。这时候的印度，还在和英国殖民地政府谈判收回政权，同时印度和巴基斯坦也在谈判分治（Partition），在国际间仍待有人提携。所以罗大使到印度去，当然非常受到印度政界的重视。而中国的政策也是支持印度，希望印度在战后能同我们相互合作，来维持亚洲的和平。在这个基础上，我们给予印度充分的提携。据我所了解，这段期间内，在重大的国际问题上我们支持印度的，达十四次之多，包括支持尼赫鲁的胞妹潘迪夫人出来做联合国大会的主席。

印度宪法与国旗均受罗大使影响

不单如此，由于罗先生与印度的政界接触频繁，当时中国大使馆，几乎是印度自尼赫鲁以下的政要、国会议员、社会名流，经常不断的来讨教或者说是交换意见的一个重要中心。譬如说，印度后来颁布的宪法，就我个人的记忆所及，在他们的宪法条文中采用公务员考试的制度。这个规定，就是仿效《中华民国宪法》的，虽然他们并不是考试权独立像我们的五权宪法，但是他却把这基本精神灌注到印度的宪法草案中，以后经国会通过。这可说是我们的一个贡献。

又譬如印度的国旗，当时他们想用甘地在革命时期纺织土布的纺纱机作为图案，作为一种代表精神放在国旗上，以后罗先生向他们建议，把这纺纱机的木头架子去掉，只剩下一个圆轮，这表示生生不息，也是采用了印度古代孔雀王朝阿育王（Aśoka）时代的国徽，以这个图案放在国旗中央，他们也欣然接受。甚至于印度从英国手中接收政权，国会正式成立，印度国会成立的那一天，也就是他们的开国独立纪念日，开会的时间，他们选定在（一九四七年）八月十五日午夜零时，犹如我们中国吃年夜饭，也是在午夜开始，慢慢的吃直到天亮，表示进入光明的意思，所以印度国会正式开会，宣布印度获得自由和独立的时刻，选定在八月十五号晚上零时，这个零时的时刻也是罗大使建议的。这许多事情证明在这个时期的中印关系的确是密切合作无间，而且我们所做一切的努力，给予印度各方面的帮助都是很大的。罗大使尽了他最大的努力，本于中国传统的外交精神，“言忠信，行笃敬”，这也是总统蒋公所指示的。

指导使馆工作同仁读书研究

我那时并不在驻印大使馆工作，不过由于时常接触，我知道他对馆内的许多位先生，除了日常的工作之外，对于研究的工作也非常重视。因为我们国内对现代印度问题研究的人比较少，所以对许多实际问题的了解需要深入的研究，必须要驻在当地的外交人员利用公余的时间来作一种补充。由于罗先生多年主持大学教育的经验，他就指导大使馆的同仁做一些研究工作，叫作读书会，每个星期都有。他也要我去参加。因为我那时一面工作，一面在德里大学历史研究所研究印度古代史，他指定我为他的读书会研究印度的革命史这一段，即从印度国大党（National Congress）的前身及其以后的发展作一个研究。这一研究的工作，搜集了许多资料，每个星期在他的读书会上提出报告，很有系统，而且时间很长。所以以后我有几部关于印度的书，若干资料的搜集，都是在那个时候有一个基础。当时我们也很注意西藏问题。关于西藏的研究另外指定一位先生做这一工作。有关的史料有国内的，也有从印度其他方面得来的，都在读书会上提出研究报告。这些研究报告还有当地的宗教问题等等。这一系列的研究对于处理许多重大的外交问题很有帮助。我想这一点是很值得我们外交工作参考的，所以我特别提出来。

一杯在手　文思泉涌

在我的记忆中，罗先生所写的东西很多，发表的讲演也很多，所有重要的讲稿和文稿，他都亲自撰写而不假手他人，而且是一个字一个字的反复斟酌、推敲。习惯上，由他口述并请一位先生替他笔记，再就记录整理润色。我因为在新德里的时间长，而且因为熟悉的关系，经常被他邀到大使馆去替他记录文稿或讲稿的工作。口述开始时，往往沉思很久，那时他已经戒烟了，却有一杯酒在手，也给我倒一杯，慢慢的喝一点，先沉思二三十分钟，才开始讲述，一经开始，文思泉涌，滔滔不绝，像长江大河，一泻千里。在他构思的时候，我看他的表情，好像进入了某种境界，整个人就在他构思的题目之中发挥，有一种极高的精神上的享受。帮他做这种记述的工作，也好像有一种默契，达到了忘我的境界，有时一记好几个小时，甚至直到半夜，并不觉得疲倦。从这里边对问题的分析，遣词用字，特别是在若干问题深入的来求剖析的方法上，学到了很多。这一个方式，对若干先生在写作的习惯上，可能是一种很好的处理的方法，可以节省时间精力，而且在思考的时候不受到阻碍，一气呵成，笔记完了以后再加以整理，文字上稍作润色就可以了。我这二十多年来，从事研究、写作和教书的工作，对于讲稿和文稿，也学习采取这种方式。当然是不如罗先生学识之渊博和深入，我觉得也很有帮助。我所以特别提到，可见他除处理许多重大的问题之外，对于文稿、讲稿，不要以为是随便写来，实际是经过许多功夫，一字一句都并不是轻率的。

…………

临别赠言　影响深远

在他告别印度的前一天，许多新闻记者到大使馆来看罗先生，希望他发表谈话。他只讲了很简短的几句话，就我回忆还记得到的，他说："我在印度获得自由和独立以前，带着我们的政府和人民一种真诚的善意，来到印度，希望印度能够早日获得独立与自由，带着这样的心情，这样愿意合作的精神，而且无保留的愿意提供我们的力量，早日能够看到印度的自由和独立来到印度。现在印度已经自由了，独立了，而我现在却离开了印度。"这只是很简短的几句话，但是却充满了感情，不单是他个人的感情，的的确确也是我们中国多少世纪以来，对许多国家和友邦，在外交上一种基本的精神。我们愿意看到与我们友好的民族，都能享有自由与独立，其人民都能享受富强昌盛的生活。他这几句话刊登在印度的报纸上，使得许多人感动流泪。以后有几度我到印度去开会，碰到许多印度教育界和舆论界的朋友，谈到这一段往事，他们也深信中印人民之间的友情是始终存在的，也怀念罗先生在当时给印度的各种帮助。

从诗中表现出的风格与远见

至于罗先生在印度这一段期间，他私人的若干交涉、处理的函电、信件、手笔、草稿等等资料，在罗先生过世以后，罗夫人把这些资料送给我。我觉得我不应该把这些珍贵资料作为我自己个人的收藏，应该使更多的人都能有机会阅看，使那些研究有关问题的人可以参阅，因此我就把这套资料送到我当时服务的国际关系研究所的图书馆，请同仁把它分类整理，好好保存，以供以后研究这一类问题的学者参考。我知道有几位从国外回来的教授，他们曾经使用过这些资料。

罗先生从印度下旗回来以后，他仍然担任一些重要职务，贡献他的力量。到台湾之后不久，他曾写了一首诗送给我，诗曰：

荣辱念非匡济福，存亡只为国家谋。

荷因广覆多遭雨，桐自孤标易感秋。

我读了这首诗感觉到，这的确是罗先生从印度回来后心境的写照，流露无遗。

…………

这首诗我当时看了极为感动，距离现在已经二十多年了。但是从诗里面表现出罗先生的一种风格和远见，一种特立独行的我们中国传统的精神，可以说在他的心底深处，一直是他做人处世的最高原则。可能有时会不被人所了解，但是深入的观察、分析，的确是可以使人得到一点启发。

罗先生一生的事业，道德文章，国内的许多前辈，许多学术界的先生们，乃至许多在“国史馆”和党史会服务的先生们，了解比我更深刻，我只简短的就和他在印度的几年当中，从他那里所学习到的和感觉到的几点，提出来供《传记文学》的读者先生作一个参考。

［原载《传记文学》第三十卷第一期（一九七七年一月号）］

生平益友之一——罗志希先生

凌鸿勋

我和罗志希先生夫妇认识远在四十年以前。我们不是同乡，不是同学，又不是同行，性情亦不尽相近。但罗先生饱学多才，极富热情而又有幽默感，大家很谈得来，早就一见如故。在南京，在重庆，两个阶段，我们两家都时有往还。而相处较久，相知较深的一段，是民国三十二年一同赴西北考察的几个月。西北建设考察团是当时蒋委员长指示中央设计局所组织主办者。罗先生刚被命为新疆监察使，同时被聘为西北建设考察团团长。考察地区包括陕西、甘肃、宁夏、青海、新疆数省，考察事项则包括交通、水利、农林、工矿、社会、民族各部门，旨在了解该区现状及研究今后发展之可能。

中央在新疆设置监察使为一划时代之事。溯自左宗棠收复新疆设置行省以后，在清末民初之二三十年间，经杨增新、金树仁、盛世才，诸氏治新，以与中央远隔，又与强国为邻，遂做成特殊环境与势力，其中发生过不少富戏剧性之事变。中央统治新疆实只有其名而已。惟自对日抗战以来，新省情势有点转变，盛世才氏渐倾向于中央。民国三十一年林继庸氏先被命为新省建设厅长，打开新疆之门。翌年而有罗先生新疆监察使之命，促成西北考察之事。

罗先生组织考察团时，曾网罗各方面之专家多人，而交通方面则首先想到我。我当时正在天水赶筑宝鸡至天水一段铁路，测量天水至兰州及兰州以西一段铁路，又兼管陕、甘、宁、青等省国道，对西北交通有点认识。而且组团到甘新等省又必须解决本身的交通问题，这事我是可以有点帮助的。那年夏初，罗先生率队由川动身，我则在兰州与团会合。交通工具为西北公路的两辆有篷卡车。罗先生和我是坐在司机之旁位。自离兰州西发一直就在大漠中餐风宿露。长途远征原甚乏味，而罗先生却诗兴大发。卡车每停下，即取纸写下口占几句示我。其诗才横溢，使我心折。在车上又常与同仁谈天说笑，是以途中殊不单调。

盛世才氏是当时西北边防督办兼新疆省主席，对罗氏肩负两项使命入新，特加礼遇。到迪化后，安置于督署的东花园，曾与罗先生密谈数次。考察团并曾西赴伊宁，南至四城。迨东返兰州之后，又曾赴西宁及宁夏。当返回天水之后，罗先生决定先在此住下来，集中整理资料，缮写报告，绘印图表，俾返渝后即可向中央设计局交卷，而免同人分散后再难召集。因此在天水的一个多月中，我也做了居停，腾出住宅及办公室备用。如是由动而静，我更和罗先生晨夕相处，仔细思量西北各问题。我总觉得要结交一个朋友，最好是和他旅行一次，如是对于其人才知得比较清楚。我记得那年的旧历除夕考察团在天水度过，罗先生曾在我家小酌，因此他的《心影游踪集》中曾载有《夜饮植芳园》一诗以纪其事。

自后各别东西。抗战胜利后，罗先生被命为首任驻印度大使。不久中共占领大陆。我曾短期避居于九龙。某日忽有扣门者，则罗先生自印度经九龙返台述职来访。谈及时局，不胜唏嘘。返印后未几，卒因英国承认中共，印度尾随其后，而罗先生亦下旗归台，我们又在台湾相会。交情愈久，相知愈深，罗先生被命为“国史馆长”时，曾邀我担任史料审查委员会的一名委员。其时颇想编一部抗战交通史，乃以范围既广，时间亦长，资料搜集不易，仅拟成一个纲领，而先生以病闻矣。在先生山居养病期间，我和内人曾登山奉访，罗先生亦曾偕夫人且至城来看我们。其时病情似已增加，而卒无法医治。丧此益友，不只为国家损一栋梁惜也。

西北建设考察之事颇有足追述者，作者另有一文载于本期，不再赘述。

［原载《传记文学》第三十卷第一期（一九七七年一月号）］

随罗志希先生西北考察之行

凌鸿勋

我国对日抗战到了民国三十二年已由艰苦而渐露转机。中美、中英均于是年初订新约，废除已往对我不平等条约。盟国亦宣布轴心国须无条件投降。其时我国抗战重心仍在西南一带，政府虽注其大部分力量于此方面之部署，然仍未忘大后方之经营开发问题。我国西北大后方之重要省份为新疆，新疆以距中原太远，而且地旷人稀，民情特别，又与苏俄为邻，自左宗棠氏收复新疆以后的数十年间，中央控制新疆之权力实在有限。民国以来，杨增新、金树仁，先后督新，政变迭起。盛世才氏取得军政大权之后，以邻国对新省压迫日甚，乃用容俄政策，遂与中央关系渐疏隔，甚至不容外省人士随便入新，且一度将中央在新人员加以扣押，此时期间该地区发生过不少戏剧性之事变。然抗战初期中苏尚属友邦，双方曾有一度物资交换之举。我方输出桐油与矿砂，换来若干俄制卡车与些军用品。终以两国间存有歧见，邻邦又别有用心，盛世才氏态度渐有转变。中央亦以爱护新疆为主，于三十二年春间派一位工业家林继庸氏出任新疆省建设厅长，由是中央与新疆更加密切，不久而有罗家伦先生奉新疆监察使之命，进而促成西北建设考察团入新之举。

西北建设考察团之组织及工作系当时经蒋委员长指示，由中央设计局计划执行。考察团之使命为考察陕、甘、宁、青、新五省建设现状，拟具战时及战后十年建设计划。其工作性质与一般科学考察团之注重某一部门或某一事实者不同，本团工作为全面的、综合的，旨在认识西北五省在各项建设部门中已有之基础，现在之困难，及今后发展之可能，更与各部门及其他区域发展之配合联系。考察之项目分铁路、公路、水利、农业、林业、畜牧、垦殖、工业、矿业、卫生、民族、教育，共十二部门，其范围甚为广泛。

我当时之本身职务为宝天铁路（宝鸡至天水）工程局局长。宝天铁路因受战局影响，工程进行迟缓，工作不忙，遂被命兼了几件其他的差事。一为天水至兰州铁路之初测，一为兰州至酒泉铁路之踏勘及甘新铁路之初勘。公路方面又兼了西北公路工务局长，管辖陕、甘、宁、青四省国道；会办甘新公路；测勘西宁至玉树公路，又兼管安西至婼羌一段公路之计划，范围广阔。若言考察西北交通，我自然是一个方便及适宜的人选。即就考察团本身的交通问题来说，大批人马远程入新，虽沿线地方政府奉令照料，但沿线之交通工具、司机、油料、通信设备等皆不简单。我既兼管这方面之公路，对上述各问题自然易于措办。罗团长志希原为我旧交，所以组团之初首先即征求我的同意，加入为团员，我亦极感兴趣。是年五月九日蒋委员长曾约集罗团长及部分在重庆之团员在中央训练团面授机宜，我适在渝，遂亦参加。中央对此考察团似寄予颇大的期望。

考察团除由中央设计局请新被命为新疆监察使之罗君家伦（志希）为团长外，并延林君继庸（工业，新疆建设厅长，已在新），邵君逸周（矿业，甘肃油矿局协理，已在甘），唐君启宇（农业，农林部参事，复旦大学农学院长），沈君怡（水利，甘肃水利林牧公司总经理，已在兰州），吴君文藻（民族，国防最高委员会参事），钱君豫格（公路，西南公路工务局副局长），杨君乃俊（水利，水利委员会技正），姚君寻源（卫生，贵阳卫生干部训练所长），顾君谦吉（畜牧，农林部专门委员），黄君瑞采（林业，金陵大学农学院教授），杨君钟健（矿业，中央地质调查所技正），及我（铁路）为团员，此外另约有宝天铁路测量总队队长刘君宝善，工程师张君仁滔，西北公路兰州办事处主任朱君文秀，平凉工务所主任马君树成，农林部专门委员任君承统，甘肃水利林牧公司工程师方君宗岱等数人为专员。

考察团部分人员由罗团长率领，于三十二年六月中由成都出发，沿川陕公路，二十日入陕西，为考察之开始。当日往来于褒城南郑（汉中）之间。廿二日到了宝鸡，转乘火车至西安。到了西安便走上西兰公路，我则由天水沿天兰公路约定在兰州相会。交通方面，由西北公路工务局备了两辆增盖车篷可载一吨半之卡车。车内可坐十人左右，车顶则放行李。七月十四日我和铁路工程局的刘总队长宝善、张工程师仁滔，乘工程车出发到兰州，与考察团一行集合，沈君怡亦在兰州会齐。

兰州为西北一重要政治军事与边疆事务之中心，在地理上言，则是全国的中心。常人总以为到了兰州便到了西北，而不知由兰州西到霍尔果斯的中俄边卡较之东到陇海铁路的起点连云港还要远很多。其时驻兰州的第八战区长官为朱绍良氏，主甘省政为谷正伦氏。谷主席治甘有两句标语；一为交通第一,一为水利第一。故对于我及沈君怡之在甘工作寄予期望。考察团在兰与朱、谷两氏自有几度交换意见。

考察团于三十二年七月廿一日由兰州出发，分乘卡车两辆，午越过东西分水之乌鞘岭，岭以西水不再向东流，所有天时地理人物都与岭以东渐不同。旋抵永登，首尝手抓羊肉之风味。过古浪，晚抵武威。武威原名凉州，为西北走廊四大郡之一。驻军韩军长锡侯、叶副军长成、何专员咏梅等出迎。是日车行二七六公里。武威原为骑兵马步青军长驻地，马军近调柴达木屯垦，始由中央军接防。马军长原兼任甘新公路（由河口至星星峡）养护之事，近亦交由我派员接替。翌日考察团集合各界民众于体育场，罗团长讲话，我演述西北交通建设问题。嗣入城，召集各有关机关开座谈会，听取各方对建设业务报告及意见。

七月廿三日，由武威开车，经山丹、永昌到张掖（旧名甘州），共行二三六公里。翌日在骑兵第十师礼堂分别演讲。嗣在甘园约各界开座谈会。会后骑兵分校谭主任辅烈约哈萨克二十余人表演骑技。廿五日由张掖开车，仅行八十公里即遇风雨，且公路阻水不能前进，即止于高台。请驻军严师长报告回族问题。余向同人演述西北交通建设之进行步骤，沈君怡讲左宗棠经营西北，以为“筹饷难于筹兵，筹粮难于筹饷，筹运更难于筹粮”，颇足反映今日甘新交通之重要。翌日路阻仍不能行，沈君怡复向同仁演讲西北水利问题。七月廿八日天仍阴，公路勉通，始由高台开车至酒泉，是日行一三六公里。

考察团自武威西行以后，公路渐进戈壁滩。除经过几个小镇外，都是四无人烟之地。路途既长，天气又热，长途旅行实甚困顿。惟同人们兴趣至浓，一路谈笑风生。志希先生且行且赋诗，有时且作几首打油诗和同人调侃，使同人不感寂寞。兹记其武威道中一首云：

大地凄迷余杀伐，远山历落下牛羊。

一生听到《伊》《凉》曲，消尽词人鬓上霜。

酒泉为古肃州，也是西北走廊中间一重要郡城。考察团在此勾留两天。罗团长在河西中学对各界演讲，表达中央对西北开发之注意。余至甘新公路工程处商洽全路雨后抢修事，并访杨军长德亮，洽南疆公路动工事，请其协助，但不得结果。罗团长在酒泉制报告寄重庆，认为开发西北交通第一，建议赶于明年年底完成宝天铁路，并早将天兰铁路动工。其余酒泉至哈密，兰州至包头，均应及时测定路线。请中央明年度列工款十四亿元，并建议组织铁路师团，利用工兵筑路。

七月卅一日，考察团离酒泉西行，过嘉峪关，由火烧沟转入老君庙支路，至玉门油矿参观。余以去冬曾到厂仔细参观一次，不拟再去，特一人先赴玉门县，与驻军谢师长义锋商协助南疆公路筹筑事。旋于八月一日由玉门至安西。翌早与旧识之章君希畴至县城外十七公里处参观其所受托经营之农场。此场占地百余亩，为去年余与戴君自牧、何君淬廉等，来此与章君所计议，由金城银行出资五十万元，成立西北农垦励进社，委章君为之经营农植，兹未及一年，已稍具规模。余为书联云："有钱出钱，有力出力；种豆得豆，种瓜得瓜。"是日考察团大队亦由老君庙到安西，计由酒泉至安西干线共二二〇公里。

安西为河西四郡之一，为西北走廊最西一个大站，地距敦煌石窟不远，考察团同人于八月三日由安西赴敦煌。此段路由安西至敦煌县长十五公里，余去年来时尚无一定之路线，自接管后派工程师梁君汉伟为之整理，已有一条可行之公路。到敦煌县，团员住招待所，余则住南疆公路测量队，即所借商会会长陶君质山之家，以便与测队同人洽商进行南疆公路之事。其时部分游牧哈萨克正在甘新边境滋扰，适有小头目五人至敦煌投诚，由罗团长接见，赏给茶砖勉其受抚。是日南疆测量队所携无线电台得讯，知国府林主席已于八月二日在重庆逝世。在边疆消息最不灵通之地，每因测队携有无线电机，而随时获得外界重要消息，如此者我先后已遇过几次。

八月四日，考察团乘卡车赴千佛洞参观，余以去年已曾参观一次，且测队尚有许多事待商，乃未同去，而在敦煌与测队同人商工作之进行，并接见哈萨克及维吾尔族等人。时有一测队在新沿南疆公路东来，相约会于敦煌，尚未得讯。考察团返敦煌后，余等于八月六日全体由安西西发，至公里一一六二处（由兰州附近河口起计），遇甘新公路工程师杨君治国一队，在此设立工段，率工人二百余人作改线工作。该处四无居民，粮食缺乏，工作极为艰苦。余特用公路局名义赏给羊十头，以资鼓励。

甘新公路所过之走廊自武威以西即逐渐走入沙碛地带。

除大小城市附近有房屋树木及人烟或市集，余皆一片荒凉。酒泉以西更为凄苦，每数十里不见一人一树。昔年左文襄沿途所种之柳树尚偶有几株，老气横秋，作俯仰迎人之状。沿途乃有黄羊出没，时与卡车相追逐，亦中原各地所未见。路愈西行，愈觉星月皆高，而日间行车则每见前途路湿，似曾下雨者，及到则仍一片干地也。此路自汉唐以来即为中通西域之大道，代有纪述，而以清季陶保廉氏之《辛卯侍行记》记载最详。陶为前清新疆巡抚陶模之子，曾于光绪十七年（一八九一）侍其父入新。陶以少年登第，为当时督抚中四名公子之一，而能于沿途山川形势及交通路程记载如此详细，至为难得。至放弃其个人功名前途，侍其父远行，更足见其孝行也。

余随团于八月六日午后由安西行抵星星峡（安西至星星峡一六三公里），此为入新之第一站。新疆省府为欢迎中央所派之第一任监察使及建设考察团，特派若干人员及军警在入境处道迎。翌早在星星峡参加各界公祭林故主席，由罗监察使主祭。此日为中央所规定全国一律举行公祭之日期。不谓此弹丸荒远之地乃有中央大员在此主持一隆重祭典。公祭毕即沿公路西行。新境公路似较甘境内养护稍佳，惟沿途仍一大片沙碛。因雨水甚少，地方常年干旱，以致草木不生。所经有小站名三口泉、一碗泉等，皆只三两人家，顾名思义，其地水之难得可以概见。是日由星星峡抵哈密，为程二〇〇公里。哈密行政长官孔君庆瑞率员迎于郊外数里。先在篷下设座小憩，饱啖哈密瓜。是日天颇热，又值沿途缺水，渴者已易为饮，况尝此久所闻名之哈密瓜耶。同人旋入城，即下榻于行政长官公署。

八月八日考察团在哈密俱乐部大堂约集各界大会。民众中维吾尔族男女约居半数，服式与内地颇有不同。罗团长及余各作演讲，均由回教文化会主席马君任翻译。余与孔专员系去年初次来哈密时所认识，以其曾服官南疆，特向其详询南疆与北疆各种情况，颇为详细。八月九日离哈密西行，一路皆是戈壁，远望天山山顶积雪，而平地则酷热至不可耐。越过天山山腰时，以气压表测算，仅高出水平约一千五百七十公尺。是以天山虽高，而跨越并不难。下坡抵七角井，行一九三公里。此地新设设治局，为一平原，甚少人家，我们即住在设治局内。此地风甚大，吾人住处高悬国旗一面，已破裂数处，询之则新购挂才三日耳。七角井为天山南北两路之交岔点。考察团于十日循天山北路，行经木垒河，住奇台，人烟水草渐多，行二〇四公里。

八月十一日继续西行，过孚远，遥望博克达雪峰，为天山主峰，积有白雪。过阜康县未停。此段公路较好，沿途人烟亦渐多，行二六六公里抵迪化。省主席兼西北边防督办盛世才氏、建设厅林厅长继庸，率文武官员迎于郊外。团员大部分住于省府招待所，罗团长与余则被安置于督署东花园。

时旧友吴君泽湘任驻新疆交涉使，沈君养毅任新疆邮政管理局长，顾君耕野任驿运处长，均得在迪化相见。

我被邀下榻于边防督办公署内之东花园，心里有点不安。因这正是迪化迭次政变当场杀人之地。吴君蔼宸所著《新疆纪游》（民二十五年商务印书馆出版）书中述及民国二十二年六月廿六日盛督办在东花园召集会议，省府秘书长陶某、督署行营参谋长陈某及航空处长李某三人当场被捕，即在花园西空院内被枪决，遗尸由后墙掷出云云。方为座上客，立作枪下鬼，讲起来不免为之悚然。但这座东花园却并不是很阴沉的地方，而是花木扶疏，楼台整洁，且畜有一双孔雀，并无关锁，给园中一个很好的点缀。

考察团在迪化共留了七天，曾与盛督办交换意见数次，盛并曾与志希先生单独谈话数次。盛曾在东花园公宴团员，亦曾有一次在督署宴请罗团长，余亦在座。若干记载曾描述盛氏行动如何紧张神秘，饮馔如何慎重检查，但此行却一点都看不出。某日盛氏并携其夫人步至东花园，与余及志希先生闲谈，甚为轻松。余出小手册一本，请盛题字，盛欣然用墨笔为题一页，字体甚为清秀。

考察团在迪化曾参观水磨沟几间小工厂，及一处暖泉浴室。据说此一带地底煤层甚厚。又参观新疆印刷厂、新疆日报社及晋庸农场（晋庸为盛世才氏之别号），林厅长拟在迪化先办一纺织厂及一座五吨炼钢炉，提倡几种基本工业。惟新省对内地交通之联系如此困难，本省之经济建设不能专靠邻国，而必须有待于与内地交通之联系。某日同人约乘马登天山上所谓天池游览，余适以腹泻未克同行。我们在迪化曾至汉族文化促进会参观维吾尔、乌孜别克、哈萨克各族之歌舞表演，盛氏亦亲到周旋。虽是临时凑集，但亦极多彩多姿，加以悠扬之乐声配合，为内地所未见。

八月十九日，考察团由迪化出发赴伊犁。是日经呼图壁、绥来等较大县市，均未停，行二六六公里抵乌苏。中经独山子，距乌苏尚有二十余公里。该处有一油矿，为中苏合作所经营，实际则由苏方所专揽。民廿七至廿九年曾钻井十九口。三十年至三十二年苏方曾运来大批器材，在钻井一千公尺[①]左右曾获产石油。其后苏方因与新省不协，将采炼设备器材大量起出，我们赴乌苏途中见苏方卡车数十辆正把油管及设备等撤走西运，络绎于途。乌苏，汉时乌孙国地，似是一个相当大的城市。我们到时没有人来接，盖县长没有前知。罗团长乃偕余驱车径赴县府，时已放衙，通刺后乃有一女子出迎，见罗团长乃高呼校长，谓系中央大学学生金华田，上海人，即副县长蔡君夫人也。乃为部署行馆。罗团长因此留诗云：

① 公尺，公制长度单位，米的旧称。——编者

黄歇浦头女，乌苏道上人。
衙前横一笑，谓沐麈边尘。
志决当无远，奇逢信有天。
殷勤敷教泽，珍重惜华年。

诚奇遇也。

八月二十日由乌苏行一五七公里至精河，地方更好。此一带虽仍多戈壁，然比哈密迪化间胜多矣。廿一日由精河续出发，沿赛里木湖西行，风景美绝，有如瑞士。路上牛羊成群，每数以千计。出果子沟直至霍尔果斯（简称霍城）边卡，共行二九八公里。所经悉是一片平地，无险可守。隔一小河便是苏境。唐人诗“大陆无兵阻，穷边有客游”[①]，不谓身历其境。小停复上车开至伊宁，住行政长官公署，时任行政长为徐君伯达。伊宁完全是一俄式城市，俄人曾于前清同治末年新省回乱时借口占据此城多年。行政长公署为昔年华俄道胜银行旧址，乔树交荫，花木扶疏，毫无边荒之象。

考察团在伊宁勾留三天，曾出席各机关团体大会，召集有关主管开座谈会，参观电力厂、面粉厂、制革厂、空军教导总队，及伊犁河边之锯木厂。时王教育长东原正由塔城到

① 应为“大漠无兵阻，穷边有游客”，出自唐朝诗人张乔《书边事》。——编者

伊宁，畅谈该地边疆形势与交通问题。塔城原亦在考察团行程表内，乃以车辆损坏待修，难再远行，遂取消塔城之行，至为可惜。

八月廿五日，考察团离伊东返，至巴彦岱，参观伊犁旧城及空军教导队工厂。至惠远城，参观旧将军府。至绥定，参观电灯公司，此皆在伊宁附近，然后上车东返。晚宿新二台，行一〇八公里，一路风景极佳。廿六日返乌苏，行三一七公里。廿七日返抵迪化，行二六六公里。至是考察团行程暂作一段落。在迪化休息数日，余特至督办公署访秘书长邱君昌濬，邱前任伊犁屯垦使，颇多兴革，在迪化西大桥以西将戈壁地二百余亩引水成渠，四年之间种苹果数百株，兹已结实，可见事在人为，只要政治清明，地方安定，引进人才，边事乃大有可为也。

考察团同人在迪化休息数日后，继续赴南疆考察，余因公路与铁路两事集于一身，不便久离职守，决留刘宝善、张仁滔两工程师随队前往，余先东返。而其时甘新间并无定期班机，适有一临时客机定八月卅一日由迪化飞兰州，我就偕王君东原、沈君怡、邵君逸周，乘此机离迪化。起飞后才发觉此机乃是日本所制，不久以前在某地被我机迫降的一架敌机。我觉得坐上这架敌机心里难免有点不快。幸一路飞行尚属顺利，当天到肃州一宿，翌日飞抵兰州，我乃转车赶返天水。

罗团长一行复由迪化取道托克逊、库车、阿克苏、疏附、莎车、和阗等有名之南几城考察，于十月底返抵兰州，又从兰州西入青海之西宁考察。我原兼管甘青公路，西宁乃是常去之地，亦因本身公务羁身，此次未随同去，而相约于华家岭归队，以便同去宁夏。在此期间，国民党五届十一中全会于九月六日在重庆开会。盛督办世才亲到出席，与罗监察使（时在新未到渝）、甘省谷主席三人联名建议关于西北铁路经营整个问题。主张：一、宝鸡至迪化铁路应有整个计划，不可支离应付，遇难中辍。二、宝天段限三十三年底完成。三、天兰段应于三十三年开工，战事结束后一年半完成。四、兰肃段应于三十四年开工，限通车兰州后两年完成。五、肃迪段应于三十五年开工，限通肃州后三年完成。以上提案经大会议决“交政府积极办理”。

我后来约了一位工程师于十一月廿七日由天水赴华家岭，考察团亦于是日由兰州来到会齐，同沿西兰公路东行。曾日月之几何，而天时寒暖已大异了。廿八过静宁，在六盘山西麓之和尚桥转入本宁公路，晚抵固原一宿（由华家岭至固原二二一公里）。二十九日过甘宁省界之香水河。去年余接管此路时，香水河乃涉水而过，并无桥梁，其时即决建筑一桥，以利行车。至是桥已筑成，卡车不须涉水，行旅方便得多。过同心城未停，此段沿公路五十公里不见一人一树，晚抵中宁（一七六公里），则是一相当富庶之城市。是夜天已寒甚，在旅舍中我和志希先生睡于同一土炕上，午夜炕火已熄，不能入睡。闻远处有骆驼队经过，铃声自远而近，志希先生口占一诗云：

斗柄横斜挂小窗，驼铃人静转铿锵。
鸡声唤下如钩月，炕火无温夜未央。

此诗十足写出塞外边声之风味。

五月三十日在中宁先访驻军马军长鸿宾略谈，然后过吴忠堡。宁夏省当局对于地方建设及公路养护颇为努力。像吴忠堡一个小城居然有两条像样的马路，两旁都是两层齐整的商店，在此边远地区实不多见。不久至任春渡，过黄河，再沿河东行抵宁夏省城，是日行一七七公里。宁夏省城名银川市，城垣整齐而广大，团员入城住宁远楼。

在宁夏与马主席鸿逵、建设厅长李君翰园、农林处长罗君时宁等交换意见，邀请各界开座谈会，听取对建设宁省各问题，参观毛织、火柴等厂。马主席并盛陈兵卫，邀考察团阅兵。十二月三日由宁夏乘车赴定远营，在贺兰山缺的三关口一处备好的蒙古包打尖，吃全羊。不知岳穆词所谓“踏破贺兰山缺”是否即此。下午抵定远营（车行一二〇公里）。时阿拉善旗达王适在兰，由协理兼区防司令部保安队总队长罗包图孟柯接待，住达王府内之迎恩堂，与军委会驻旗专员崔君亚荀、副专员王君枕华（按，王现在台任“监察委员”）等，畅谈内蒙各问题，及蒙疆交通情况。翌日出席各界欢迎会，谒迎恩寺，参观达王花园及其先代坟墓。定远营是内蒙一个重要前哨，地已在贺兰山以北，是晚返抵宁夏。

十二月七日，再由宁夏乘车北发，过罗平县城，行一一六公里抵石咀子，住精碱公司。此为宁夏一大事业。其时天气已甚冷，黄河上游冰凌大块已漂流而下，行将冻结。迨十二月十日离宁夏省城南返，至任春渡，则人尚可以小舟勉强渡河，卡车则已不能再渡，冰块更大更厚。只可电知吴忠堡另雇车至河南岸接驳。是晚宿吴忠堡张壮勤祠，只行六十公里。翌日发吴忠堡，宿同心城，行一七五公里。十二日抵三营（一一一公里），十四宿固原（三五公里），十五抵西兰公路之静宁（一一〇公里），十六日抵华家岭（一一一公里），十七日返抵天水（一八〇公里）。

天水是铁路与公路工程局办事之所在。志希先生决让各团员在此集合一个时期，俾各团员将沿途所得资料分别整理且共同商讨，各项图表则由工程局人员帮忙制印，如是一到重庆即可向中央设计局报告，否则一旦各归原位，即难再行集议。我因此辟办公及宿舍数间，作了约二十余天的小居停，自己亦参加工作。这年的除夕同人乃在天水度过。志希先生时至我家小叙，偶饮数杯，并喜欢与我儿女辈叙谈。他吟有一诗后来见诸所刻的一本《心影游踪集》。

夜饮植芳园

为凌竹铭先生所居夫人凤平女士工画

缩地移山信有术，摘瓜种豆亦当行。

天山轮轨黄河渡，发轫凌家一画堂。

考察团此行除一般考察外，对边疆各宗族感情上之联系颇加注意，在兰州时全团曾赴兴隆山谒成吉思汗陵，在西宁则赴塔尔寺礼佛，在宁夏则赴定远营宣慰，均欲联络蒙藏同胞感情。新疆宗族较复杂，除作公开演讲外，并与各族明达之士分别接谈，并作家庭访问（余曾访问乌孜别克族一家庭），借谋进一步之了解。沿途罗团长及其他团员公开演讲在一百次以上。

罗团长回渝后，即将全份报告送交中央设计局，惟此报告迄未印行公布，未几年大陆撤出，此报告幸得携出，惟中央设计局在台已不复设置，罗先生亦改任“国史”馆长。因于一九六八年由“国史馆”将此报告约当时参加团员之在台者，再加整理一次，刊印一厚册，附图表多张。今虽距西行时已三十余年，此报告之出现亦已八年，今昔形势已大大不同，而考察一段经过弥足耐寻味也。

［原载《传记文学》第三十卷第一期（一九七七年一月号）］

博通中西、广罗人才的大学校长

毛子水

认识志希最早

今天在座的，恐怕要以我认识罗志希先生为最早。我和志希在北大同学时，到现在已有六十年了。他进北大比我晚（我在民国二年春天便考进北大预科了），但我们同于民国九年在北大毕业。他是从上海复旦大学出来考进北大文科英文系。我是由北大理预科毕业升入理科数学系的。他进北大不久，我们便认识了。因为那时中国的北方，全在北洋军阀控制之下；对有点知识的青年讲，可以说是一个黑暗的世界。因为这种情形，同学中许多喜欢高谈阔论、崇尚自由思想的人便常常聚集在一起发牢骚。因为那时我和傅孟真（斯年）很熟，志希先认识同在文科的傅孟真，自然不久便会和我认识。

蔡先生在北大

北大从民国六年起，也就是蔡先生接任北大校长（蔡先生是在民国五年被任命为北京大学校长的；不过他到北大就任是在民国六年）之后，的确显现出一种新气象。所谓新气象，最重要的就是聘请一些当时最好的人才。蔡先生的罗致人才，非特能着眼到北京以外（如请吴稚晖先生来北大任训导长），且能着眼到国外（如聘胡适之先生来北大任哲学教授）。蔡先生非特国学的根底好，且对个人治学的途径和国家学术的进步，都有极正确的见解。我记得小学读经，是蔡先生任教育总长时废止的。他自己德行纯粹，但对于教学人才则新旧兼容。他请刘申叔（师培）先生到北大来任课，是值得一提的。刘申叔原来也是革命党分子，但是他的意志不坚强，中途变节。蔡先生知道他的确是我们国家的一个“读书种子”，所以毅然把他请到北大来。至于大家都知道的辜汤生（鸿铭）先生，则在蔡先生未到北大之前已经在北大教书了。蔡先生对辜汤生，跟对刘申叔一样。他知道这两人都有可议的地方，然而却有很好的学问，对他们仍然极为尊重。志希那时当上过辜先生的课，我记得辜先生在他的“英文诗”课堂上叫学生把《千字文》翻成英文诗的事情好像是志希对我讲的。

穆藕初奖学金与汪缉斋

民国九年，志希在北大毕业。因为五四运动发生于民国八年，所以在民国九年全国好像都有一种新气象。那时上海有一位实业家穆藕初先生，捐了五名留美的奖学金给北大。得这个奖学金的人是段锡朋（书诒）、周炳琳（枚荪）、汪敬熙（缉斋）和志希。还有一人，我忘记了。（大概就是因为这个人后来没有去美，所以康白情得顶替他的名额。）段、周二位，我想大家都熟知的。他们的行谊节概，将永留在认识他们者的心中。在这里我只想说几句关于汪缉斋的话。缉斋是北大一位杰出的人才。他原是法科的学生，但他另有两种天才，一是数学，另一是语言。他是在北方生长的浙江人。他从美国学成回国后在广州中山大学任教，不久即用广东话在讲堂讲书。他在北大学的外国语是德文，但二次世界大战后他在巴黎任中国驻联合国教科文组织（UNESCO）的代表时，在许多会议上，他都讲法文。在数学上，缉斋的天分很高；我知道他好读比较高深的数学书。他在巴黎时和 Emile Borel 有来往，也就是因为他是一位业余的数学家的缘故。当然，缉斋先后在美国约翰斯·霍普金斯大学（Johns Hopkins University）所做的实验心理学的工作，是他一生在学术上的巨大贡献。在民国九年，当段、周、罗、汪等五人用穆藕初的奖学金赴美留学时，北大学生中有戏称为“五大臣出洋”的。现在想起来，北大当局当时选送段、周、罗、汪四位用穆藕初先生这个奖学金，非特对得起穆藕初先生，并且对得起国家和学术！

翻译《思想自由史》

志希留美之后，他的情形我不太清楚。我在德国时，有一位从美来德的朋友，谈到志希，多说他因翻译 Bery《思想自由史》忙得整天在图书馆查书。这种消息，自然会使老同学十分高兴。民国十二年后他到德国来，我们才又常在普鲁士国家图书馆里见面。他在柏林大学曾听了一个时期的课。一两年后，他从德回国，我和他便失去联系。

我从民国十一年冬离北大赴德，留在德国七年到十九年春才回到北大。时值阎、冯谋叛中央，时局极为紧张。我抵达上海之后，不能乘火车北上，必须乘船到天津，再从天津搭火车到北平。路上行李检查得极严。初到平时，我即住在傅孟真家中，旬日后才移住欧美同学会。那时志希为清华大学校长，住在清华园。我初任教，他因校务忙碌，所以我们并不常见面。

陈寅恪对志希的评价

就在那年快要到暑假时，清华发生风潮。学生罢课，要求政府更换校长。我那时虽住在欧美同学会，常在陈寅恪家中吃饭。寅恪在清华教书，是国学研究院的导师，不过他是住在北平城里姚家胡同的。有一天我和他谈起志希（那时志希已离平赴南京了），他说："志希在清华，把清华正式的成为一座国立大学，功德是很高的。即不论这点，像志希这样的校长，在清华可说是前无古人，后无来者的。"我听了这话，心里颇不服。我虽然是罗志希多年的朋友，但是"前无古人"犹可说也，怎么能肯定的说"后无来者"呢？而寅恪在一班朋友中，说话是最有分寸的。我当然要问到底。寅恪对我解释说："清华属于外交部时，历任校长都是由外交部所指派的。这些人普通办事能力虽然有很好的，但对中国的学问大都是外行，甚至连国文都不太通，更不要说对整个中国学问的认识了。像罗志希这样对中外学术都知道途径的人，在清华的校长之中，实在是没有过！以后恐怕也不会有了。"寅恪以为"以后也不会有"，并不是说后人没有志希那份天资，或缺少像他的学历，而是时代的不可能。学问上的分工，一天比一天细。有些学问上的问题，在十九世纪末年只是一个新的假设，到现在则关于这个问题的著作已有汗牛充栋的气势了。事实上，在十九世纪末年到二十世纪初年，在西方先进的国家里，如英、德、法等国，每一个国家都有一两个可以说“博、精、通”的人，但在第一次世界大战以后，这样的人便一天少一天了。这就是时代的关系。在今天，无论哪个大学或专科学校的校长，实在找不到博通中西学术的人。不要说兼通中西，就是中西两方能精通一方的也没有了。所以我到现在还常常记起陈寅恪先生称赞志希的话。我今天所以特别提出来，因为我跟寅恪相处二十多年，知道他向来是不轻易称赞别人的。我平常跟他谈话时如有什么错误，他就当面指正。因为我对他的话印象很深，所以到今天还记得。

为学校罗致人才的校长

志希做过清华大学和中央大学的校长。数年前，我偶然在一杂志上看到一篇文章，谈到志希做中大校长的事情，作者我并不认识，也不知道他跟志希有什么关系。这篇文章上说，罗先生做中央大学校长的时候，极力罗致最好的教师。我当时看了很是感动。为什么感动呢？志希做中大校长的时候，称赞他的人固然有，诽谤他的人也有。诽谤他的人，我不能说他诽谤得不对；称赞他的人，我也不能说他称赞得对。如今有一人在志希离开校长地位好多年以后，还说他能够替中大罗致优良的教师，这亦可说是身后是非了。这种评论，是比较可靠的。我一向认为一个做大学校长的人，为学校多盖几所房子或增开几个科系，都没有多大关系，但是他若是能设法去罗致第一流的人才来任教，这才是最正当的事。能够做这件事的，才算是好校长。能够这样，则一切毁誉就可以不计了。

强聘蒋廷黻的故事

我自己亲听见的一件事情可以在这里一谈。当我刚从德国回到北大的时候，曾听见北大当时的教务长（何基鸿）谈到志希在清华大学时到南开大学强聘蒋廷黻先生的事情。在讲到这事以前，我不能不对南开讲几句话。我们知道南开大学所以办得好，是因为他的校长张伯苓先生注意罗致人才，张伯苓几乎每隔一两年总到美国去，访查学生中成绩较好的人才，想法子把他们请到南开。例如姜立夫先生，便是其中一个。姜先生的本名为“姜蒋佐”，知道的人很少，他是我们中国最近四五十年中最著名的数学教师。半世纪来我们中国出了几位很有成绩的数学家，我们不能不想到姜先生教育的功劳。而我们又不能不想到张伯苓先生当年罗致良好教师的功劳。据何基鸿先生说，志希亲自从北平到南开去请蒋廷黻先生。蒋先生本不愿离南开的。但蒋先生若不答应去清华，志希便坐着不走，熬了一夜。蒋先生终于答应了。当年我跟志希同学时，实在看不出来他能够有这个劲道。我记起何基鸿先生的话，知道志希为中央大学罗致人才，一定亦很出力的。这一点我觉得很值得纪念。

不生气的修养

刚才有几位先生谈到志希能够不生气。关于这一点，我也可讲到一件事。记得大约二十年前，有一回中国语文学会开会，胡适之先生出席演讲，志希亦在场。胡先生演讲过后，有人提出简体字的问题。当时在场有几位教授，因为志希一向对简体字的研究是有兴趣的，便对志希破口大骂。有些话颇为无礼。我对简体字的问题，也以为我们应该研究。有许多几百年、甚至上千年传下来的简体字，我们不必因为大陆使用而我们便不用了。譬如，民国二十八年教育部公布的简体字，我们是应利用的。所以当时听了这些骂志希的人，心里十分有气，颇想起来说话。但志希却没有说什么，我也就没有说。后来有人告诉我，这班骂志希的人，都是对志希有宿怨的。我想，如果这样，那是假公事报私仇。这种品格的人，是不应向之计较的！我不知道志希平常的“不生气”，是不是由于这个缘故。

最后谈谈我个人对志希的感想。像刚才希圣先生讲的志希写了一些关于国家大事的文章。这些，我一向不知道。不过我觉得志希做学生时写了好多篇很好的杂志文字。他留学美国时翻译美国柏里[①]的《思想自由史》，对青年学生极为有用。这书现在恐怕已经买不到了。抗战期间，志希又写了几本小书，最著名的为《新人生观》。他这种书是对青年人很有益的读物。我以为社会中青年人需要这种读物很殷。志希这本书的销行很广。可能他这本书对社会的贡献比他别的工作要大！

［原载《传记文学》第三十卷第一期（一九七七年一月号）］

① 柏里为英国人。——编者

勇于公义、怯于私斗的罗志希先生

黄季陆

同班同学

我与罗志希先生有多层的关系。我先从这些关系说起：

第一层关系是：我同他是复旦公学中学部的同班同学。我们复旦同班同学今天较为世人所知的有数人，一是吴南轩，曾任抗战时期复旦大学的校长，在台政治大学文学院院长；一个是我；一个是余英杰，香港中国银行总经理，后来跳楼自杀；还有一个就是志希。此外我们复旦的同学，高我们一班的有程天放，低一班的有余井塘等人。

第二层关系呢，现在人讲学派，我们复旦出身的人也几乎成为一个学派。志希先生到台湾之后出任“国史馆馆长”和党史会主任委员，我是接他的后任。天放和我的关系也有许多巧合，当民国十一、十二年我在加拿大办《醒华日报》，我回国之后，即把《醒华》交给天放；后来天放做四川大学校长，我又继他出长川大；在民国三十八年时，到了广州，天放其时任中央宣传部部长，他大概想要摆脱，他说："季陆你来了很好，宣传部的事情要你去做。"我当时就对他说："照你这样讲起来，天下事就由我们两个人包办了。"天放被我幽了一默，啼笑皆非，只好作罢。由于我跟志希、天放都是复旦的同学，后来在职务上的关系，好像是一个小团体似的。

复旦与北大

我要先声明一点，我们今天大家都在说志希的好话，不过，对于志希，我过去一些时候对他的印象并不太好，虽然我们感情不错。这话从何说起呢？我们自民国六年在复旦毕业之后，志希就考上了北大，五四运动发生，志希更成为一时的风云人物，那时我在日本，志希同我通信，老是说我们北大如何如何，从来不提他是复旦出身的。可是北伐之后，因为复旦是革命的学府，复旦师生许多出任党国要职，像于右任、邵力子、叶楚伧、刘芦隐、余井塘诸人以及我个人，都是置身在革命行列，而这时他则言必称复旦，什么我的同学黄季陆，我的朋友刘芦隐，我的老师叶楚伧、于右任、邵力子等等。我就笑他说："你从前在北大的时候就忘了复旦，现在你只晓得复旦而忘了北大！"

老夫子与孔夫子

我跟志希在复旦中学同班，有几件有趣的小事，现在无妨谈谈。志希的中国旧文学的底子很好，下笔千言，那时还是中学的时代。同学都称他为“老夫子”，那时大家年纪小，把老夫子叫他，多少含有一点讽刺的意义，而他竟夸大的说他是“孔夫子”而不是老夫子，不料后来叫他为“孔夫子”的人竟也增多起来了。他颇引以得意。我记得班上有一位老师林天木先生，见志希姓名叫罗家伦，就问他：“江西有位国会议员罗家衡，你们是不是一家？”他们本来不是一家的，志希却回答说：“我们是同宗啊！”

勇于公义、怯于私斗

志希中学时代，最崇拜君宪派的梁任公先生。我们革命党人在思想上对梁颇有距离，甚至在情绪上积不相能。因为君宪派视我们革命党人为袍、土、革的暴徒，也即是认为革命党是和袍哥、土匪的三结合。的确有时候我们一言不合，便吵起架来，揎拳弄袖就要动起手打架，在这种情形之下，他总是让步，于是我们就认为罗志希不过是个文弱书生，是个胆小鬼（coward）。我这个印象一直绵延了数十年。其实这是错误的，志希实际上是一个最勇敢的人，他是勇于公义而怯于私斗。我为说明这件事，这也是我今天要来参加这个座谈会的原因。

最勇敢的一例

志希最勇敢的事迹，不是一般人所能做得到的。我现在举个例子来说明。在民国十七年济南五三惨案，日军阻挠我们国民革命军北伐，出兵济南，并杀害中国交涉使蔡公时。是时志希和曾养甫奉派到济南交涉署查看，这还不打紧，待其时蒋总司令中正到了党家庄，日本正向济南进攻之际，这真是最危险的时刻。志希又和熊天翼（式辉）奉派与日军师团长福田彦助交涉，当时的情况非常险恶，志希此行，真是临危受命。后来，他和我谈起这事，我说："你这个胆小鬼怎么有胆子身入虎口呢？"他说："赫！在那个军事的时代，长官命令下来，哪有不去的道理！"他勇于赴义，这是最大的勇敢。他那时是战地政务委员会的教育处处长，蔡公时是外交处长。我们后来看他的报告，可以想象志希绝不是一个懦弱的人，而是个最勇敢的人。

最有价值的文章

志希的才华、文笔、著作等身是很出众的，他的《新人生观》一书最是年轻人喜欢阅读，而广受称道的书。在我看来志希所有的著作中，最足以表现他的风格的还是他于民国十七年，上述随北伐军，以战地政务委员会教育处长的身份，临危受命，赴济南向凶恶的侵华日军交涉，那段经过的报告。（民国十七年六月十四日在南京大学院报告，原文见《罗志希先生文存》。）这篇报告不仅表现他个人的风格，而且是济南五三惨案这段史实中最具权威的一项史料。我所以特别重视珍爱他这篇报告的原因，不仅在纠正世人对他遇事懦弱畏缩的观念，更在纠正我自己以往对他的错误观念。

［原载《传记文学》第三十卷第一期（一九七七年一月号）］

从旅印种种想到留美往事

查良钊

七年前（一九六九年十二月间）我为了印度国父圣雄甘地百年诞辰纪念，旅游印度（在新德里参加各项集会后，前往孟买、马德拉斯及中部、东部访问甘地先生及其生前信徒旧游之地）。途中在印度报纸上见到一项消息，惊悉罗志希先生于十二月廿五日在台北逝世。相识将近半个世纪的老朋友，临终未能见到最后一面。至今思之，犹觉遗憾。

志希忠党爱国，出于至诚。早在民国八年，就读北京大学时，自动自发参加五四爱国运动，以一个杰出青年，挥其如椽之笔，唤醒国民，名闻天下。

二十七年前（一九四九年），我奉当局之命，至印度参加联合国教科文组织成人教育会议（UNESCO Conference on Adult Education）。我于十二月十五日飞抵新德里，在敬德好司（Jind House）“驻印大使馆”，与罗“大使”会见。承其招待住“大使馆”贵宾室，从此朝夕把晤，无话不谈，回到昔日留美同学时期友好情况。直至我接受印度教育部之聘，担任德里大学中央教育研究所（Central Institute of Education，Delhi University）客座教授，迁居德大教授宿舍时为止。

印度独立后，罗氏为中华民国驻印度第一任大使，亦为当时驻印外交团领袖。深为印度国大党元老辈所敬重与信任。遇事咨商请益，传为美谈。

中共占据大陆后，印度思与建交，虽曾受罗氏影响一再延期，至一九四九年十二月三十日终宣布承认中共政权。当局乃下令断绝“邦交”，并令罗“大使”下旗返台。

罗“大使”结束馆务，有条不紊，事无巨细，措置裕如。在其离印京前一日，至印度国父甘地先生陵园道别，雍容典雅，深为彼邦人士所感佩。次年一月廿五日由加尔各答乘飞机返台，回台北述职。

罗氏以文学天才，从事教育，曾主持清华大学、中央政校、中央大学等校校务，为世人所周知；但其为一忠贞外交使节，直接秉承领袖训示，救助赴印难胞，保持国有财物，甚至遭人误解而不自辩，其公忠体国之精神确为外界所不知。

罗氏离印之前，曾密切与印、巴政府联系，并商得克什米尔当局同意收容中国难胞，并介绍良钊为印度红十字会顾问。我曾数度偕同该会人员至克什米尔慰问难胞。我在印度任教四年有半，每逢假日，辄至各地观光，足迹遍全印，所遇印度友人，谈及罗“大使”对于印度独立前后之贡献与友谊，无不交口称赞。

写至此，又忆起五十余年前与志希同在美国哥伦比亚大学选课时一段故事。

一九二一年至一九二二年春，在美国首都曾举行“华盛顿九国会议”——为了解决第一次世界大战后巴黎和会所遗留的日本归还山东青岛及列强限制军舰等问题。

旅美中国留学生于一九二一年暑假在美国东部夏令会中发起组织“旅美中国学生华盛顿会议后援会”，旨在支援我国政府所派出席代表，尊重全国民意，维护国家主权，不再蹈巴黎和会覆辙。

筹备会推举代表分赴各大学中国留学生集中处联系，当时并推定良钊为执行部干事长，罗志希为文书组组长，蒋廷黻为英文通讯组组长。当时同到华盛顿旁听会议进行及记者会听取大会报告者尚有向哲濬、何德奎、段锡朋、雷国能、吴之椿、李燕亭、童启颜诸同学。

当年国父孙中山先生派代表马素先生及国内上海等地亦推有民间代表蒋孟邻、余日章二先生，到美京观察华盛顿会议进行情况，后援会同学皆与之取得联络。

中华民国政府所派出席会议三位代表：施肇基（驻美公使）、王宠惠及顾维钧。他们三位先生皆系外交能手，态度谦和，鉴于巴黎和会经过及五四运动影响，对于学生代表非常合作，不仅数度接见，并且随时听取我们旁听会议的观感。

华盛顿九国会议于一九二二年二月六日举行闭幕典礼。听到美、英、法、日及中国代表的演讲，一般人似有满意的表示。我们在场旁听的同学们，却另有一番感想，使我们认识了帝国主义的真面目，同时也确定了自立自强、救国图存的信念。

志希在会后与数位同学结伴前往欧洲视察大战后的新动向，我本拟同行，因故未能如愿。一别之后，直至民国一九三六年冬始在南京晤面。其后抗战期间，我在昆明国立西南联大任教时，常有机会去重庆晤叙。我们二人往来最久、过从最密的期间却是来台湾后我在“考试委员”任内，从一九五四年至一九六九年，在台北不时聚首，纵谈天下事。

转瞬志希先生逝世已满七年，又届八十冥寿，久拟写文纪念，不知从何说起，仅举数事，聊表追思。

［原载《传记文学》第三十卷第一期（一九七七年一月号）］

关于中国笔会与《新人生观》

陈纪滢

我虽然在五四以后，就知道罗先生的大名，并于一九四二年读过他所著《新人生观》，但认识罗先生则在台湾。我记得那是一九五二年，他于卸任驻印度“大使”职务，又在澳洲逗留了一段时间，才回到台湾来。他单身住在“自由之家”。因在那年五四前夕，马星野兄当时任《中央日报》社长，他要我与罗先生谈谈对五四的感想，因此我去拜晤罗先生，以便产生一篇文稿，在五四纪念日刊登在该报上。那次我与罗先生谈得很久，大约有两小时，把五四发生的前因后果，以及导引的新文化运动，都曾涉及。关于这一点，希圣先生在开场白里已详述。的确，五四运动，若没有段锡朋、傅斯年及罗家伦等先生，是搞不起来的，也不能那么轰轰烈烈。但在新文化运动方面，胡适之先生则担当了重要角色。罗先生及傅孟真两先生则是有力助手，而且以后三四十年内，这三位先生一直为中国现代化努力不懈，更不限于文化运动。

一、关于中国笔会

除了诸位前辈所举志希先生的贡献与成就外，我现在要说的有两点：一、他对中国笔会的贡献；二、他所著《新人生观》的影响。先说第一点。中国笔会是在一九二五年左右加入一九二二年在伦敦成立的国际笔会（International P. E. N.）的。当时这个会会址在上海，蔡元培先生任首任会长，林语堂先生任执行秘书。可是，中国笔会直到一九五九年，当中有三十四年之久，没参加过国际笔会所举行的大会。其中，仅于抗战前招待过一次萧伯纳访问中国。国际笔会也因为第二次大战关系，有多年停止活动。战后恢复，一九五七年，国际笔会首次在亚洲召开，那次主办国是日本。由于这次大会，激起驻联教组织（UNESCO）"常任代表"陈源教授（号通伯，笔名西滢）的注意。他即由巴黎（联教组织所在地）写信给当时的"教育部长"张其昀（晓峰）先生，建议他应设法参加此会活动。张先生接到信后，就邀请张道藩、罗家伦及我，还有三五位文艺界人士在"教育部"商谈此事。结论是先在台恢复会务，然后请通伯先生代向总会恢复会籍。于是一九五七年夏天，由张道藩先生召集一批文艺界人士成立“中国台北笔会”，他任恢复会后第一任会长。然后，再将名册寄陈氏，请他转交伦敦笔会，以便于那年在东京召开的第二十九届大会执委会中通过。那次通过的名称是“The Chinese P. E. N. Centre of Taipei，R. O. C.”也是几经磋商过的。但是，我们没来得及参加那次大会。张道藩先生很热心地把笔会恢复起来了，也厘订了章程及通过办事细则等等。紧接着他被选为“立法院院长”。他因事忙，无暇兼顾，于是于一九五八年改选，会长一职，就落在罗先生肩上。当然，我们事前曾与罗氏商议过，一者，论资历，他应当仁不让；二者，那时他既是“国史馆馆长”，又是党史会主任委员。他有两个机构和人手，可替笔会办事。

（一）准备周到

罗先生自接任笔会会长之后，就积极筹备参加一九五九年由德国笔会在法兰克福（Frankfurt am Main）所召开的第三十届大会。因为是第一次参加大会，一切慎重，并须有充分准备。经执行委员会推定罗氏与我担任正式代表，由台北出发；另推定在伦敦的陈通伯、曾恩波二氏担任代表由伦敦出发。罗先生并准备一篇在大会上宣读的论文（英文），题目是《科学时代的想象文学》。又为了增强参加笔会世界代表们对中国的认识，特别遵照王蔼云先生的建议，从邮局购备虫鸟、花卉邮票各一套四枚，共计八枚的纪念邮票，另印精美贴纸。这样邮票共备一千套，十分美观大方，人人可以把玩。那时《故宫名画三百种》刚刚出版，非常名贵，价值亦昂，每部售五千五百元（当时是二百美元），也购置三套（那上边有罗先生所写中英文序文），以备赠送欧洲显要。我们私人也购买许多小件礼品随身携带。

一切筹备工作都由王蔼云先生肩负。嗣后凡有出国之事，无论罗先生去与不去，无论人数多寡，笔会对内对外活动，概由蔼云兄负责。从编造预算、领款、结汇、定机票、领护照、签证，一直把人送上飞机，向新闻机构披露消息，都是蔼云兄一人办理。因他是罗先生多年以来的得力助手，因罗先生兼本笔会会长之故，同时也因有他热心，所以笔会事务工作，都由他一人承担有十二年之久。他实在是笔会的无名英雄与厥功最大之一人。由于他的精密勤快，建立了笔会的财务制度与遵循方向，一直适用于目前（目前他在笔会仍有职务）。

那次笔会开会日期是七月十九日至二十五日。为了有充分准备，我俩于七月十二日就离开台北，在香港还须停一天一夜，以便换乘飞机，径飞西德。在香港又承水建彤先生建议为德国笔会买了一只高两尺的十层象牙雕球，耗资二百美元，相当名贵。

（二）阵容坚强

我们于十五日上午到达法兰克福。陈通伯及曾恩波二氏也于那天下午到达，同住一个旅馆。第二天，“新闻局驻西德代表”叶梅生及“中央社驻德代表”洪珊二兄也自波昂赶来助阵，并加入我们的活动。我们按照预定步骤展开会前联系，既拜访了伦敦总会秘书长卡浮等，又拜会了德国笔会，并均有礼品赠送。德国笔会把我们送的礼物特别陈列，令所有代表共同欣赏。在大会开幕前夕，我们已把多数重要国家的代表，如英、美、法、意、德、荷及远东韩、日、泰、越、香港、菲律宾等国及地区代表，弄得很熟了。尤其香港笔会黄天石、雷啸岑、燕云、邢纪章等先生不是熟人，也是久闻其名。特别因香港笔会代表都是中国人，且每次招待会，不知不觉，聚在一起，显着“人多势众”。

（三）互相介绍

然而，一个人到了国外，除非赫赫有名，或得了诺贝尔奖金之人，你在国内尽管有最高荣誉、名望、地位、学识等等成就，一到国外，便完全失落了。包括总会的人，甚至于邻邦，也很难明悉你的背景与目前职位，中国人一向含蓄、客气，谁也不肯为自己吹嘘，这就需要旁人加以介绍。因此，在每次酒会、餐会与游览期间，我就把罗先生在中国文坛上、教育界、著述界、思想界与领导新文化运动中的地位、成就与贡献，在不同场合，对不同人物，于不同时间内，加以或长或短的介绍，使人人尊重他，敬仰他，乐意向他领教。罗氏的论文，甚为精辟，也赢得代表们的一致称赞。

老实说，那次大会共有一千余位代表，除会长法国人向松的地位，可与罗先生媲美外（他是法国最高学术机关，如我们的“中央研究院”院长），还无第二人有如罗氏之地位与成就。但如不多加介绍，有谁知道呢？

这个责任照规矩应由通伯先生负责，可能由于他俩是同一辈人，且因通伯先生久居国外，对于这些世事淡然处之，所以就落在我这差一代人的肩上。我也乐此不疲。从这次起，每逢我带团体出国，都在事前跟大家讲这种道理，嘱咐大家互相介绍，不是专门吹嘘某一个人，是借使外国人对团体多所了解。不是为自己吹牛，而是为团体荣誉。

一千套邮票果然发生了很大影响，人人喜爱。后来连大会职员也向我们要，我们为预防不足起见，曾留下若干，也拿出来，普遍赠送职员，皆大欢喜。

（四）广泛展开公共关系

我们又在大会期间，选择节目空闲日子，分别宴请总会卡浮等四五人，英国、法国、美国、比利时及德国笔会主要代表吃中国饭，加深认识。因此直到现在，还是我们所争得可广泛利用的友谊基础。这些事往往由我建议，商请志希、通伯两位先生同意举行。他们二位也从善如流，只要我提议，没有不答应的。因为那次旅费较宽，由罗先生管钱，由我每日记账，所以我估计着有多少钱可充做交际费。每次宴会无不宾主尽欢。

后来开完会，通伯、恩波二先生要回伦敦，我建议罗先生应对二位稍有馈赠，以尽礼貌，而兼慰劳。（在德期间他二人的旅膳及来回机票由公家开支自不例外。）罗氏赞成，由我亲自致送。数目虽不大，但所含敬意则极诚。后来承通伯先生屡屡提起这件事，可知其事也非不重要。

总之，一九五九年的三十届国际笔会大会，因罗氏的领导，不但奠定了中国笔会在国际文坛的基础，也结交了不少友人，而开启了将近二十年来的良好公共关系。这是不可泯灭的事实。

（五）会后游览

会后，我俩决定作全欧重要国家旅游。首先顺莱茵河乘船北上到科隆、波昂。在波昂，因艾德诺生病，由办公厅主任接见，由罗氏将一部《故宫名画三百种》赠送。后又去杜塞道夫、鲁尔等地参观克虏伯厂。然后再由北乘火车到墨尼黑（明兴），参观当地文教机关。

我们的行李箱子共有大小四只，德国人力缺乏，每个车站很少有小杠（Porter）服务，而那时的箱子又不像现在有轮子可推行，必须由旅客自己提携。罗先生不仅年纪比我大十几岁（他那年六十三岁，我那年五十一岁），而且自幼右臂曾受过伤，不能提携重的东西。起初我不知道，后来他说明，我说："罗先生，您甭发愁，我虽忝为文人，尚非无缚鸡之力，虽不能力可扛鼎，但若有二十公斤的箱子，还提得起来。"他以前不免怀疑，但见我左右两手各提一箱，虽不说行走如飞，但不面红耳赤，无喘吁之状，他也就放心了。

不过德国的车站奇大，站台很长，如汉堡、法兰克福及明兴，如果座位稍后一点，要到站口，至少有二百码之长。所以有时候须摆下箱子稍停再续走。因为有过至少三次这样经验，我便对罗先生说：

"孺子可教也吧？"

罗先生不好意思地说："你真是好的同路人！"

这虽然是一种笑谈，但旅行中应各尽其力，也是必要；何况跟一位前辈一道旅行，"有事弟子服其劳"也是应该。我虽未从罗氏读过书，我是后辈，总应为前辈服务。

有了这次经验，后来罗氏总乐意与我偕行，或单独派我出阵，我也深感荣幸。

那次除了没到西柏林以外，西德主要几个大城市都去过了。志希先生曾在柏林大学读过书，故对德国事物，知道得很多。这次我伴他畅游二周，增加他不少回忆与愉快。

（六）以字酬侨领

到了巴黎，参观罗浮宫与凡尔赛宫时，因罗先生对西洋美术颇有研究，故很仔细看。以后又把所有名胜都游览了，也被人请遍了，后来我发现罗先生带着毛笔与印章等物，有一天上午，气温很高，我说“志希先生，我们吃了侨领不少，所带礼物，快要送完了，我们拿什么谢呢？”他问计于我。我说：“假若您不介意，您今天上午留在旅馆好了。”他也不知我的用意。恰好有几位侨领来了，还有“中央社”记者李强光兄、《中央日报》龚选舞兄来看我们。我便对他们泄露罗先生带有毛笔、墨、印章等物。罗先生的书法早负盛名，海外侨领无不知道，却不好意思在旅途中麻烦他，经我这么一说，他们恍然大悟，于是马上买得纸来，有人研墨，有人抻纸，罗先生在院心写字，忙了一上午。后来我虽落了不少抱怨，但是也是一件快事。

（七）照顾罗氏生活

在德、法两国，因为时间久了，不见得每饭必有人请，在无人请时，我俩就去吃馆子，有时中国馆，有时西餐馆。吃中国馆，在明兴曾发生“三顿饭的故事”，即店主人坚不要钱，但最后一次，我们把三顿饭的总值一次偿还了。“我们不能在海外侨胞眼里是来打秋风！”我俩都如此主张。吃西餐馆，那时惯例必要酒，才是礼貌，我每次给罗先生叫一瓶葡萄酒喝，有时喝得完，有时剩一点儿，我是滴酒不喝的。等到到了伦敦，郑天锡大使在他公馆请客，又亲下厨房炒菜。郑大使酒量甚豪，一再劝酒，罗先生有点不支，我乃自动提议代酒，连喝三杯白兰地。罗先生大惊，说：“一路上，你滴酒不入口，怎么今天这样大量呢？”我说：“我仍是不会喝酒，不过替先生挡酒耳！”举座大笑。

后来到日内瓦，因值嘉年会，找不到旅馆，十分狼狈。我再提议住家庭式旅馆（Pension Hotel）得能解决住宿，深得罗氏欣赏。

我们到罗马晋见前教宗若望二十三世，为此行最高潮。罗氏着长袍马褂，自称为“上国衣冠”。我临时借穿于“大使”焌吉一套礼服，受足了洋罪。

后又去希腊雅典与温“大使”源宁盘桓五日，也是此行可纪念之一。到土耳其访问，那时是邵毓麟“大使”，也有不少愉快的经过。

这一路将近两个月，我日夜与罗氏相伴，深知其个性、爱好与为人，对于我这后生晚辈启示很多。

（八）贴钱出国

回来算了算帐，除公费完全花净外，我们每人各贴赔一千多美金。但我们所赚的是友情、是了解、是愉快，尤其是我更获得罗氏一份“恩宠”！以后，罗先生与马星野“大使”，于一九六〇年又去巴西参加国际笔会第三十一届大会。一九六二年，罗氏又率团参加菲律宾所召开的第一次亚洲作家会议。第二次亚洲作家会议在曼谷召开，罗氏派我率领徐钟佩与华严二女士前往。迄一九六八年，才由林语堂先生接任会长职务。

二、关于《新人生观》

罗氏所著《新人生观》，于民国三十一年在抗战陪都重庆出版，到三十五年，由商务印书馆，共发行二十七版，打破该馆四十多年来的销路。台湾版自一九五一年发行，截至现在已销十八版，据知每版多寡不同，有时印五千册，有时印一万册，可知其销行之广，其数额之大。

（一）清新动人的一本书

我在重庆就读过这本书，二十余年前再读这本书，近来三读这本书。最初读的时候，总觉得它清新动人，是一本青年励志，作为一个现代中国人不可缺少的一本著作。最近读完了，我的观念依然未变。虽然罗先生写在三十多年以前，但今天他的“观念”“观点”仍然十分清新动人。罗先生著作很多，我以为他这部《新人生观》，是他中西学问以及人生修养凝炼的结晶。可以代表他整个人生观、宇宙观和处世为人之道。展眼近三十年的出版界，还没有第二本同样的书！

（二）炮火中的作品

全书十六章，也就是十六个题目，罗氏自称是“中大西迁以后，对全校的一套系统演讲，也曾在刊物上登载着几篇，现在重新写定，成为专书。我断不敢希冀前哲在围城中讲学的高风，但是这十六章却章章曾是讲完和写完在敌机威胁的期间，有时还在四周围火光熊熊之中”。

“我断不敢说这部书是表现一种有力的思想，我只敢说这是我个人用过气力去思想的一点结果，或是根据自己知道的深信，以充分的热忱写出来的，自然我也希望国人能得到同样的深信。”（见序文）

（三）满腔热血的产物

是的，罗先生这十篇文章确实表现了一种有力的思想，也真是用过气力去思想的结果。他深信他所说，而更是怀着满腔热忱所写出来的。

我们现在没有时间每篇加以讨论，但篇篇都是针对着中国人、中国知识分子所最容易犯的一种错误观念而发的。这些错误一直为人诟病，可是一直不能改进，蹉跎复蹉跎，将近一个世纪，依然未改，岂不可怕？我们整天价喊“现代化”，“现代化”的意义，就是住高楼大厦，出入乘汽车吗？我们还停滞在多数低阶层人士“随地吐痰”“公共场所任意吸烟”种种“不讲公德”“不守秩序”以及“自私自利”等等阶段。

（四）最动人的几篇

十六篇文章内，我最欣赏《弱是罪恶，强不暴是美》《恢复唐以前形体美的标准》《侠出于伟大的同情》《运动家的风度》《扭开命定论与机械论的锁链》《创造与占有》与《信仰、理想、热忱》等篇。

最后一篇内，罗氏说：“很爱中国的哲学家罗素，为我们说了许多好话；但是论中国人性格时候，他说我们是一个容易起哄的（excitable）民族，并且说这是一件危险的现象，容易闯大乱子。这是值得我们反省的诤言。”这里的excitable，以笔者拙见，毋宁译为“冲动”，比较容易了解。excitment本是“兴奋”“激动”之意。我们觉得多数中国知识分子，由于多年（抗战、内战，以及播迁台湾将近三十年来）的磨炼，“冲动”少了，多的是罗氏下边这几句话：

> 中国人热忱不发达的原因，还有一个，就是普通所谓“看得太透了”。讽刺的说，也可以说是“太聪明了”。把什么事都看得太透了，还有什么意思？就是做人也可以说是没有什么意思，那还有什么勇气去做事？这是享乐派的态度；这实在是很有害处而须纠正的。

（五）劣根性并未全除

我觉得目前社会上弥漫着的懒散、消沉、奢靡、无动于衷、不在乎的种种现象，完全由于领导阶层的知识分子犯了“看得太透了”及“太聪明了”出的毛病。至于多数中国人之缺乏“同情心”、“公德心”及种种不“热忱”都是中国人的通病，也都是由于“看得太透”“太聪明”构成的劣根性。

罗氏所著《新人生观》对于青年，尤有浅显易解有说服力的。我认为罗氏在著作方面，这是一本最有影响力不朽的书。

罗先生不但是教育家、哲学家、文学家、思想家，更是爱国主义者。他曾多次亲口对我说：“在政治方面，我是特立独行的！”他也是诗人，大家记不记得《玉门出塞》那首歌曲？

十一月廿三日发言，廿六日补稿。

［原载《传记文学》第三十卷第一期（一九七七年一月号）］

追随志公四十年

王蔼云

我追随志公服务文化教育行政的工作，有四十年。自从民国十六年起，一直跟着他先后在党校、政校、中大工作，并同到滇、黔、迪化；中间只有他去清华做校长和去印度当大使，两个阶段，我没有跟着去。但是，每逢志公由北平返京述职开会，以及自印度回到台北，我仍然经常在他身边办他交办的事。志公有渊博的学问，伟大的精神，可算是“一代完人”。我受到志公的熏陶和启发，对我一生的做人处世，受益非浅。我现在把我亲身体验到，志公临危不乱、处变不惊的三件事实（虽则志公都有专文发表过），再提出来简单叙述一番，以表我对他衷心深切的景仰和怀念！

暴风雨中的党校

民国十六年国民政府定都南京，中央为造就政治干部人才，创办中国国民党中央党务学校，由总司令蒋公亲任校长，戴传贤、丁惟汾、陈果夫分任教务、训育、总务主任，罗家伦、谷正纲、吴挹峰为三处副主任。是年七月，我从杭州进京，到党校教务处开始在志公领导下任事。当时校舍是借用大石桥东南大学一部分房屋，学校经费由中央党部编列预算按月拨发。学生全部公费，男女生一律穿着军服，接受严格的军事训练和管理。

就在第一次新生上课不久，因为宁汉分裂而徐州军事受挫。蒋总司令于八月十三日为了促成宁汉合作，保持革命武力的团结，通电辞职赴上海。戴、丁、陈三公也相继离开了南京，由罗、谷、吴三公在校负责，学生照常上课，第二次招生仍继续办理。

不料八月二十五日孙传芳的军队乘雾夜企图偷渡长江，袭击栖霞、龙潭，南京顿受威胁，人心惶乱，岌岌可危。因为当时志公还担任战地政务委员兼教育处长，所以他每晚都到何应钦总指挥部参预军事会报，准备万一南京在不得已情况下撤退时，带领全校学生编成一个大队，随军开拔。志公为了怕学生断炊，冒险亲赴上海向陈果夫先生筹款，当晚搭夜车赶回危城交给吴先生，而那天夜里这班车通过后不久京沪铁路就被切断。二十九日孙传芳亲至龙潭督师，国民革命军第一及第七两军主力三面向敌围攻，分进合击，次日龙潭大捷，孙军歼灭殆尽。南京局势，转危为安。

宁汉合作以后，政局大有变动，党部由西山会议派当权的中央特别委员会主持，对党校则另眼相看。党校学生自然就有不满的表示，遂在一次开会进行中，发生了“一一·二二”惨案，学生袁大熙罹难，还有好几个学生受伤。幸获蔡元培、谭延闿、李烈钧三位国民政府常务委员的维护，学校得免遭到解散的厄运。最后宁汉合作成功，次年一月四日蒋公由沪返京，复任总司令职。党校才一切恢复正常。

中大十年，抗战西迁

二十一年八月志公奉命接长中大，正当国难严重，各地学生纷纷要求抗日，风潮迭起之时，责任至为艰巨。在就职后，向全校师生发表“中央大学之使命”演讲，讲词中要以“创造一种新的精神，养成一种新的风气，以达到一个大学对于民族的使命”，提出“诚朴雄伟”四字，与全校师生相共勉，以期从安定中求充实和发展。

在中大校长任内，志公聘请汪东为文学院长，嗣由楼光来继任；孙洪芬为理学院长，嗣由庄长恭及孙塘先后继任；

童冠贤为法学院长，改任教务长后，由马洗繁继任；黄建中为教育学院院长，嗣由艾伟继任，二十七年教育学院改制为师范学院，增设学系，聘许恪士为院长；卢恩绪为工学院长，嗣由杨家瑜继任；邹树文为农学院长。聘请孙本文为教务长，嗣由陈剑翛及童冠贤先后继任；张广舆为总务长，嗣由李善棠及李声轩先后继任；桂质柏为图书馆长，嗣由洪范五回任（曾任东南大学孟芳图书馆长）。电召唐心一自清华返京，任文书组主任，由政校调我到秘书室任助理秘书，掌管校印私章、延见宾客及文牍，并由法学院一位教授兼秘书。西迁后心一兄任秘书，我兼管文书组，英文稿件由心一兄和外交系教授俞大缜办理。

自“五四运动”时候起，志公就一贯地坚持中国现代化的主张：“要大家应该不断的保持战斗的精神和动作，从教育文化来加紧建设我们理想的现代化中国。”二十九年在重庆发表一篇文章，《中国的出路——现代化》，更是语重而心长。

中大在志公精心擘划，全校推诚合作，中央赞助策进下，渡过头两年的安定时期后，就逐步向充实和发展之途迈进；不但充实了各院系的图书仪器设备，而且充实课程内容与教师人才。请到专款增设医学院，聘戚寿南为院长；创办牙医专科学校，聘黄子濂为主任；工学院增设航空机械研究班及航空工程系，聘罗荣安为主任。扩建图书馆两翼阅览室、科学馆及学生宿舍，新建医学院大楼及梅庵音乐教室等。每年学校经费尽量紧缩办公费，增列设备费。逐年录取学生名额不断增加，大石桥校本部实在无法再行扩充容纳。乃拟定另建新校舍计划，经教育部王世杰部长赞助，层奉中央拨发专款，志公会同王部长选定南京市郊南门外七公里石子冈为新校址。购地八千亩，登报征求设计校舍图样。由兴业建筑公司得标，负责设计绘图监工，招商兴建，于二十六年五月开工，预定三十个月完成，工学院教授刘兆瓆兼任新校舍办事处主任。

二十四年五月冀察事变发生，志公奉召飞成都谒见蒋委员长，公毕过重庆逗留三日，对蓉、渝两地留下深刻的印象。这对后来抗日军兴，迁校入川有很大的影响。兹录志公《入蜀道中》三首感事诗为证：

防边计失议防河，斜睨燕云涕泪多。
念到兴亡谁作主，万山无语郁嵯峨。

巴雨潇潇夜不休，江声和梦撩乡愁。
晓山敛尽临波影，端避鱼龙傲浊流。

苍茫云气护巴东，山水犹余国士风。
亦有坫坛盟不得，千秋遗念寇莱公。

二十六年六月二十三日蒋委员长召集庐山谈话会，邀全国学者专家共商国事，并主持庐山暑期训练，志公应邀前往参加会议。七月七日夜半日军炮轰宛平城，爆发芦沟桥事变。志公面奉机宜，返校后立即召开紧急校务会议，决定作迁校计划，推请马洗繁院长，吴榦、王书林、蔡翘三位教授分赴四川及两湖选择校址，全校图书、仪器及设备，一律开始装箱，紧急准备。

八月十三日上海日军由江湾、闸北进犯市区，我军奋勇抵抗，十五日起日机空袭首都，全面抗战开始。十九日上午在图书馆阅览室召开武大、浙大、中大三校联合招生委员会，决定录取标准，下午办理分发工作，分组进行，至傍晚大致就绪，晚饭后继续开会。忽传空袭警报，志公偕同三校办考人员数十人，下楼到地下室暂避。须臾，敌机临空，爆炸声大作，地下室剧烈震动，有如天翻地覆，大家都惊惶失色！校内中弹七枚，有一弹正落在图书馆外数尺的柏油路中，炸成一个大坑。两处木造房屋起火，科学馆修缮工程营造厂有临时工七人未及躲避被炸死。大礼堂讲台后墙炸毁，波及后面女生宿舍倒塌。是日志公要卫生教育科教授兼女生指导员陈美瑜劝导暑假留校女生疏散，下午即全部离校。而陈教授和一名女校工当轰炸时，一同躲进宿舍水泥盥洗台下面，幸安然无恙。

校本部经过七次轰炸，零乱不堪，面目全非。志公领导全校人员，不避艰险，继续将一切教学设备、档卷公物全部装箱。志公每晚在家等候重庆马院长、汉口王教授的长途电话，几经商洽和交涉，最后承重庆大学当局同意，拨借该校临嘉陵江松林坡全部丘陵空地，为中大兴建临时校舍之用。层奉中央核定，教育部并准予移用南门外新校舍的款项为迁校建校经费。在汉口、重庆设立临时办事处，派事务主任李声轩偕同水利系教授原素欣，及兴业建筑师徐敬直等赶往重庆，进行设计建校工程，雇用大批工人，日夜赶工，四十二天完成。同时，包用民生公司轮船，陆续将在南京的一个大学全体师生和眷属及全部设备，自下关上船溯江而上直达重庆，实在是中国教育史上一个划时代的纪录。医学院及牙医专科学校与华西大学合作，师生再由重庆转往成都。附属实验学校则由许恪士主任率领先迁安徽屯溪，再迁长沙，最后迁到贵阳，改聘杨希震为主任。中大南京留守处由刘兆瓆教授和李治华大队长担任看守事宜。

中大的迁校工作，是在有计划、有组织的全校通力合作下进行，志公俟一切就绪，十月初离京赴屯溪，参加实验学校开学典礼后，经汉口飞往重庆，我也带着学校大印西上。次日到下关登轮，知道该船货舱中除装有图书设备的木箱外，还载运了农场一部分名种牛、羊、猪和鸡鸭，真是“鸡犬图书共一船”。

讲到校中的牛羊都一同西迁，还有一段插曲：南京三牌楼农场中遗留下的牲畜，志公临行时责成管理员王西亭看管，并且对他说，如果到了不能保存的时候，任其处置。但是他在南京危急前数日，雇用木船全部载运过江，开始游牧生活，其颠沛流离可知，经过安徽、河南，走了将近一年才到宜昌，再用水运到重庆。大家看到这批健壮的牛羊，甚为惊讶，王西亭爱护校产，跋山涉水，不顾艰险，忠于职守的精神，实在值得称道和钦佩。

十月三十一日，国民政府宣布迁都重庆，继续抗战。十一月初中大在重庆沙坪坝战时新校舍落成，开学上课。十二月十二日敌军占领上海，十三日南京沦陷。中大留守人员于危急时冒险渡江，辗转到达重庆。此后重庆叠遭敌机轰炸，中大沿嘉陵江凿山为洞，相互联接成为隧道式的防空洞，故虽经常受到空袭，然而全校师生工友及眷属，从无一人伤亡。次年在嘉陵江上游数公里处，购地增建柏溪分校，聘杜元载为主任，刘兆璸为副主任。一年级学生全部在分校上课。

志公主持中大十年，在南京六年、重庆四年，学校西迁，元气保存；而志公则心力交瘁，于三十年七月辞去校长职务。在全体教授和全体学生两次惜别会中，恳切致词，日后并将两次演讲的大意，写成《中央大学之回顾与前瞻》一文，刊印在《教育文化与青年》书中。

西北考察，迪化处变

三十一年八月二十九日蒋夫人由第八战区朱司令长官绍良陪同到迪化一行，亲交蒋委员长致新疆边防督办兼新疆省政府主席盛世才指示机宜函，新疆全省悬挂青天白日满地红国旗欢迎。三十二年一月朱长官再度飞新，偕同中央任命的新疆省党部书记长黄如今、省党部委员张志智、林伯雅、建设厅长林继庸、驿运处长顾耕野、社会处长童世荃等到迪化就职。中央统一新疆的局面告成。

三十一年十一月二十四日，中央五届十中全会通过“积极建设西北，以增强抗战力量，奠定建国基础”案。三十二年二月志公奉命任西北建设考察团团长。同年三月一日，国防最高委员会决议：“设置新疆监察使署，特派罗家伦为监察使。”

志公同时奉到两项使命，经呈准先行组织西北建设考察团，进行考察陕、甘、宁、青、新五省建设现状，拟具战时及战后十年建设计划，完成考察报告，再到迪化成立使署。于是，志公聘请凌鸿勋为考察团副团长，学者专家多人为团员，唐心一任秘书，搜集资料积极准备。三十二年六月七日自重庆出发，先到陕西、甘肃两省考察，八月十一日到迪化。

中央五届十一中全会定于九月六日在重庆举行，志公须返渝开会，转邀盛世才和他夫人同机飞重庆，觐见元首。他们受到蒋委员长的厚遇，盛氏诚恳表示服从领导，并报告俄领事已正式声明，俄驻哈密陆、空军、飞机制造厂以及其他工厂矿械，已经一律撤回俄境。

志公在全会闭幕后，再度飞新，和考察团人员到南北疆考察两个半月。十月底转往宁夏、青海。十二月中旬考察工作告一段落，全团人员到天水整理报告，为时三个月完成，三十三年三月回重庆复命。

志公在出发考察前，签呈监察院于院长派王籍田为新疆监察副使、李声轩任主任秘书、王蔼云任秘书兼总务科长。在重庆置备使署全部用品，交托新疆省政府重庆办事处代为运往迪化。声轩兄和我年底搭西北公路局班车起程，过天水时去见志公，他特别交代我们，到新疆后要十分的谨慎。在兰州候王副使到齐，取道河西走廊经酒泉出嘉峪关到哈密转车，次年二月到迪化。省府拨借房屋供使署办公，志公于考察团任务完毕后即飞新。实际上使署在新疆的使命，对于当地的安抚工作重于监察。

三十三年三月新疆哈萨克头目乌思满叛变，进攻阿山区的清河，苏联飞机和外蒙军越境助战，外交部在重庆向苏联大使潘友新提抗议，情势已经很严重。而盛氏又在四月十七日逮捕了省政府秘书长刘效藜、教育厅长程东白、新疆日报社长宋念慈、伊犁行政督察专员徐伯达等入狱，这些人在新疆随盛都较久的，又是他神经过敏的预防措施，虽已屡见不鲜，但是使得在新工作的人员都感到惴惴不安。志公加以宽慰和勖勉，然而也觉得空气在转变。

中国利用外交策略，美国罗斯福总统派副总统华莱士于五月二十日启程，取道苏联来华访问，中央设计局王世杰局长代表蒋主席到迪化欢迎。华莱士副总统六月十八日到迪化，对盛世才主持新疆的作风，有所指摘，逗留两天，王局长陪同飞重庆。二十四日华莱士离重庆前与蒋主席发表联合声明：（一）中美互助对日作战；（二）中美苏友善谅解。

自华莱士离新后，盛乃深居戒备，称病不出席任何会议，他是多疑善变的人，深恐其地位不稳。其亲信警务处长久留伊犁不归，同时苏联驻迪化总领事馆方面顿形活跃，这些蛛丝马迹，使在新人员更感到暴风雨将至之势。在事变发动前，志公曾与盛氏有两次长谈，盛屡作迂回的探询中央各当局对他的意见，志公得间就叙述元首过去对于旧部宽大的事实，并列举实例为证，希望能安抚其反侧的情怀。当时中国军队在两湖战事，节节失利，六月十八日日军攻占长沙后，继续进犯，八月七日衡阳沦陷，对于新疆的局势影响很大。

八月十一日志公到南门外南梁应美国领事斯密士的晚宴，在座有方自南疆归来的美国地质学教授克拉喀，和他纵谈开辟新印公路的计划。午夜回使署时不但南门城门未关，平时十一时关城门，过时须叫门开城，而且沿途看见许多俄制新汽车疾驶出城，因知苏联总领事馆及大监狱都在南门外，心知有异，危机迫在眉睫，志公回署后久不能眠。

天还没黎明，接到一位新疆学院教员的太太冒险打电话到使署，报告她的先生在午夜被捕（他们夫妇都是中大毕业生）。我住在志公卧室内院，我在梦中听到志公叫声，“蔼云快起来，出事了。”随即探知有中央人员黄如今、林继庸、张志智、林伯雅、顾耕野、童世荃、丁慰慈等多人，均遭波及下狱。当时派员到航空站和中央军官第九分校龚愚教育长处，都联络不上，除使署外各处电话都被切断，全城陷入极度恐怖中。志公叫我冒险出去和中央社迪化分社沈宗琳主任秘密接洽，志公判断此举为要挟，拟就极机密电稿，交我密码本译成拍发，直达元首。

清晨，被捕中央人员的眷属，首先是林继庸太太，纷纷哭奔到使署向志公哀诉求救。志公要大家镇定，且看事态发展，如果本署被侵，则叛变的局面已定，势将同归于尽，否则，还有挽回的余地。

上午十时，盛令其参谋长汪鸿藻来电话：“奉督办命向监察使报告，昨夜迪化发生重大阴谋暴动案，形势严重。今日下午四时请监察使驾临督署开会。”志公在电话中立予拒绝。志公对我们说，在平时去开会也无不可，不过在此严重情况之下，就不能不讲体制，监察使署为中央统治权的象征，也就是中央权威寄托之处。如果他要叛变，侵及使署，志公愿发生在青天白日满地红国旗前面，奉命驻节的所在地方。志公在电话中，正式获知盛所加罪于被捕人员为阴谋暴动，即刻再电元首，陈述所见：“罪属虚构，显系要挟，一民兄如能来，局势尚有挽回余地。”

到十一时半，汪再奉命来电话说：“这次阴谋暴动案情重大，督办因局势严重，不能亲自来谈，特令鸿藻前来报告。”志公察其语气，盛在犹豫，显有转机，嘱其即来，他说因有急事待办，约定下午二时到使署。届时志公在办公室延见，他开始说：“现在发生大阴谋暴动案，因事机紧迫，不及去电请示委员长，已于昨晚动手逮捕首要分子黄如今、林继庸等。这是紧急措施，督办命鸿藻前来报告。”旋即取出名单两张！第一张所列的都是盛在新原部属如师长柳正欣、副官长宋守中（是经常在盛身边的亲信）等，第二张名单上所列的都是中央派在新疆人员。志公看过后问他：“有何证据？”汪很诚实地答说：“本人不很清楚，督办大概知道。”志公知其处境，即以简直而郑重的语气告诉他：“请转告盛督办，说我送他四个字，就是‘审慎宽大’，审慎是要他顾全国家大局，新疆和他本身的利害和安危；宽大要他对于已经逮捕的人员不能刑讯，并且不可株连。此外没有别的话讲。”志公以为此时不必多话，以干脆坚定的态度处之较为得体。当晚再三电中枢，报告经过：“如一民兄能来，尚祈从速，迟恐邻邦活动成熟，更难挽回。”盛的这次狠辣冒险举动，显然一方面向中央作武力要挟，一方面对邻邦取信，作复归怀抱决心的表示。自那天起使署便成为收容流亡之所。

十三日即事变发生的第二天，朱长官在重庆正要回兰州，奉蒋主席召赴南岸黄山，商定大计后即膺命入新，临别时蒋公握其手很久不释，充满赴难惜别之意。十四日飞回兰州，稍事部署，十五日晨专机飞迪化。距事变发生不到一百小时。

十五日早晨汪参谋长来电话，报告朱司令长官将于午后飞抵迪化，请示监察使可否到机场一接，志公答以“当然要去”。不久又来电话，奉督办令转达，请监察使乘使署汽车赴机场，然后和朱长官同乘督署所备汽车到署内东花园休息，志公再答以“当然可以”。下午志公前往，盛未到由其夫人代表，朱长官下机后与志公同车径赴东花园。机场及沿途步哨林立，督署内机枪和战车四布，如临大敌，东花园厅内四角，各设岗位二名，枪头均上刺刀，厅前阶下有六人持枪侍立，戒备森严，保护周密。两公相顾一笑，入室稍憩，若无其事地取棋子对弈，以雍容态度借对弈而对话，间用笔谈，志公将新局近况告之，朱长官告以中枢的决策，及将盛调开新疆之决心。两公固知此项决定的确当，料将有强烈的反应，惟既奉命如此，当面对危机，以求贯彻。六时半后，盛来向两公作寒喧和歉仄的话，然后开始叙述他所谓的阴谋暴动案的严重情形，绘声绘影，自欺欺人，甚至不能自圆其说的滔滔不绝地表演了一个多小时，同进晚餐后，志公回使署。

在事变发生后，中央在新部队，有驻防迪化附近老满城的预备第七师一部分，及驻哈密的徐汝成旅，中央军官第九分校，闻变都作战时准备，中央空军集中酒泉紧急待命，西北军事总指挥罗机司令随朱长官同机到哈密，准备前进基地。惟苏联方面在欧洲战事尚未结束，政府不愿公然开罪联合作战的各主要盟国，于是中途制止采取任何行动。

十六日朱长官告盛以中央拟将其调任意旨，措词委婉而词意坚定，盛以新局严重以退为进而借图延宕，嗣允先让省主席的位置，俾留新审理阴谋暴动案，朱长官不能答应，必须飞渝请示于中央，定次日起程，盛一再要求展期。盛对在狱人员日夜严刑逼供，要他们承认是共产党徒，来新目的是为阴谋暴动，反抗中央，此项供词十九日晚汇交给朱长官带渝转呈。

朱长官与志公二十日同机返渝，晋谒蒋主席陈述在新一切经过，蒋公仍以坚定态度，令盛离新。朱长官再行飞回迪化，此时盛已感众叛亲离，进退失据，只得听命中央，随朱长官离新赴渝，十二年的割据局面，就此结束。全新人民得庆更生，欢欣若狂。

八月二十九日，中央发表新疆边防督办兼新疆省主席盛世才调任农林部长，吴忠信继任省主席，边防督办公署撤销。在吴主席未到任前，由朱绍良长官代理省主席。志公与朱长官回迪化，无辜冤狱幸得平复。

志公有《重定西域，聚首天山，追怀往事，奉酬一民》绝句两首：

人事幻同蕉覆鹿，禽言证得虎驼羊。
中宵虚下陈蕃榻，读罢南华夜未央。

免胄军前未足奇，从容谈笑决安危。
他年重话庭州事，八面刀光一局棋。

兹再录一九五〇年朱绍良先生《花甲感怀》七绝八首之一：

匹马天山亲易帜，刀光八面酒杯宽。
痛心谁主和戎策，十年终看奉契丹。（附志公亲书《朱绍良先生年谱》序，最后一段的照片）[①]

① 因为底本插图质量欠佳，故本书未予收录。——编者

志公是广涉群籍，学贯中西，博大精通的教育家、历史学家、文学家、哲学家、诗人；有理想、有抱负、有胆识、有热情；爱国家、爱民族、爱领袖、爱中华文化的国士。是披肝沥胆的挚友，谆谆教诲的师长，平易近人的长官。凡是和他有深厚交往、受过他教泽和追随过他的人，都没有不敬佩和思慕不已的。

[原载《传记文学》第三十卷第一期（一九七七年一月号）]

罗志希先生与《新潮》杂志

李云汉

《新潮》是傅斯年和罗志希先生等十几位北大同学创办的一份杂志，被认为是提倡新文化运动的第二种富有号召力的刊物。第一种是《新青年》，罗敦伟却认为《新潮》比《新青年》更有内容。[①] 据傅斯年讲，早在民国六年的秋天，他即和顾颉刚、徐彦之（子俊）、潘家洵（介泉）及志希先生等谈论过要出版一份杂志的事。傅说：

> 民国六年的秋天，我和顾颉刚君住在同一宿舍同一号里，徐彦之君是我们的近邻。我们几个人每天必要闲谈的。有时说到北京大学的将来，我们抱很多的希望，

① 罗敦伟：《北大生活与北大精神》，见《五四爱国运动四十周年纪念特刊》（国立北京大学台湾同学会编印，一九五九、五、四，台北），页六〇。

觉得学生应该办几种杂志；因为学生必须有自动的生活，办有组织的事件，然后所学所想，不至枉费了；而且杂志是最有趣味，最于学业有补的事，最有益的自动生活。再就我们自己的脾气上着想，我们将来的生活，总离不了教育界和出版界，那么，我们曷不在当学生的时候，练习一回呢。所以我们当时颇以这事做谈话的资料。颉刚的朋友潘介泉君，我的朋友罗志希君，常加入我们这闲谈。①

当时他们谈是谈，却还没有一个具体的计划，好像也还没采进一步的行动。他们都是学生，要赤手空拳的办份杂志，当然不是件轻而易举的事。他们都是能文之士，稿源不成问题，但开办之初总需一些钱，因此钱的问题是他们遭逢到的第一难题。后来这个难题，由于陈独秀的协助获得了解决；北大当局答应补助；这已是民国七年秋天的事了。傅斯年对这段经过也有记述：

① 傅斯年：《新潮之回顾与前瞻》。傅氏述及他和顾颉刚、徐彦文（子俊）先谈此事，潘介泉（家洵）、罗志希也常参加，周策纵据之称作“傅斯年、顾颉刚、徐彦之首先倡议，罗家伦、潘家洵、康白情以后也参加”（*The May Fourth Movement*，Stanford University Press 1967，p.55），未免失当。

七年的秋天，子俊和我又谈起这层事；子俊说："何如竟自尝试一会呢？不成功也没什么不可以。"于是乎作了个预算。最难的是经济方面，社员分配担任外，不够还多；至于文稿，或者不至于很拮据。我们想，我们都是北大的学生，学校或者可以帮我们成功。子俊就和文科学长陈独秀先生商量了一次。陈先生说："只要你们有办的决心和长久支持的志愿，经济方面，可以由学校担负。"这是我们初料所不及的。我约集同人商量组织法了。最先和罗志希、康白情两位研究办法，其后有十多位同学加入，对这事都很有兴味。胡适之先生做我们的顾问，我们很受他些指导。[①]

在筹备期间，《新潮》的创办人们曾经举行过两次会议。第一次是民国七年的十月十三日，这次会中，决定了杂志的名称和风格。关于名称，中文的《新潮》是志希先生决定的，英文名称 *The Renaissance* 则为徐彦之所主张，这两个名词恰好可以互译。至于杂志的风格，他们决定"不使他杂乱无章，不使他有课艺性质"，因此决定了三种"原素"：一批评的精神；二科学的主义；三革新的文词。

第二次会是在同年的十一月十九日召集的。这次会应当

① 傅斯年前文。

就是新潮社的正式成立会，因为这次会通过了新潮社的组织简章，是推选出新潮杂志社的职员。依据《简章》第五条，设编辑与干事两部；编辑部总揽编辑业务，干事部则主持编辑以外诸事务如对外交际及杂志之出版发行等事务。当时推定的职员名单是：

编辑部：主任编辑　傅斯年

编辑　罗家伦　　书记　杨振声

干事部：主任干事　徐彦之

干事　康白情　书记　俞平伯[①]

新潮社既经成立，李守常就把他图书馆——有名的红楼——办公室右侧的一个房间，拨给新潮社作编辑室用。这间房间很小，外临沙滩东口。笔者于一九六四年七月八日当面向志希先生请教关于新潮社创设的经过时，志希先生欣然取笔划出了一张略图，并顺便写出了一部分发起人的姓名。一种当年的豪气，又浮现在他的眉宇之间。

十一、二两月，是志希先生和傅斯年筹备出版创刊号的忙季。他们在创刊号里发表的几篇鸿文，也都是在十一月间写成的。印刷发行的事，则由李辛白负责张罗。志希先生说，他为了《新潮》的撰稿、审稿和编辑事务，经常忙碌到

① 徐彦之：《新潮社记事（一）》，见《新潮》第二卷二号，页三九八—四〇二。

深夜。

《新潮》是月刊，创刊号——称第一卷第一号——于民国八年一月一日出版，“发行者”为国立北京大学出版部。二十开本，只一百五十页。各栏文字计共二十一篇，傅斯年和志希先生两人就写了十四篇，占总篇幅的十分之七还多。两篇宣布《新潮》杂志宗旨的重要文章——《新潮发刊旨趣书》和《今日之世界新潮》，也分别由傅斯年和志希先生执笔。毫无疑问的，傅、罗两先生是《新潮》的骨干人物，当时及以后有关的记载，也都标明《新潮》的创办者是傅斯年和罗家伦。

依据创办人的最初计划，《新潮》每年发刊十期，每五期为一卷，每卷终了时即进行职员的改选[①]。第一卷的五号是严格的按照这个计划执行的。但第五号于民国八年五月一日出刊后三天，就爆发了五四运动，《新潮》的主干人物都忙于五四的活动，《新潮》第二卷第一号的出版，因而就延期到同年的十月；二卷二号则又延期至同年的十二月。

民国八年的十一月十九日，新潮社成立一周年，遂在这天举行在京全体社员大会，检讨社务的改进，扩大业务的范围，同时并举行职员的改选。组织也变更了，把原来的编辑、干事两部制，改为编辑一人、经理一人、记录校对等人

① 《新潮社简章》第十二条，《新潮》二卷二号，页四〇〇。

员数人。傅斯年已于这年的秋天到英国留学去了，所以职员改编的结果，是由志希先生担任编辑，孟寿椿担任经理。其余的五位次要职员是：顾颉刚（代派赠阅交换等）、高尚德（广告）及王景汉、宗锡钧、李荣第（均任记录及校对）。[①]

事实上，志希先生自民国八年的秋季起，即全力承担了《新潮》的编辑工作。所以他在二卷一号的《新潮》上，一个人就写了七篇文章，二卷二号也发表了一篇论文，一篇讲演记录、两篇评论、一篇书评和两通复信。这真是件苦事，志希先生担任这项苦差事达一年以上，直到民国九年秋赴美研究，才把《新潮》的编辑工作交给了新任的主任编辑周作人，《新潮》的光芒也开始暗淡起来了。

依据徐彦之的记述，新潮社初成立时之社员有二十一人，其后有陆续加入的，到民国八年十一月止，已有三十七人之多。依据《新潮社简章》第二条“本社全体社员均为撰述员，担负杂志材料供给之责任。”[②]但有几位在一年之内，既没有写稿，其他方面也没有尽过丝毫的帮助，社方乃认为这几位社员是“自请出社”，所以民国八年十一月新潮社重新宣布的社员名单只有三十四人。他们是（以姓氏笔划为序）：

---

① 徐彦之：《新潮社记事（一）》。

②《新潮》第二卷第二号，页三九九。

毛　准（子水）　王星汉（仲宸）　王钟麒（伯祥）　江绍源（绍源）

汪敬熙（缉斋）　吴　康（敬轩）　何思源（仙槎）　李荣第（小峰）

宗锡钧（甄甫）　俞平伯（平伯）　孟寿椿（寿椿）　高元（承元）

高尚德（君宇）　郭希汾（绍虞）　徐彦之（子骏）　孙福源（伏国）

张崧年（申甫）　陈兆畴（穗庭）　陈达材（彦儒）　陈嘉蔼（杭甫）

康白情（白情）　傅斯年（孟真）　叶绍钧（圣陶）　叶麟（石荪）

杨振声（金甫）　赵承易（子经）　刘光颐（叔和）　刘秉麟（南陔）

潘元耿（元耿）　潘家洵（介泉）　戴　岳（毓峰）　谭鸣谦（诚齐）

罗家伦（志希）　顾颉刚（颉刚）①

其后继续有新社员加入，新潮社曾先后公告过四人②，他们是：

---

①《新潮》第二卷第二号，页三九九。

②《新潮》第二卷第三号《本社特别启事二》及二卷四号《本社特别启事（二）》。

朱自清（佩弦） 冯友兰（芝生） 孙福熙（春台） 周作人（启明）

以上三十八人中，绝大多数都是北大的学生，也有一两位是北大的教授。他们的专长都不出哲学、文学和历史，共同的特色则是具有“新”的色彩：以倡导新学，迎接新潮，刷新思想，检讨传统的精神和作风相砥砺。所以，傅斯年曾带几分自豪的说：“我们杂志是由觉悟而结合的；至于将来，若不死于非命，我敢担保必定放个光彩。”[1]

《新潮》虽是北大学生办的刊物，其社员虽也以撰稿为取得及维护其资格的必要条件，但不是一个少数人包办的杂志，他欢迎并曾接受了不少非社员的稿件，根据笔者的统计，《新潮》第一、二、三卷的作者共有六十六人，其中属于“非社员”者为数三十五，可见他们的胸怀极为开阔。三十五位非社员中，有些是北大的师长和赞助者，如校长蔡元培、教授胡适、蒋梦麟、李大钊是；有些是远道慕名自愿投稿者，如鲁迅、欧阳予倩是；也有“不知何许人也”的隐名或化名之人，如“某君”“KS”等是。总之，《新潮》的群众基础是极广大的，北大是它的大本营，赞助者、同情者和崇拜者则遍布各处。

由于人才多，群众基础广大，《新潮》的销路意外的好，

---

① 傅斯年：《新潮之回顾与前瞻》。

影响自然也更广阔。新潮社又出版过《新潮丛书》，于是上海的泰东图书局也起而效尤，发出要出版另一《新潮丛书》的广告，害得新潮社不得不刊登特别启事予以澄清[①]。志希先生在纪念傅斯年的一篇文章中，曾提到当时的青年人对《新潮》比对《新青年》更为同情，他这样说：

> 我们天天与《新青年》主持者相接触，自然彼此间都有思想的交流和相互的影响。不过，从当时的一般人看来，仿佛《新潮》的来势更猛一点，引起青年们的同情更多一点。《新潮》的第一卷第一期，复印到三版，销到一万三千册，以后也常在一万五千册左右，则声势不可谓不浩大。[②]

《新潮》一至三卷（第三卷仅出两号）六十六位作者中，傅斯年发表的文章最多，有四十四篇；志希先生次之，三十六篇；康白情、俞平伯、叶绍钧、汪敬熙又次之，都在十篇左右。志希先生写的文字大致有四类：论著、评论（含“评坛”及“书报评论”）、诗歌，通信；有时署名罗家伦，有时署名志希。兹就其发表时间之先后，列目如下：

---

①《新潮》二卷四号《本社特别启事（一）》。

② 罗家伦：《元气淋漓的傅孟真》，见罗家伦著《逝者如斯集》（传记文学社出版，一九六七年九月）页一七〇。

《新潮》一卷一号（民八、一、一）

《今日之世界新潮》 罗家伦

《评坛》（说明） 志希

《今日中国之小说界》 志希

《今日中国之新闻界》 志希

一卷二号（民八、二、一）

《什么是文学》 罗家伦

《雪》（诗） 罗家伦

一卷三号（民八、三、一）

《“除夕”入香山》（诗） 罗家伦

《是爱情还是苦痛》 罗家伦

一卷四号（民八、四、一）

《今日中国之杂志界》 罗家伦

《“出世”？》 志希

《通信——答易君左》 罗家伦

一卷五号（民八、五、一）

《驳胡先骕君的中国文学改良论——解答几种对于白话文学的疑难》 罗家伦

《通信——答杨钟健》 志希

二卷一号（民八、十）

《妇女解放》 罗家伦

《天安门前的冬夜》（诗） 罗家伦

《欢迎我们的兄弟——牛津大学的〈新潮〉》 志希

《古今中外派的学说》 志希

《杜威博士的〈学校与社会〉》 志希

《杜威博士的〈德育原理〉》 志希

《少年中国月刊》 志希

二卷二号（民八、十二）

《近代西洋思想自由的进化》 罗家伦

《思想的派别》（杜威讲坛） 吴康 罗家伦

《学术界的骗局》 志希

《是青年自杀还是社会杀青年？》 志希

《解放与改造》 志希

《通信——复张溥泉》 罗家伦

《通信——复施存统》 罗家伦

二卷三号（民九、四）

《往东车站送楚僧赴法》（诗） 罗家伦

《舆论的建设》 罗家伦

《批评的研究——三 W 主义》 罗家伦

二卷四号（民九、五）

《余谈（一）》 志希

《通信——复熊子真》 志希

《通信——复何思源》 志希

《一年来我们学生运动的成功失败和将来应取的方

针》 罗家伦

二卷五号（民九、九）

《近代中国文学思想之变迁》 罗家伦

三卷二号（民十一）——一九二〇年世界名著介绍特号

《杜威的〈哲学改造〉》 罗家伦

[原载《传记文学》第三十卷第一期（一九七七年一月号）]

追念我的父亲

罗久芳

如果父亲还活在世间，这时候我们必然正在准备为他庆祝八十大寿，亲朋云集，想来那该是多么兴奋热烈的场面。但，冷酷的现实提醒我，这只是我的幻想而已！

父亲逝世已经七年了，时间过的多快！

父亲生于民国前十五年，也就是清光绪二十三年（公元一八九七）冬至日，去世的那天——一九六九年十二月二十五日，刚过了七十二整岁生日。在这一段时间里，中国遭受到历史上许多重大的变迁与浩劫。在这不平凡的时代里，也产生了许多不平凡的人物，父亲就是这些人物中具有代表性的一位。身为他的女儿，我从小便以他渊博的学问和卓越的人格为荣。近年来帮同母亲整理他的文稿和遗物，更进一步领悟到他超人的才智和多方面的成就。

回想父亲在世时，我和他分离的时间多过于相聚的日子，在他八十冥诞的前夕，更有说不尽的哀思与感慨。愿就我对父亲真切的了解和深远的追忆，略述片段，以志我永恒的感念。

我是父亲和母亲结婚以后六年多，才出生的第一个孩子。父亲在我出世后作了一首诗：

春到江南挟大风，远天凝霭紫微红。
会知生命奇葩萼，吐自呻吟疾楚中。

这首诗，显示出父亲的心境是多么喜悦！对我的期望又多么殷切！虽是他个人的感受，也写出了天下许多父亲的共同心声。他后来为我取号“紫微”，是因为我家园中有这种可爱的花，天文学中也有一个同名的星座。这时父亲任国立中央大学校长，我们的家就住在南京城北玄武湖附近。公余假日，父母常带着我访友郊游。父亲教我唱他为我编的儿歌，继而教我背诵简易的唐诗。我就在父母亲的钟爱之下，无忧无虑地度过了黄金般璀璨的童年。

民国二十六年（一九三七）七七事变以后，南京便成为日本侵略者空袭的目标。炸弹的威胁，结束了我们南京这短暂的安适生活，从此父亲几乎把他全部的时间和精力，集中在维护中大的安全和完整，以及筹划迁移内地的任务上。他把母亲、四姑、我和还在襁褓中的妹妹久华送上了赴汉口的轮船，自己仍留在南京继续指挥迁校的艰巨工作。我们到了重庆后不久，中大也便在郊区沙坪坝赶建成的克难校舍开学。我们家先住在陪都市区，遭受敌机的连续轰炸后先搬到歌乐山，以后又迁到小龙坎，距中大都有相当的路程。在战时交通不便、汽油缺乏的情形下，父亲为了公务而又必须常往返于市区和沙坪坝之间，回家的机会自然大为减少。记得“五三”“五四”大轰炸的那段时候，从歌乐山防空洞口，远远地能看见金黄色的燃烧弹在黑夜中缓缓下降，触地溅起一片鲜红的火花。在我似懂非懂的心中，这幕神秘性的情景引起的只是一种略带恐怖的感觉。却不知父亲不在身边，母亲怎样牵挂着他的安全啊！

迁校重庆后中大师生的生活、学业与进修，以及各种战时的措施，都要父亲亲自去筹划、督导。所遭遇到的困难与辛苦，只有当时和他一起工作的人才能洞悉其详。他自己虽曾写过几篇回忆性的文章，也只是叙述一个大概，从未提起他经常住在校内小山坡上碉堡内的事。

一次夜间他腰痛病大发不能起床，也没有电话或其他办法向外求医，在无可奈何的情形下，他只能慢慢地从床边滚到地上，再滚到门边把门打开。等天亮后校工进来，才得到了救护。抗战期间父亲的腰痛多次发作，想来与他的过度辛劳奔波有关系。

民国三十年（一九四一）秋季，父亲辞去中央大学校长职务，有一段时期经常在家，这时母亲却因国民参政会开会和其他公务，常在城内忙碌终日，夜间来不及回家时，我和妹妹，就由父亲来照料。记得早晨起床后，他为我梳辫子，费了好一番事才把毛线结紧，但是还没有走到学校，辫子往往已经松散了。父亲在家写字时常叫我们为他磨墨牵纸，也教我们练字临帖，更耳提面命的督促我们作作业和读书。记得在小学时的演讲比赛，常由父亲指导我们编写讲词，练习表情和手势。偶尔侥幸得奖，大半应该归功于他丰富演说经验的传授。

这时期我们的家虽然偏僻简陋，但经常有父母的朋友、同事和学生来谈天、请教或求助；他开会、演讲和写文章的活动，也从未间断。父亲写信多半用毛笔，八行信笺常顶天立地写得满满的，一口气往往可以写成许多封。长篇的文章则多半在夜深人静时才动笔。记得我上学前常看见他书桌上灯里的煤油已快燃尽，烟灰缸里堆满了烟头，便知道他又会熬夜写作，而且稿子早已由城内派来的专人取去了。

抗战后期，父亲曾带领两个由专家组成的团体，赴西南及西北各省考察当地的民政、教育、建设等工作，因而走遍了边疆各重要地区。后来又奉命驻迪化任新疆监察使，离家的日子，就更多了。旅途中父亲无论在多么偏僻不便的地方，总会设法交邮或托人带信回家。给我和妹妹看的部分，他特别用楷书和简易生动的文字，讲些有趣的见闻经历，使我们身在家中，仿佛也曾跟着他神游一番。他每次回陪都述职、开会，或有便人可托，总不忘记给我们带些西北土产，如甘肃的毛线毡鞋，新疆的干果、黄油，使我们在物资缺乏的重庆，常能得到一点意想不到的补给。

父亲在外，对我和妹妹的健康、学业，无时不加以关注。我们为了使他放心，并解除他客旅中的寂寞，每星期也必定给他写一封信。母亲先督促我们打草稿，父亲收到信后，常把字句加以修改，附在回信中要我们注意，或将某些部分重写几遍。这种训练，许多年下来令我们受益很深。父亲无论到何处，总有逛书店买书的习惯，因而常能顺便为我们买到一些难见的儿童读物。记得那些战前出版的书，纸张的白亮和颜色的鲜明，与战时的印刷品比较起来，成了强烈的对比。他把自己喜欢的《西游记》《三国演义》等旧小说介绍给我们读，每次总先讲几段书中精彩的故事，来引起我们的兴趣。这些书中的情节，也成了我们和父亲谈话和通信的题材。

生活在重庆时的童年时代，有两件事最难忘怀。一次是妹妹患急性牙痛，父母亲设法借了车带她进城去找牙医，我也跟着同去。回家半路上，空袭警报响了，可是沿路没有可躲避的地方，于是父亲决定请司机尽快开回小龙坎乡间。车子刚停下，飞机已出现在头顶，机枪劈拍地往我们的方向扫射，父亲急智地把大家推倒在田坎边草中，直到枪声远离，我们才如同九死一生，爬起来向我家附近的防空洞奔去。

另一次父亲带我到重庆去割治扁桃腺。对一个久住乡间的孩子来说，进城、开刀和住医院都是值得兴奋的事，然而我在期望中不免夹着恐惧。父亲先带我在城内吃了一顿好饭，又为我买了些喜爱的小东西，此后进入耳鼻喉科医院。经诊断后，许時昕大夫择定晚上开刀，这是为了避免空袭的干扰。他给我使用局部麻醉后，轻快地把左右两块时常发炎的扁桃腺割下。父亲站在医生旁观察，故示轻松地把每一步骤形容给我听，不但消除了我的紧张，而且使我感到这是一个有趣的经验。回到病房睡下不多时，可怕的警报声又响了。父亲立即扶着刚从麻醉中醒来的我，急急走进上面滴水淋漓、霉气冲鼻的防空洞里。但他也发现空气太坏，对病人太不适宜，因而没等警报解决，便带我出洞到邻檐下暂避，等警报解除，才回到病床上。许大夫立即为我检查一次伤口，发现并不无不良的症象，第二天清早再来检查一次，认为一切恢复得很正常，这时许大夫才告诉父亲说，他曾担心我从防空洞回来会发炎出血。幸亏我的抵抗力不差，总算平安无事。为了这事，父亲作了一首绝句：

奏罢刀割避敌机，洞污不是病儿宜。
抱持出傍邻檐坐，生死关头两命依。

民国三十四年八月日本投降的那段时间，父亲适从新疆回重庆述职。记得他赶着进城去参加中枢庆典，并在精神堡垒前参加了群众的狂欢。多年的忧愤得以一泄为快，连他心爱的手杖，也在高呼挥扬时失落了。在抗战八年的艰苦岁月中，父亲发挥了他最大的生命活力，为国家民族的生存而鞠躬尽瘁：前半段时间，他全心全力把中央大学这所首都最高学府，完整地迁移到后方，继续不断地为国家培养人才；后半段时间，他曾作数万里的长途跋涉，抱着历史学家的眼光，为边疆各地的国防建设策划尽力。其间并经常参与中央各种重要会议和决策，对党、政、军、民、教育各界作过无数次演说。繁忙的公务已使他席不暇暖，他却又从不间断的从事于写作。写作的范围也广泛多了，从国际和国内局势的分析、教育动员的方针、人生哲学、青年问题、民族观念、边疆政策，到新旧体诗歌……以及那许多受命代拟的文告、宣言等文字，共计总在百万字以上。这等的效率和成果，无疑的透支了父亲过多的精力，但他却是“乐此不疲”，这可显示他正在生命的巅峰时期。三十五年（一九四六）还都以后，父母亲把残破的家园渐渐地重建起来，可是历尽浩劫后的南京，始终再也没能恢复战前的繁荣。三十六年（一九四七）春天，政府特任父亲为我国首任驻印度大使，于是我们全家欢聚在一起的安定生活，又必须暂告一段落。由于我国政府对印度独立运动一贯的同情和支持，父亲对他的新外交使命，抱了最大的期望，也处之以最认真的态度。他化了很多心思去了解和研究印度的文化、历史、政情，以及中印文化交流等事项；同时对于印度的朝野名流，尤其是学术界的人士，更是费尽心力去结识联络。他初到新德里时，印度正式的独立程序尚未完成。这个新兴国家的首领们经常到中国大使馆来倾谈，对若干问题都恳切的征求父亲的意见，尼赫鲁和他的家属，往往是临时一个电话即来便饭，同时商谈各种问题。父亲以友邦政府代表人的立场，并本着我国传统上尊重道义的外交原则，对这些缺乏行政和外交经验的印度人士，自始至终无不以诚心相待、热心相助，期能巩固中印两国的邦交。

由于母亲的公务以及我和妹妹的学业，我们于民国三十七年（一九四八）秋季才前往印度和父亲团聚。记得在新德里接连不断的茶酒宴会中，父亲是外交团使节官员和当地各界人士乐于攀谈的对象；各种婚丧喜庆的请帖，更是应接不暇。使馆中的大小宴会，从拟菜单、排席次到酒的选择，都由父亲仔细监督。对于各种繁杂外交任务的执行，不消说他更是煞费苦心。

…………

父亲回到了台湾，从此开始了我们之间最长的一次离别。但是我们照旧每星期通一次信。父亲对我和妹妹的学业和志趣，无时不关心、开导，并经常寄些剪报和各种读物给我们，使我们对祖国的情形，不至生疏。他自己在报刊上发表的文章，也每篇都寄给我们誊抄研习。父亲对我们中英两种文字的训练，最为注意。在中文方面，我们受益于双亲的教导和督促，远较学校教育为深。在印度时父母亲送我们到希姆拉一所天主教女校住读，主要的是为了那里英语教学的严格，使我们能打下良好的基础。在大学和研究院，我和妹妹主修的课程都偏重于文史，而父亲一生注重研究学问的工具和方法，和他的启示与指导，更是令我们受益终生。

一九五五年我在雪梨念完了大学，暑假中回到台北和父亲团聚。成了年的女儿回到父亲身旁，彼此间自有一番新的认识和了解。那时他主持编纂中国国民党党史的工作，恢复了留学时代和返国初期研究中国近代史的兴趣。他提倡现代化的保管和处理史料方法，并且有系统地编印多种原始资料，为治史艰巨的工作铺路。他最后十多年兼掌党史会和“国史馆”两个机构，虽然常感到财力和人力方面的限制，但是处理任何事务，无不一本他严谨的治学态度和毕生对文化事业的热忱。

记得那年在家，父亲要我帮忙修改一篇英文稿子。这是他为《国父画传》写的一篇传略，经别人翻译后，准备采用在英文版里。这篇译文略显平淡，不能反映出原文的简洁生动，自然不能令他满意。我们逐段对照斟酌，必要时索性重写，有些重要的字句，曾三翻四覆地商榷，直到最后合意为止。父亲在求学时代翻译过几本政治思想论著，以及一些戏剧和诗歌，对于这项工作的“信”“达”“雅”三大信条一向非常注重，历年来常见他写信给报刊编辑，指出某些重要译文中有欠正确或有失通顺的地方。

父亲多年从事教育工作所养成诲人不倦的精神，他的学生和同僚中知道较深较详的一定很多。我记得他在任何场合，不论是演讲、谈话、聚餐、婚礼，或者仅随意聊天，他对后辈总是不计时间精力去开导、启发。记得我童年参加过的婚礼中，很多次都是由父亲为他的学生证婚。他每次致词，除了祝贺新人互敬互爱外，总不忘劝告他们应当先打下事业的基础，再有计划的生男育女。苦口婆心的表情，至今历历如在我眼前。王康先生在他纪念父亲的专文里，描述到他的一次采访。由于当时王先生对于某项国际新闻的背景不甚熟悉，父亲自动为他详细解说，差一点使他错过了发稿的时限。这哪里是一次偶然的写照？许多离校已久的学生，多年不断地和父亲保持亲切的师生情谊，经常来向他请教，和他讨论各种学术或公私问题，足证他爱才之心，曾滋润过无数的胸怀。

在印度的时候，父亲看见大使馆的馆员们办公应酬以外，少有进修的机会。于是每周定时召集“读书会”，大家轮流报告专题阅读心得，每次必须讲述内容提要，评论著者的方法和立场，并解答别人提出的问题。在父亲办公室举行的“读书会”，我曾旁听过好几次，并记得一次是他自己报告玄奘《大唐西域记》。这种鼓励进修的办法，在驻外的使领馆中大概是为例不多的。当时对有些人或许是一种苛刻的要求，因为父亲以指导教师的地位，对选题、内容、分析等方面都是一点不肯马虎的。但是因而得益的，也一定大有人在。

父亲虽然一生从事教育、政治、外交及学术的工作，但是他豪放热情的诗人气质，从未被埋没，对艺术、音乐的爱好，也从未间断。他在大学和留学期间，对西洋诗发生了很强烈的兴趣。在西诗的翻译和中国新诗的写作方面，曾作过一番尝试。抗日初期悲壮的史实，更激起了他在新诗和歌词方面的创作，充分地反映出他悲愤的胸怀和坚强的民族意识。后来他选稿印成的一本《疾风》，是代表他那个时代“心灵的纪录”的新诗集。

父亲对旧诗的喜好和这方面的根基，从小便受我祖父的影响，创作量较新诗多。他爱在旧形式中创造新格调，来表达新的意识和感情。他敏锐的灵感，在凌竹铭（鸿勋）老伯的大文《悼念罗志希先生——并记西北同行一段回忆》里有很生动的描述。在那次考察西北漫长颠簸的旅途中，父亲的诗兴，对同行的伴侣发生了很大的解闷和提神的作用。凌老伯说：

西北走廊是沿一条绵长而枯寂的粗糙公路，越过乌鞘岭便渐进入戈壁滩。且时值夏季，热风吹来，亦甚闷人，每日走百余至二百余公里，相当苦累。而志希兄坐在我的左边，一路谈笑风生，偶然觉得他沉寂了一会，哪知他已成了一首诗。

他在车上作诗每由他口授，由我录下，递给后坐的几位同人传观，于是大家的无聊时光，精神为之一振。

父亲西北之行的途中，这样的即景“口占一诗”总数约二百首，返重庆前印成一册《西北行吟》。父亲每次旅行，多少在这方面总有所收获。他把他六十岁以前的诗，化了一年多的时间选定、加注、手抄，最后影印成一部《心影游踪集》，内分为《耕罢集》《滇黔寄兴集》《蓼莪集》《玉门出塞集》《海色河声集》《转绿回黄集》《天竺纪游集》和《海天俯仰集》等八集，代表他大半生旅程中的几个重要阶段。

记得战时祖父在贵阳病危。父亲从重庆赶往奉侍，因为交通不便，到达时祖父已不治寿终。父亲在极端劳顿悲痛中，把他在途中作成的三十首诗，写成一份放入祖父棺中。后来又印成《孤儿泪》小册，分赠亲友。这是他一生对祖父敬爱孝行的最高哀思表现，应足以告慰祖父在天之灵。

二十年前我结婚时，父亲在一本精美的册页里，写上二十八首他自己的新旧诗，作为他对我和外子含义深长的祝福，第一首是他充满了哲理的贺词：

爱力弥无际，智源瀹更深。

热情铸真理，长付有心人。

其他全是和我们家庭及我个人有关的诗，包括我爱唱的《玉门出塞》，和我离台后他重听我唱这曲歌的录音时有感所作的：

壮游诗为忆儿成，跃马天山不世情。（指登博达山寄女儿一绝）

重听玉门出塞曲，音波泪迹斗纵横。

父亲一生不知为别人写过多少诗词和联语，但是为我们写的，除了家书外，就是这本珍贵的册页。每次翻阅时，心情就和当初第一次展读时一样的激动。

我对音乐的爱好，自幼便受父亲的启发。他作词的歌曲，我每支都会唱。年岁稍长，也曾一度妄想在作曲方面下一点功夫。父亲曾打趣对我说："将来我写歌词你来谱曲，我们父女俩可以卖唱为生哩！"他虽未受过正式音乐训练，但对音韵和旋律具有天赋的理解和欣赏能力。他告诉我在德国留学的时候，正逢第一次大战后马克疯狂贬值。他的经济来源虽然有限，可是换成马克后，却比一般德国学生富裕些。他除了买书外，经常喜欢听歌剧，对华格纳以及其他名家的作品都非常熟悉。多年以后他听了交响乐和各种西洋乐器的演奏，仍不禁为之心荡神驰。在台湾他写的《交响乐的震荡》和《听琴》等新诗，通常都在中山堂音乐会中便在节目单上起草，回家后半夜不眠即完成了全稿，一两天以后便在报上发表了。

早在“九一八”以后，父亲便公开提倡以高尚而大众化的歌曲来振奋全国军民的爱国情绪。他主张歌词应作到易懂而上口，乐谱应富旋律而难忘。他一生所作的军歌、校歌以及抗日、爱国的歌词，共有数十首，多由知名的作曲家制谱，并在各时期普遍地流行过。有高度抒情性并富有爱国情绪的，是他最有名的《玉门出塞》，曾由李惟宁、唐学咏二位名家分别谱曲。相信千百年后每一个中国人唱了这曲歌，仍不免要与父亲对大西北的热爱有所共鸣。

经过了七年多的阔别，母亲于妹妹高中毕业后回到台湾和父亲团圆，重新建立起晚年的家庭生活。父亲自从印度归国后，九年多未出过国门。但在一九五九年至一九六三年这段期间，他却五次应邀参加在西欧、美国、南美、韩国及东南亚等地召开的国际性会议，沿途并考察各种学术性的机构，且作联谊性的访问。一向惯于长途旅行的父亲，对游历新地区和旧地的重游，虽仍抱浓厚的兴致，但是对行前的各种准备，开会时的宣读论文、讨论和应酬，沿途调换飞机旅馆，以及出入国境填表登记等琐碎事项，渐渐感到精力不够，必须作额外的透支。一九六〇年秋天，父亲曾在密西根和我们姊妹两家欢聚了十天。离别时看见他提着过重的手提包，蹒跚地走向飞机，一路还依依不舍地回过头来向我们挥手，我突然感到父亲老了。

那段时间我和妹妹在密大相继选择了中国近代史方面的研究，父亲自然更能直接予以指导和帮助，并随时为我们收集有用的资料。他给予我们鼓励和对我们的期望，使我们终生不能忘怀。可以告慰于父亲的是妹妹十多年来勤于教学研究，渐有建树，而我却因为努力不够而学以致用的机会不多，辜负了父母亲的一番栽培。惟一的愿望，是能对父亲一生的经历和事业，作较深入的研究和介绍，使后世能正确地认识他对近代中国政治与学术方面的贡献。

由于一个难得的机会，我和外子带着两个孩子于一九六二年秋天回到台北，在父母亲的隔壁租房住了一年多，享尽了宝贵的天伦乐趣。这时期我发觉父亲的确衰老了许多，而公务的负担却似乎有增无减，对各种开会、审查、评议等职责，更渐渐不胜其繁。白天他虽鼓起精神去应付，晚上回家则常显出身心疲惫，情绪低沉。终日做不完的事，看不完的稿件还不完的文债，更影响到他爽朗的性情和生活的乐趣。我们家人都为这种现象感到困扰，但是总以为如果他能有机会彻底休息一段时间，精神和心情一定都能够恢复的。无奈他坚强的意志和责任感，使这项计划无法实现。而且谁也没有想到，这些就是后来才诊断出老年性衰退症的初期征兆。

父亲七十初度的寿辰前后，许多亲朋好友、同事和学生为他和母亲举行各种庆祝，使他心情较为快慰。照片上他显得胖些，气色也好得多。我们都希望这是一个新的开端。可是他给我们的信渐渐少了，内容也渐渐短了，字迹更常经涂改。母亲看见他记忆力的日渐减退和情绪的日趋恶化，忧心如焚。一九六七年春天在台大医院体检的结果，证明是由血管硬化而引起的脑功能衰退，没有药物能够治疗。这种在西方很常见的老年症状，在中国却很少发生，一般人自然不能明了它的原因和后来。当主治医师们围绕他床前，劝他尽量减少工作，多多休息调养时，毕生最相信科学的父亲，已没法接受这项忠告，反而对他们讲说了一番他对国家的责任感，和鞠躬尽瘁的决心。

第二年暑假我带着孩子们回到台北时，看见父亲慈爱一如往常，但是健忘和错觉已使他不能再继续工作了。我陪他到荣民总医院再作检查，亲眼见到脑波图上电波纹时时中断；脑科主任和父亲谈话时，他竟答不出当天是什么日子了！对于一个智力过人、记忆力特强的人，这种病真是最残酷的折磨。所幸他除了莫名的急躁和懊丧外，已不能理解情况之不堪挽救了。母亲和我征得了亲友们的同意后，决定代父亲辞去了党史会和“国史馆”两机关首长的职务。当我把他的图章盖在辞呈上时，想到父亲一向是替我们作主张的，现在竟轮到我代他结束了他一生的事业，万端的感触，不禁涌上心头！

辞职以后，父亲仍念念不忘上班、开会等各种习惯。为了安定他的心情，母亲必须为他安排新的生活方式，并亲自照料他的起居和调养。身心的辛劳忧苦，反映在母亲消瘦和憔悴的面容上。幸亏她有坚强的毅力、深厚的修养、不渝的爱心，并能获到许多亲友旧好的关怀和协助，才能度过这段艰苦的时日。一九六九年六月，在妹妹返家后第二天，父亲突然因吸入性肺炎进入昏迷状态。住院急救后虽渐脱离危险，但因体质衰弱，肺部一直未能完全恢复。记得我带着孩子们赶回台北，走进病房时，他的喉头因装着钢管，很困难地才说出“你回来啦”，显出了无限的欣慰。我看见他病体的消瘦无力，却百感交集，竟说不出话来。

父亲在荣总住了整整半年，但最新的特效药，没能根治他的肺炎，许多人尽心竭力的照护，也未能使他的体能有显著的恢复。只有记忆力的继续减退，为他的情绪带来了相当的平静。那年暑假中外子返台，全家团聚一起计划为父亲祝寿。父亲见他回家，愉快的表情和从容的反应，使我们意外的高兴，希望不久可以接他回家调养。不料当他七十二整寿那天上午，我们带了蛋糕和寿面到医院向他祝贺时，他又开始发烧咳嗽了。当天下午病情转剧，再度昏迷，夜间又重行手术切开喉管。可是最新的医术药物，也已无力战胜可怕的病魔。父亲终于在十二月二十五日，那个风和日暖的下午，放弃了他最后的挣扎，离开了他热爱的家人、亲友、国家和这个世界，我抚着他柔软尚温的手，生离死别，像是梦幻，却又是无情的逼真！

父亲安葬在台北近郊山北投旁的阳明山第一公墓。四周丛林环绕，放眼远望观音山和淡水河，云边深处，便是隔海的大陆故乡。

[原载《传记文学》第三十卷第一期（一九七七年一月号）]

永葆青年的敏锐

——罗家伦文章选读

对五四运动的一些感想

生平不愿写应时应节的文章。最近几年，每逢五四前夕，《传记文学》编者总希望我写篇短文，介绍几张得来不易而尚未正式发表过的有关五四的照片（见下页中插图）。[①]这张照片不是参加五四运动的当事人所保存的，而是到台湾以后在一种偶然的机会下征集得来。图中可以看出军警包围北京大学逮捕学生及当日男女学生游行示威集合演讲的许多实况，对怀疑五四运动的人来说，真可以说是“有图为证”。

五四运动是一个学生爱国运动，但它所代表的意义并不止是单纯的游行示威，我们说它是受当时视为“洪水猛兽”的新文化新思潮孕育的结果，并不为过。自五四运动发生以

① 因为底本插图质量欠佳，故本书未予收录。——编者

后，社会观念变得非常剧烈，新文化运动更趋澎湃。五四运动与新文化运动性质虽不相同，精神却是一贯。国父孙中山先生对这两个运动非常重视。只看他在民国九年《致海外同志书》中说：

> 自北京大学发生五四运动以来，一般爱国青年无不以革新思想为将来革新事业之预备。于是蓬蓬勃勃，发抒言论，国内各界舆论，一致同倡。各种新出版物，为热心青年所举办者，纷纷应时而出，扬葩吐艳，各极其致，社会蒙极大影响。
>
> 虽以顽劣之伪政府，犹且不敢撄其锋。此种新文化运动，在我国今日，诚思想界空前之大变动。

北京大学，从前也是一个陈旧的学校。在京师大学堂时代，进士馆里，差不多每个学生有个当差。上课铃打了，由当差来请“老爷上课”。民国初年，北京出名的八大胡同里，谈到光顾的客人，则首称“两院一堂”。两院是参议院与众议院，一堂便是京师大学堂。到民国六年，蔡元培先生长校，以其人格的影响，变更了这个风气。他教训学生，来北大是为求学，不当为将来升官发财而来，也还不只是为个人求学而来，乃是要为国家为民族着想，为负起贡献世界文化的重要使命而来的。所以那时的北大，气象一变。

他更以广大的态度，集合了当代许多学者，在那里研究讨论哲学、文学、人生以及各种社会问题。文科教授办了一个杂志叫《新青年》，高揭文学革命的旗帜，已经够触目了；还要讨论社会问题，对于不合理的制度，予以抨击，使旧社会的人看起来更是大逆不道。不久学生中我们一班朋友，又办了一个月刊叫《新潮》，以“初生之犊不畏虎”的精神，支持这个主张，更为积极，于是愈触犯了卫道先生们的大怒。大家知道封建的残余势力，是以北方为根据的。军阀更是有一班无聊的文人和老朽官僚做卫星的。他们在道理上不能争胜，于是想用他们的护法金刚，以暴力来压迫、来摧残。但是态度谦和而主张刚毅的蔡先生，始终不为所动，公开地发表了一封《答林琴南书》，为新思潮张目。他们骂我们是洪水猛兽。蔡先生又发表一篇文章，叫《洪水与猛兽》，主张不可壅塞新思潮的洪水，却要先驱逐狰狞军阀的猛兽。在当时的环境之中，这是何等伟大的魄力！《新潮》以一个大学生的刊物，第一期出版不过一月，竟至三版，而销数竟达到一万。那时候这一班主张文学革命的教授和学生，更觉得批评和研究当代政治社会问题的重要，于是又合办了一个小型周刊，叫《每周评论》，专以短小精干的文字，讨论国际国内的现实问题。这是一个当时很有力量的刊物，风行一时。

国父是主张革命要先革心的人，他又是最能领导时代的人，于是他就教戴季陶先生集合同志，在上海办了一个《星期评论》，以新文化运动为主要的目标，而兼及政治问题。于是南北两个刊物，正如桴鼓相应。国父在这期间，更潜心他思想的系统工作，完成了他的《孙文学说》《建国方略》和《三民主义》等几部巨制。他又教胡展堂、朱执信、廖仲恺诸位先生办了一个《建设月刊》，更发挥他建设性的主张。他们和北大几个刊物的主持人常常通信，而且在刊物上常有讨论的文章发表。当时《孙文学说》和《建国方略》只有很少的几份流传在北方，也只有北大这几个刊物敢公开的响应。所以国父自此对北京大学以及邻校的朝气，尤其是在五四运动与新文化运动所表现的气度，常见其有不虞之誉。

五四运动到今年已经过去四十八年，将近半个世纪了。许多错误的印象仍有待于澄清，社会上仍不免对五四运动和新文化运动有种种的批评，有些是不了解一件事件的前因后果，有些是断章取义而表现出“卫道”的热忱太强烈了。他们以为五四运动和新文化运动是要毁灭中国固有的文化、毁灭中国固有的道德。他们硬说是新文化运动者，主张“非孝”，主张“手打孔家店”，主张把“线装书丢到茅厕里”。我有证据拿出来，告诉大家：当时提倡新文化运动主要的刊物里，从不曾提倡过“非孝”，讲“非孝”只是浙江杭州经子渊先生办的师范学校里的一个学生施存统，在该校刊物里发表过这么一篇荒谬的文章，引起了当地的轩然大波。“手打孔家店”乃是四川一位老儒名叫吴虞的引以自豪的话。至于把“线装书丢到茅厕里”，乃是我们的党国元老吴稚晖先生，当年鉴于科学不受注重，复古气压高涨，慨然有感而说的话，不过他底下还有一句，大家忘记了引用，就是“三十年之后，中国科学昌明了，再把这些书捞起来读”。可见吴先生这种话，是有时代性的，并不是要毁灭中国文化的。吴老先生是思想界的革命家，他当时补弊救偏的议论，正足以表示他的革命精神，知时而后可以论事，现在又何必讳言。

总之，我曾深切地指出，五四运动是受新文化运动的影响，而新文化运动也广泛地澎湃地由五四运动而扩大。新文化运动和五四运动一贯的精神，就是要使中国现代化。要使中国现代化，必须从思想现代化做起。五四运动已经过去了半个世纪，但就现代化的意义来说，仍是有待我们继续努力的一个方向。

［原载《传记文学》第十卷第五期（一九六七年五月号）］

五四运动宣言

现在日本在国际和会，要求并吞青岛，管理山东一切权利，就要成功了。他们的外交，大胜利了。我们的外交，大失败了。山东大势一去，就是破坏中国的领土。中国的领土破坏，中国就要亡了。所以我们学界，今天排队到各公使馆去，要求各国出来维持公理。务望全国农工商各界，一律起来，设法开国民大会，外争主权，内除国贼。中国存亡，在此一举。今与全国同胞立下两个信条：

（一）中国的土地，可以征服，而不可以断送。

（二）中国的人民，可以杀戮，而不可以低头。

国亡了，同胞起来呀！

民国八年五月四日上午十点钟，我方从城外高等师范学校回到汉花园北京大学新潮社，同学狄福鼎（君武）推门进来，说是今天的运动，不可没有宣言，北京八校同学推北大起草，北大同学命我执笔。我见时间迫促，不容推辞，乃站着靠在一张长桌旁边，写成此文，交君武立送李辛白先生所办的老百姓印刷所印刷五万张；结果到下午一时，只印成二万张分散。此文虽然由我执笔，但是写时所凝结的却是大家的愿望和热情。这是五四那天唯一的印刷品。

著者谨志

（原载《黑云暴雨到明霞》）

五四运动的精神

什么叫做五四运动呢？

民国八年五月四日北京学生几千人因山东问题失败，在政府高压的底下，居然列队示威，作正当民意的表示。这是中国学生的创举，是中国教育界的创举，也是中国国民的创举。大家不可忘了——列队示威，在外国是常有的事，何以我们竟把他看得大惊小怪呢？

不知这次运动里有三种真精神，可以关系中国民族的存亡。

第一，这次运动，是学生牺牲的精神。从前我们中国的学生，口里法螺破天，笔下天花乱坠，到了实行的时候，一个个缩头缩颈，比起俄国、朝鲜的学生来，真是惭愧死人哩！唯有这次一班青年学生，奋空拳，扬白手，和黑暗势力相斗，伤的也有，被捕的也有，因伤而愤死的也有，因卖国贼未铲除而急疯的也有，这种的牺牲精神不磨灭，真是再造中国的元素。

第二，这次运动，是社会制裁的精神。当这个乱昏昏的中国，法律既无效力，政治又复黑暗，一班卖国贼，宅门口站满了卫兵，出来时候飞也似的汽车，车旁边也站满了卫兵，市民见了，敢怒而不敢言，反觉得他们有神圣不可侵犯的样子。他们也未始不扬扬自道：“谁敢犯我！”哪知道一被手底无情的学生，把那在道的吓得如丧家之犬，被棍打得发昏个“二十一”，他们那时候才知道社会制裁的厉害！这次学生虽然没有把他们一个一个地打死，但是把他们在社会上的偶像打破了，以后的社会制裁，更要多哩！我敢正式告我国民道：在这无法律、政治可言的时候，要使中国有转机，非实行社会制裁不可！

第三，这次运动，是民族自决的精神。无论什么民族，却是不能压制的。可怜我们中国人，外受强国的压制，内受暴力的压制，已经奄奄无生气了，当这解放时代不能自由，还待何时？难道中国人连朝鲜、印度人都不及吗？这次学生不向政府、直接向公使团表示，是中国民族对于自决的第一声。不求政府、直接惩办卖国贼，是对内自决的第一声。这次运动是二重保险的民族自决运动。

总结以上的理由，我也不用多说了。只是高呼道：

学生牺牲的精神万岁！

社会制裁的精神万岁！

民族自决的精神万岁！

（原载《每周评论》第二三期，一九一九年五月二十六日）

学术独立与新清华

——民国十七年九月于国立清华大学校长就职典礼时演讲

在中国近代史上，革命的潮流常是发源于珠江流域，再澎湃到长江流域。但是辛亥革命的时候，革命的力量到长江流域就停顿了，黄河以北不曾经他涤荡过，以致北平仍为旧日帝制官僚军阀的力量所盘踞，障碍了统一的局面十几年。这回国民革命军收复北平，是国民革命力量彻底达到黄河流域的第一次，这是中国历史上一个新的纪元。国民政府于收复旧京以后，首先把清华学校改为国立清华大学，正是要在北方为国家添树一个新的文化力量！

国民革命的目的是要为中国在国际间求独立自由平等。要国家在国际间有独立自由平等的地位，必须中国的学术在国际间也有独立自由平等的地位。把美国庚款兴办的清华学校正式改为国立清华大学，正有这个深意。我今天在就职宣誓的誓词中，特别提出“学术独立”四个字，也正是认清这个深意。

我今天在这庄严的礼堂上，正式代表政府宣布国立清华大学在这明丽的清华园中成立。从今天起，清华已往留美预备学校的生命，转变而为国家完整大学的生命。

我们停止旧制全部毕业生派遣留美的办法，而且要以纯粹学术的标准，重行选聘外籍教授，这不是我们对于友邦的好意不重视，反过来说，我们倒是特别重视。我们既是国立大学，自然要研究发扬我国优美的文化，但是我们同时也以充分的热忱，接受西洋的科学文化。不过我们接受的办法不同。不是站在美国的方面，教中国的学生“来学”，虽然我还要以公开考试的办法，选拔少数成绩优良的学生到美国去深造；乃是站在中国方面，请西方著名的，第一流不是第四五流的学者“来教”。请一班真正有造就的学者，尤其是科学家，来扶助我们科学教育的独立，把科学的根苗，移植在清华园里，不，在整个的中国的土壤上，使他开花结果，枝干扶疏。

我动身来以前，便和大学院院长蔡先生商量好如何调整和组织清华的院系。我们决定先成立文、理、法三个学院。文学院分中国文学、外国文学、哲学、历史、社会人类五系。理学院分数学、物理、化学、生物、心理五系。我到了北平以后，又深深地觉得以中国土地之广，地理知识之缺乏，拟添设地理系，为科学的地理学树一基础。我们不要从文史上谈论地理，我们要在科学上把握地理。把我们这片庞大的疆域，用科学的方法，作有系统的整理，不是从书本作纸上谈兵，而是从地形学、地文学、测量学、制图学乃至航空测量学，以得到精密可靠的地理知识。至于工程方面，则以现在的人才设备论，先成立土木工程系，而注重在水利。因为华北的水利问题太忽视了；在我们附近的永定河，还依然是无定河。等到将来人才设备够了，再行扩充成院。法学院则仅设政治、经济两系，法律系不拟添设，因为北平的法律学校太多了，我们不必叠床架屋。我们的发展，应先以文理为中心，再把文理的成就，滋长其他的部门。文理两学院，本应当是大学的中心。文哲是人类心灵，能发挥得最机动最弥漫的部分，社会科学都受他们的影响。纯粹科学是一切应用科学的基础，也是源泉。断没有一个大学里，理学院办不好而工学院能单独办得好的道理。况且清华优美的环境，对于文哲的修养，纯粹科学的研究，也最为相宜。

要大学好，必先要师资好。为青年择师，必须破除一切情面，一切顾虑，以至公至正之心，凭着学术的标准去执行。经改组以后，留下的十八位教授，都是学问与教学经验很丰富而很有成绩的。新聘的各位教授，也都是积学之士。

科学是从西洋来的，科学是进步的，所以我希望能吸收大量青年而最有前途的学者，加入我们的教学集团来工作。只要各位能从“尽心教学，努力研究”八个字上做，一切设备，我当尽力添置。我想只要大家很尽心努力，又有设备，则在这比较生活安定的环境之中，经过相当年限，一定能为中国学术界放一光彩。若是本国人才不够，我们还当不分国籍的借才异地。一面请他们教学，一方面帮助我们研究。我认为罗致良好教师，是大学校长第一个责任！

至于学生，我们今年应当添招。我希望此后要做到没有一个不经过严格考试而进清华的学生；也没有一个不经过充分训练，不经过严格考试，而在清华毕业的学生。各位现在做了大学生，便应当有大学生的风度。体魄健强，精神活泼，举止端庄，人格健全，便是大学生的风度。不倦的寻求真理，热烈的爱护国家，积极的造福人类，才是大学生的职志。有学问的人，要有“振衣千仞冈，濯足万里流”的心胸；要有“珠藏川自媚，玉蕴山含辉”的仪容，处人接物，才能受人尊敬。

关于学生，我今天还有一句话要说。就是从今年起，决定招收女生。男女教育是要平等的。我想不出理由，清华的师资设备，不能嘉惠于女生。我更不愿意看见清华大门，劈面对女生关了！

研究是大学的灵魂，专教书而不研究，那所教的必定毫无进步。不但无进步，而且会退步。清华以前的国学研究院，经过几位大师的启迪，已经很有成绩。但是我以为单是国学还不够，应该把他扩大起来，先后成立各研究院，让各系毕业生都有在国内深造的机会。尤其在科学研究方面，应当积极的提倡。这种研究院，是外国大学里毕业院的性质。我说先后成立，因为我不敢好高骛远，大事铺张。这必须先视师资和设备而后定；二者不全，那研究便是空话。我上面指出来要借才异地，主要的还是指着研究院方面而言。老实说，像我们在国外多读过几年书的人，回国以后，不见得都有单独研究的能力。交一个研究实验室给他，不见得主持得好；不见得他的学问，都能追踪本科在世界学术上最近的进步；不见得他的经验和眼光，能把握得住本科的核心问题。所以借才异地是必要的。不过借才异地的方法，不能和前几年请几位外国最享盛名的学者，来讲学一年或几个月一样。龚定庵说："但开风气不为师。"那种办法，只是请人家来"开风气"，而不是来"为师"。现在风气已开，那个时期已过。我心目中的办法，不是请外国最享盛名的人来一短期，而是请几位造诣已深，还在继续工作，日进未已，而又有热忱的学者，多来"为师"几年。在这期间，我们应予以充分设备上和生活上的便利，使他们安心留看，不但训练我们的学生，而且辅导我们的教员。三五年后，再让他们回国；他们经营的研究室和实验室，我们便可顺利的接过来。我认为这是把科学移植到中国来的最好的办法。但是这需要不断的接洽，适当的机会，不是一下可以成功的。假以时日，我一定在这方面努力进行。

一切近代的研究工作，需要设备。清华现在的弱点是房子太华丽，设备太稀少。设备最重要的是两方面：一方面是仪器；一方面是图书。我以后的政策是极力减少行政的费用，每年在大学总预算里规定一个比例数，我想至少百分之二十，为购置图书仪器之用。呈准大学院，垂为定法，做清华设备上永久的基础。我想有若干年下去，清华的设备，一定颇有可观。积极置办设备，是我的职责；但是我希望各院系动用设备费的时候，要格外小心，我们不能学美国大学阔绰的模样。我们的设备当然不是买来当陈设的；我们也不能把任何设备准备到“得心应手”以后，才来动手做研究。我们要看英国剑桥大学克文的煦（Cavendish）物理实验室的典型。这个实验室在一八九六年方得到一次四千镑的英金，扩充他狭小的房屋及设备；一九〇八年才另得一项较大的数目，七千一百三十五镑英金，来做设备的用途。当一九一九年大物理家卢斯佛德教授（Rutherford）主持该实验室的时候，每个部门的研究费每年不过五十镑，而好几位教授还要争这一点小小的款子，来做研究。但是这个实验室对于世界科学的贡献太大了！

我站在这华丽的礼堂里，觉得有点不安；但是我到美丽的图书馆里，并不觉得不安。我只嫌他如此讲究的地方，何以阅书的位置如此之少；所以非积极扩充不可。西文专门的书籍太少，中文书籍尤其少得可怜；这更非积极增加不可。我以为图书馆不厌舒适，不厌便利，不厌书籍丰富，才可以维系读者，我希望图书馆和实验室成为教员学生的家庭。我希望学生不在运动场就在实验室和图书馆。我只希望学生除晚上睡觉外不在宿舍！

至于行政方面人员的紧缩，费用的裁减，我已定有办法。行政效率不一定是和人员之多寡成正比例的。我们要做到廉洁化的地步。我们要把奢侈浪费的习惯，赶出清华园去！

还有一件事我不能不提一下，就是清华基金问题。几个月前我担任战地政务委员主管教育处来到北平的时候，知道一点内幕，我现在不便详说。其中四百多万元的存款，已化为二百多万元。有第一天把基金存进某一银行去，第二天这某一银行就倒闭的事实，这不是爱护清华的人所忍见的。我当沉着进行，务必使他达到安全的地步，这才使清华经济得到稳定。各位暂且不问，这是我的责任所在。我更希望清华改为国立大学以后，将来行政隶属上，更能纳入大学的正轨系统，使清华能有蒸蒸日上的机会。

总之，我既然来担任清华大学的校长，我自当以充分的勇气和热忱，来把清华办好。我职权所在的地方，决不推诿。我们既然从事国民革命，就不应该有所顾忌。我们要共同努力，为国家民族，树立一个学术独立的基础，在这优美的“水木清华”环境里面，我们要造成一个新学风以建设新清华！

（原载《文化教育与青年》）

中国大学教育之危机

现在提出一个问题来向各位报告和讨论，就是目前中国大学教育之危机。大家都知道国内各方面希望于大学教育的非常殷切，而大学教育是否能符一般人的希望，实是一个疑问。兄弟这几年来继续不断的办理大学教育，已有八年，在八年中间，目击身受的事情很多，所遇见的困难也不少。总理说：革命的基础在于高深的学问。但是中国目前研究高深学问的机关的状况究竟怎样，我们不能不加以深切的反省和考察。一个国家的现状，往往就是过去大学教育的反映。现在中国的情形，正可以说是十年以前中国大学教育的反映。（当然，中国的教育情形比外国复杂得多，除了国内的大学教育以外，还有国外大学教育的影响。）无论政府与党部各机关服务的人员，大多是十年或五年前受大学教育的人。现在国家到此地步，老实说一句，我们十年或五年前受大学教育的人，至少应该负大部分的责任。现在这样，再看后十年的情形也是这样，后十年的国家时事，就是现在大学教育的反映。现在的大学教育好，将来的情形也就会好；现在的大学教育坏，将来的情形也就会坏。后之视今，犹今之视昔。想到这一点，我们实在有点觉得不寒而栗！

教育的目的，在培养国家和民族的元气，本来是不能计近功的。目前国家不知有多少重要的问题需要解决，而尤其急需着手的，莫过于民族生存的力量培养问题。在这一点上，现在的大学许多不能符合全国人民的希望。现在中国的大学。所感到的困难很多，有的是自身应当解决的，有的乃是在本身以外的。举其较重要者，约有下列几端：

第一是基础教育问题，我们知道大学是教育最后阶段的陶冶，而每个青年，从家庭、幼稚园、小学而至中学，大部分的性情在入大学以前，已经陶冶成功一个畴范。要在大学教育的短短四年中间，加以改革，把根基不好的重新建筑一新，是很不容易的事情。这几年来，国内中学大部分实在办得很有缺陷，而大学直接与中学相衔接，因之也受到很密切的影响。固然中学办得好的也是不少，不能一笔抹杀，但大部分的中学实在办得太坏。兄弟这几年来大约考过两万以上的高中毕业生，每年至少要与二三千以上的中学生接触，发现现在中学生的缺点太多，尤其基本知识的训练太过贫乏。国文的试卷，不论文言或白话，通顺的很少，外国文之坏，也出乎意料。从前的大学预科程度相当于现在的高中，过去大学预科毕业的学生，大多能够直接看外国文书籍，而现在的高中毕业生能够看原版书籍的，就不多见了。中国人是向来讨厌数目字的，“大概”“大约”等笼统副词每每是中国人的口头禅；一般中学生也都有讨厌数学的倾向，因为文艺书籍的引诱，常常以“性情不近”为理由，就将数学一笔抹杀，这实在是最危险不过的事情。现在的科学是建筑在数学上面的，数学打进去的学术才能确定成为科学。譬如数学打进了天文的范围，天文学就成为准确的科学；其他物理学、化学、心理学、经济学等也莫不如是。这几年来各大学生入学考试，一千本数学试卷中间，打零分的总在五百本以上，数学程度低劣到这个地步，还谈什么科学的研究！此社会科学中间，史地程度之坏，也是无以复加。这一点影响民族精神很多。有一次某大学新生入学考试，西洋史试题中有一问题：“凡尔登在何处？在欧战中占何重要地位？”有人答道：“凡尔登在江苏阜宁县，地位非常重要，如果西洋人听了，就有亡国灭种之忧。”又问：“日俄战争在何处发生？”有人答：“日俄战争发生于香港、广州之间，日本人用飞机炸死许多广东人民。”又有一次问：“鸦片战争始于何时？终于何时？”有人答：“始于明朝，终于元朝。”诸如此类，简直是骇人听闻。现在国内无论哪一个大学，新生入学试验成绩全部在六十分以上的，很难到百分之一二。当然我们并不是因为大学办不好，来责备中学，大学办不好，办大学的人固然应负之责，但是中学是大学的基础，假使大学的一二年级还要拿来补习中学的功课，则四年的光阴如何可以支配。兄弟目击身受，感触太多，所以止不住多说几句。当然对于办理成绩卓著的几个中学，依旧表示十二分的钦佩。

第二是大学本身课程不甚适合实际要求，而且往往教学不认真。许多基础教育缺陷的中学毕业生到大学里来，大学加以切实整理，已属难事，何况大学本身的课程，也有缺陷。现在中国的大学课程往往太多，名目太好，而实际不能相符。拿中国国内大学的课程和国外有名的大学相比，恐怕它们都远不及中国的完备。大家都说，大学不是灌输知识的地方，是研究学术的场所。这话很好，德法的大学，尤其能符这种企求，但是德法的中学生是受过怎样的训练！例如德国的中学学生，在第八年已经读完微积分，和许多基本的科学；读文科的除希腊、拉丁文之外，至少还读好一种外国文字，可以看书。经过这样长期的铁的训练以后来进大学，自然可以切实进行研究的工作。美国的情形，便稍有不同，所以美国的大学比较严紧，学生的听讲笔记和实习报告，都是要限期呈缴的。中国现在的大学，则因陈义过高的结果，弄到教课既感不足，研究亦复不够。至于功课的组织，也成问题，希望国内学者，能急起指教。现在国内大学的功课，往往缺有机体的组织，应用的对象也不甚确定。按照中国的实际环境，我们究竟需要造成哪种研究最切，哪种人才最殷，实在值得我们慎重的考虑。大学的功课本有许多是不计近功的，如纯粹科学原理的研究，本来很难指定其有什么用途。譬如牛顿发明三大定律的时候，决想不到后来在机械方面会有这么广大的利用。这种纯粹科学的研究，自然需要，但是时代和环境所需要的学问，也同样需要。因为做纯粹的学者，以谋对于人类知识总量的贡献，虽属可贵，却不能期之于人人。大学的经费来源是国家的税收，是出于人民的负担，所以大学对于国家民族的生存问题，不能不负一种责任。大学的课程，断不可把外国大学里好的都采取过来，还要问问自己国家民族的需要。譬如研究植物的人，断不能只知道外国的植物，而不辨乡里田园的蔬果。又譬如学财政经济学的人，只知道马克思、蒲鲁东、李嘉图、亚丹·斯密士的学说，而忽略了本国经济的情形和田赋租税的状况。环境要认明，对象要确定，这样则学的人也就易于感受兴趣了。

第三就是感觉到设备不充分。中国的大学，设备大都不够。工欲善其事，必先利其器。现代的科学，尤其是需要设备的。设备是研究学问的重要工具，也是研究学问的重要鼓励。办教育的人，应当节省任何费用，以从事设备，国家也应当尽力补助学校经费，指定不为扩充行政之用，而为其增加设备之用。中国是穷的国家，我们决不是也决不当拿设备来做装饰。设备当以实际研究的工作为对象。利用设备的人，也应当体念民生物力之艰难，充分爱惜，充分利用。西洋也有几个学者，在不完备的实验室里，倒有很好的成绩，以后到富丽堂皇的实验室里，成绩反不如前的现象。不过就国家立场，要就不办大学，要办大学，便应当把它的设备弄好来。还有因为大学科系性质重复的太多，未加整理，以致同样初级的设备太多。高深的设备，因经济分散，反而太少。这也是可惋惜的事。

第四便是感受师资人选的困难。这或者也是因为大学太多的缘故。中国的大学，依照人口作比例，当然不算多，但就延聘师资而论，则中国的学者实在不敷支配。因为愿意一生一世献身于学术研究的人，虽然也有，却也不多，这种现象不只中国如此。在中国更加上政府与学校抢人，学校与学校抢人，于是人才更感恐慌。现在政府的行政效率，无论怎样，但是任用留学生与大学毕业生数量之多，确为从来所未有。学校经费较为困难，以致教授待遇不及政府人员之优厚。如普通大学教授的待遇，至多不过三四百元，而政府荐任官吏，可以高至四百元，简任官吏高至六七百元，所以与其在大学做一教授，不如在政府做一技正或科长、司长。大学教授的待遇如果不能提高到相当限度，要大家安心研究学问，恐怕是很困难的。

照上面说来，中国的大学似乎很难办好，其实也不尽然。我们只要明白症结之所在，而有整个计划与决心以赴之，是可以根本改进的。大学办不好的原因，有几点是属于大学本身的，当然应该自己去努力；也有几点是属于大学以外的，当然需要各方面的通力合作。第一，基本教育应严格办理，尤其是中学。学生基础不好，补救实在困难。政府对于各公私立中学，也应严加考核，去年实行会考以后，各大学入学考试的成绩就比较好一点，这也是一个很显明的证据。同时，大学对于新生的录取，也应严加选择，因为大学教育本不是普及教育。就是苏俄的教育计划，也只听他们努力造成多少万工业技术人才，没有听说他们扩充多少万大学生名额。可见大学应该重质不重量。质好了，一个人可以抵几个人用。现在美国和日本都感觉大学生太多。中国的大学生虽然不能说多，但大学毕业生及其失业者的比例，却是很大。有许多毕业生社会简直无法容纳，尤其以在法科毕业的为最多。所以我们主张，第一步中学严格办理，第二步大学严格考录新生。每一个大学生，按每年国家所费于他的钱平均来计算，约在一千元以上。这都是老百姓的血汗，全国人民的担负。所以如果不想造就人才则已，否则就要使造就的人才个个精纯，个个有用。第二，办理大学应有确切的方针。分别认清学术的本体和环境的需要，使课程的组织成为精密而系有机体的。既定以后，就须严格执行，不以虚声相向，不求名目好听，务使其对于民族生存问题，发生密切的连锁。若是大家把课程的对象和意义认清楚了，不但可以助长学术的发展，并且可使学的人也知道努力的方向。第三，要集中人力财力，先从整顿几个重要的大学着手。政府应该下决心，首先尽力发展几个大学。集中有限的财力和人力，充分给予经费，以供设备。把几个大学整顿好来，才能造成新的学术重心。所谓转移学风，不是下几道命令可以做到的，唯一的方法，是要认定几处地方，集中一批真能努力研究的学者，予以较优的待遇和充分的设备，让他们以身作则，天天在研究室里做功夫，做出一些榜样给学生看，使青年知道真正的学问是什么，是怎样做成的。不愤不启，不悱不发。这种事实的昭示，实在重要。如果能使青年天天目濡耳染，潜移默化于这种浓厚的学术空气之中，自然能够兴奋，自然能够走到学术建设的路上去，自然能有好的学风发生。若是再能通筹全国大学之内容设置，把各重复的院系，予以合理化，也可使人才经济，都宽裕得多。譬如某一都会，共有六个心理学系，分设各大学之中，对于心理学可谓注重极了。但每系学生人数，都很有限；教授却也要有相当人数，方能分担各种应用的功课，以致许多很好的学者，每耗费精力于担任初级课程，研究的时间自然少了。这也是经济人才经费之道，值得注意的。

现在大学生的不能得到社会的信用，或者有人责备社会不好，以为社会没有同情，不肯扶植，甚至于排斥大学生。我们站在大学方面对于这种论调，也有同情。但是从社会方面看起来，则以为大学生的信用所以不能树立，是因为大学太过于粗制滥造的缘故。几年来兄弟也曾参与主持几次留学考试，和与研究院性质相似的学校考试，感觉到外间的责备，不无可以原谅的地方。有一次口试的时候，兄弟问到一位大学毕业生："井田是一种什么制度？"他说："是日本人。"更问道："赤峰在何处？"他说："赤峰是日本的一个海岛。"我们不禁喟然长叹，知道热河之亡，不只是亡于汤玉麟。大学毕业生不知道赤峰是中国的领土，中国还不应该亡吗？这当然是极端的例，不是以律一般，但是说出来也可以供我们警惕一下。所以国家对于大学首先要有通盘打算，继之以严格办理。国家究竟需要特别发展哪几种学问，造出来的人才应如何容纳，都应当打算进去。务必人不滥造，造就一个就有一个的用处。不然，学生毕业后就要失业。一毕即失，岂不糟糕！年来政治与社会之不安，都是肇端于此。现在社会紊乱的情形，使学生在未毕业以前，睁眼一望，就觉害怕，所以活动的学生在学校里就想出种种风头，也有甘愿受人利用的。他们希望将来的出路，是其中一个重要的原因。甚至对于系主任和教授的批评，不以其学识，而以能否将来替自己找出路为断。这虽是例外，并不尽是如此，但是已经可以使学术前途发生悲观了。

从前曾国藩谈用人，注意三事：一为转移之道，二为培养之方，三为考察之法。经过以上三个阶段，才能训练出一个真正的人才。现在的学校至多不过做到转移和培养的一部分工作；进一步的培养和考察，则有赖于青年问世以后的社会。在紊乱的社会之中，主管人员对于用人一项，往往不问被用的人的人格学问，而只问其背景如何，谁人介绍，以为登庸的标准。这样社会的组织，真是危险极了！用人自然不限于政府，一般社会也能容纳许多人才。所以我们现在不但需要一般国家的事业发达，并且需要一般社会的事业发展，方能解决大学毕业生的出路问题。如美国的一般大学毕业生，都不愿意走到政治路上去，就是因为工商业方面发展的机会很多，而且前途的希望较好，大家何必挤到政府里去抢饭吃？譬如福特一个人，他公司里的员工就有几十万人，全世界各重要都市都有他的分公司和办事处，比公使馆、领事馆还要阔气，他宛如终身的小诸侯，何必定要做总统？但在中国则不然。中国的各种事业太不发达，而官厅很发达，并且许多官厅里冗员既多，事务轻减，报酬也较丰，于是青年都不愿到农村里去，而愿集中于都市。明明知道失业很痛苦，但是失业也愿等候。明明知道职业不稳定，但是可以舒服一天，还是舒服一天。像这样情形，不但政治不安，而且社会道德也一天一天的堕落下去。假使各种工商企业一起发达起来，其希望待遇，都较官厅为好，则青年自然望风景从，其精力既有所发泄，其事业心也可以发展。既有领袖欲的人，也可以借此发挥，用不到大家挤到政治界里去，你爬在我背上，我爬在你背上，结果一齐掉深坑，同归于尽。至于新事业可以吸收大部分的人才，是显著的事实。例如新近通车的杭江铁路就可证明。有天曾养甫先生和我说，杭江铁路任用国内外的大学毕业生约有四百人。请看一条六百三十多里的轻轨铁道路，已经可以容纳这许多人，则其较大规模的事业，自然不必说了。这一二年来，有一个可注意的现象，就是大学农工理三科的毕业生出路较好，而政治经济法律等系的毕业生则特别感到就事的困难。因此这几年来青年升学的趋向也有改变，投考理工农三科的人，比投考文法的人来得多。北方的大学有此现象，南方大学也有此现象。这是一个健康的征兆。这还是因为近来政府东设工厂，西设农场，南造铁路，北造公路的缘故。但专靠政府，总是有限。若是社会上各种事业，一齐发达起来，那前途更可乐观了。

至于文法等院毕业生的出路，则大部分要靠政府容纳，政府为拔取真材，澄清吏治，安全社会起见，应该严格实行公务员考试制度。现在两年一次的高等考试，还是不够的，应该年年举行，给优秀大学毕业生以充分的服务机会。现在各机关用人，大都要靠介绍信，实在是不好的现象。弄到像兄弟这样不足重轻的人，一年不知道要写多少封介绍信出去，明知无用，然而要信的人非要你写不可。这是因为政府登庸进陟，并无确定的方法，于是谋事的人，奉一纸八行书为至宝。那找不到旁人的于是找到我，真是惨极了。西洋各国则公务员的任用大都有确定的制度，其中以英国的为最好。美国从前的仕途也是很乱的。十九世纪美国有位大总统杰克逊（Jackson）便公认当时官吏任用制度为分赃制度（Spoil System）。他还为这种制度辩护，说是很好，借此可以使政权轮转，免得偏枯。于是政党交替之际，不问青红皂白，把异党的旧人，一概赶掉，政治成为轮盘赌，影响自然坏极了。以后社会上起了多年的运动，以前的大总统罗斯福尤为努力，于是逐渐采用公务员考试制度。现在美国联邦的官吏约有六十余万人，其中有四十五万是经过考试而后任用的。还有十五万人，不免受政党变更的牵涉。然在英国则内阁更替，不过调换几个部长，下面的事务人员，绝没有调动的危险。所以无论内阁改组多少次，政治决无纷乱。说到中国，则“一朝天子一朝臣”；没有八行书，就换不到委任状。真是笑话。大家要认识确定公务员考试制度，是澄清吏治的先决问题。第一届高等考试录取的人员，事实上百分之九十五已有实职。第二届录取人员，也已分发。但是我总觉得一般人对于高考，总还没有达到应有的热心。国人对于高普考试的信仰心，也还未确立。有其他侥幸的路子可走的人，还是走侥幸的路子，不愿意咿咿唔唔从三考出身。这都是因为怕考取了以后，政府无法位置，分发各机关里去坐冷板凳的缘故。然而在政府方面，也同样感到困难，若是考取一百个人就要添一百个官，那不是高考录取愈多，政府官吏愈多，老百姓担负愈重吗？要确立大家对于考试的信仰心，要真正澄清吏治，我以为每届高考或普考的时候，非抽调各机关现有的公务员来考不可。每届至少抽考各机关公务员百分之五或百分之十，并不妨害这机关公务的进行。取了则准他复职，并加一重保障；不取则以新取的人递补。这样一来，不但全国的人对于考试制度，确切信仰，并且现任公务员也有所警惕，常常研究，不至离开学问，无用的人员，不裁也就自裁了。像这样有系统的进行，在十年或二十年之内，能够把中国公务员任用制度树立，且能为青年展开希望，为社会保持公道，并间接的促进大学教育的发达，关系诚非浅鲜，否则，专靠八行书任用官吏，吏治永远不会清明，政治永不会上轨道。

最后，兄弟希望全国人民，认清大学教育如果办不好，实在可以危害民族的生命。所以社会对于大学，应该取爱护扶植的态度，尤其绝对的不要利用青年。大家要知道，利用未成熟的青年，不啻斫丧国家民族的元气。因为青年的光阴非常短促而且宝贵，我们不可使他浪费，千万不要给他们不纯洁的印象，而且要充分培养他们的人格，给他们高尚的理想，使他们望见前途的光明。不要使他们脑筋里充满了低等唯物的观念，抛开学问而从侥幸里面求出路的心思，这便是斩断了他们前途一线的生机。国家的元气，也因此受了无穷的损失。我们要知道中国此后所需要的，不是奔走开会，小智自私，要发挥自己小领袖欲的人，乃是沉着迈进，有专门知识和切实办法，公忠无我，以为国家社会服务的人。要有这样的人，才能解中国的问题。我们万一自己不能看见中国复兴和强大，我们还希望下一辈的人可以看见！

（原载《文化教育与青年》）

新乐教

——一九三三年在国立中央大学艺术科音乐组讲

音乐不但可以表现个人的心情和意向，而且可以代表民族的心理和精神。前者是大家都知道的，后者凡是读过《左传》里吴季札观乐那篇描写音乐的妙文的人，谁也不能不承认。

可是音乐的功能尚不只此。音乐还能改造民族的心理，振刷民族的精神。

我们中国乐教的被忽视太久了！

我常常对大家说过：中国古代的教育里，礼乐是联在一起的。以后礼乐分家，礼就变成干燥无味的繁文缛节。古时的诗歌也是和音乐配合在一道的，以后诗歌和音乐分离，文学和音乐双方都受损失。

根据我这种深切的认识，所以我来掌中大不久，即尽力整理和扩充音乐组。本来中大音乐不过是艺术科里的一组，现在我并没有把组织系统变更，只是先把这组充实。本学年除三位本国籍的教授而外，从奥国维也纳大学新聘来的斯达司博士已经到了。更加上在首都的德国女钢琴家史培曼夫人、声乐家威尔克夫人等三位，使这个组里的教学人才，盛极一时。我今天和音乐组全体师生见面，颇觉得彼此心理上有一种音乐的和谐。

音乐固然可以供个人的欣赏，陶冶个人的心灵。然而音乐最能发展群性，培养群里和谐的精神，协调的动作。可是我们中国的音乐，无可讳言的，在这第二方面颇感缺乏。尤其是中国的雅乐，真是一种书斋里、客厅里音乐（西洋称之为 chamber music）。拿七弦琴来讲吧，我记得只有一次，当年我在北京做学生的时候，暑假住在西山静宜园的见心斋里，于明月之夜，古峭的白皮松下，幽咽的溪水旁边，听一位山东老琴师王心余先生，弹《高山流水》《平沙落雁》的曲子，真能使我幽然神往。但是以后每到音乐会里，凡是遇着演奏古琴的时候，却没有一次不听见台下吵得一塌糊涂。台下的人既然听不见，哪有不吵之理？所以有一位京剧的戏迷，认真问我《空城计》的戏情是否真的？我带笑地回答道："我实在不知。我只知道七弦琴的声音，座位隔远一点就听不到，何况隔了城楼上与城墙外很远的一段距离。纵然

‘万马齐喑’，司马懿如无‘顺风耳’，不知如何能够听到琴声？你如不信，何妨到奏古琴的音乐会里试试。”我说这个故事，不是为了开玩笑，乃是说明中国音乐的幽雅，不适宜于演奏在广大的群众前面。它的群性太淡薄，山林隐逸的气味太浓厚。

中国音乐的群性太少，不只是由于乐器声浪的高低，乃是由于音乐组织的方法不同。中国音乐的构造只有旋律（melody）而无和声（harmony），譬如织绸织布，只有直的经线，没有横的纬线，是织不出什么花样来的。而西洋音乐注重的却是和声，所以能有四部合唱，而且真能做到一唱百和。我在德国游山的时候，于深山之中，每听见这个峰头若有人唱一句名曲，则他峰常有他人会发出四部合奏里配合好的和声。拿中国的京剧来说，我们也常常听见有人吊嗓子，高唱着“我好比，笼中鸟……”，可是听到这唱词的人能够和他吗？若是大家真和起来，那笼中鸟未免太多了！

或者有人以为我们太注重西方音乐了，何不以此种精神用来提倡中国音乐呢？这是因为两种音乐的组织不同，时代的需要不同，我们一方面无法同时兼顾，一方面也只能急其所当急。本来音乐是一种人类共同的语言，乐理是人类可以通用的原则，乐器则更是各地可以通用的工具。我们可以尽量采取他人音乐已经发达到高深完备的部分，正不必故步自封，深闭固拒。正如现在学物理学、化学的人，不能因为物理学、化学发源不在中国，用的不是中国的符号，我们就不学它。纳粹主义者硬要说他们有“德国物理学”“德国化学”，其实德国学者对于物理学和化学的贡献虽多，但是德国物理学、化学实验室里所研究的，还是和世界各国实验室里所研究的物理学、化学一样。这种态度，我们千万不可采取。

至于中国音乐里，由外国输入的成分来自很多地方，其中最多的是来自西北和印度。讲调子则“八声甘州”“凉州曲”“伊州曲”等等，都标明是从西北来的；“梵曲”是从印度来的。至于乐器，则笛称“羌笛”，鼓称“羯鼓”，笳称“胡笳”，琴则一种称“胡琴”，一种称“洋琴”，琵琶更是译音，这不都是已经标明来历了吗？谈到中国的古乐器，则除了琴瑟等少数几种而外，谁听过“伯氏吹埙，仲氏吹篪”的埙篪？有人把愈是不知道的东西，愈讲得神妙。当我在法国留学的时候，有一天晚上我到一个公开演讲会，去听使馆里的一位谢先生讲中国文化。谢先生法文说得极好。他讲到中国音乐的时候，尽力形容七弦琴的美妙。他忽然兴奋起来了，说道：“你们不相信吗？我拿给你们看！”说罢，向讲台底下一抽，抽出一把胡琴来！我当时感觉到啼笑皆非！

音乐有它时代的需要，就是说每一个时代有它对于某种音乐的要求。这不但是为了要表达它的“心声”，也是为了要配合它的生活。我不曾听过唐太宗的《秦王破阵乐》是怎样一个调子，想来是很雄壮的。它纵然是很雄壮，却断然不能替代今日的军歌，或是我们将来要奏的凯歌。现在主张用中国古时音乐的人，能不能在欢迎贵宾来到的时候，奏一曲《梅花三弄》；送他起程的时候，奏一曲《阳关三叠》？何况那可使步伐整齐、精神振奋的军乐，尤其是大军出发上阵时的进行曲。

我认为将来我们一定会产生一种新时代的中国音乐！我们只要把进步到现阶段的乐理研究好了，音乐和各种乐器都训练纯熟了，那有音乐天才的人，作起曲来，自然就会把中国人的情绪，中国人的感觉，中国文化在中国人心里积下来的潜意识，不知不觉地流露出来，发挥出来！这才真是这时代中国的音乐，这才是中国民族现在所渴望、所要求的音乐！我知道弹唱和作曲互相启发的关系，非常密切，可是音乐演奏所能达到的范围究竟有限，而曲谱的流传则更为广泛和悠久。所以我希望各位对于作曲有关的课程，特别注重，为将来产生新名曲的准备。

我们中国的乐教被忽视太久了！现在正是我们用音乐改造民族心理、振刷民族精神的时候！

（原载《文化教育与青年》）

文化的修养

在现代机械文明工业社会里面，谁都容易感觉到生活的紧张干枯和单调，因此而更感觉到厌倦烦闷和不安。有的是情感的刺激，无的是情感的安慰。刺激多了，不是神经的麻木，就是情感的横溃，甚至于由厌倦而悲观。在平时如此，在战时为尤甚。

知识的训练要紧，生产的方式要紧，工作的效率要紧，但是情感的调剂至少也同样的要紧。一张一弛的道理，不只是适用于调弓，而且适用于人生。人生的弛是必需的，但是这"弛"不是等于放纵，不是等于懒惰。要求"道德的假期"是无补而且有害于人类心灵的。让我们把眼光转移到文化的修养上去吧！

麻木、横溃和悲观固然要不得，但是做人到粗俗、犷悍、鄙吝、傀野的境地，也是十分的可厌。若是只讲物质文

明的享受，而无精神文化的修养，结果一定到粗俗、犷悍、鄙吝、�野的境地。

有几位西洋的文化哲学家，常是给文化（culture）与文明（civilization）两个名词，以不同的涵义，至少他们把这两个名词的着重点看得不同。德国人所谓文化（kultur）的涵义，固带日耳曼文化特殊的色彩，但是他们看得“文化”与“文明”的分际，似乎格外明显。他们用这两个名词的时候，于不言而喻之中，总觉得文明是偏重物质的、外界的，而文化是精神的、内心的。一个民族尽管没有许多物质文明的发明和享用，但是他却有优美文化的表现和享受。人们能在不知不觉里，流露他持身处世的德性，超凡越俗的领会，美丽和谐的心灵，这一切都是民族文化和个人浸淫在自己民族文化里的结果。纵然他没有飞机旅行，没有电梯代步，没有抽水马桶使用，但是我们能不尊重他吗？能说他没有文化吗？

更具体一点说罢。找一个非洲的布须曼（Bushman）族的人来，把他放上飞机他一样能旅行，拖上电梯他一样有代步，拉到新式的厕所里他一样能使用抽水马桶——若是教会他如何揿那简单机钮的话。但是把他请到欧洲的大美术馆里看拉斐尔（Raphael）的名画，他就要觉得反不如他们山洞里画的马面牛头；到著名的音乐院里听贝多芬（Beethoven）的音乐，他就要觉得反不如他们赛神跳舞时的木钲战鼓；到图书馆里看莎士比亚的名著，他更要觉得不如他们祭司的神符鬼箓。可见文明的结果是容易享受的，而文化的结晶是难于领略的。

若是“文化”这个名词是译西文 culture 这个字的话，我认为不但非常满意，而且格外优越。中国先哲对于人生的教育和社会的文化，是认为要文质并重的。“质胜文则野”是孔子的名言，必须要“文质彬彬”，然后能成为“君子”。这个“文”字有很博大的意义，包括丰富的生活方式在内，绝不是“文绉绉”的“文章之士”所可窃为已有的。“化”字的意义尤妙。圣哲固须达到“大而化之”的境界，就是普通的人也可以受到“潜移默化”的影响。可见文化是弥漫浸淫在整个民族之内的，更非一个特殊阶级的人所可假借。文化是民族心灵的结晶，文化也是民族精神方面的慈母。要提高民族道德，非提高民族文化不可。道德虽然可以说是文化的一部分，但是它却是硬性的、直径的部分，文化的全部是含煦覆育，如春阳一般，温暖到每个人内心的。

我们要每个人都能注重到文化的修养，从而扩大到整个民族文化的修养。这是没有问题的。现在的问题是如何能进行个人文化的修养？

当然学问是修养的要素。中国古话说“学问深时意气平”，正是学问能影响修养的一种表白。当然经验是修养必经的过程，不经过种种的磨炼和波折，哪能陶熔出人生真正的修养？然而我现在着重的不是这显然的真理，只是大家常常忽略的部分——情感，也可以说是情感影响到心灵的部分。

要陶冶情感，莫善于美的教育，所以我从这方面提出三件特别有关美育的文化来讲。

且让我先谈文学的修养。文学不仅是说理的，而且是抒情的；不仅是知识的凝合，而且是愿望的表现；不仅是个性的暴露，而且是悲欢的同感；不仅是通情达意的语言，而且是珠圆玉润的美术。文学不仅可作发扬情绪的烈焰，而且可作洗涤心灵的净水。“诗可以兴，可以观，可以群，可以怨”只不过是昔圣对于一部分文学的赞美。文学是要提高人生“趣味”（taste）的；真有修养的文学家，有些事决不肯干；他却不是持道学家的态度而不去干，乃是因其属于低级兴趣而不屑干。所以真正的文学修养可以提高行为标准。最好的文学家是他人想说而说不出的话，他能说得恰到好处；他人表现不出的情绪，他能表现得尽情惬意，使人家难得到其他的方式表现。没有经过退守南京，辗转入川的人，不能体会到杜少陵“夔府孤城落日斜，每依南（北）斗望京华”两句诗的妙处。许多受难同胞有过家破人亡痛苦的，读到白香山“田园寥落干戈后，骨肉流离道路中”的句子，也一定感觉到这种痛苦的经验，不只是我们现代的人才有的。战争时代的烦闷，若是得到古人与我们心心相印，俱有同感，也就因此舒畅多了。只是创造文学困难，欣赏文学也不容易。遇到好的文学作品，必须口诵心维，到口中念念有词的境界，才能心领神会。孔子说“依于仁，游于艺”，这游字最妙。所以对于优美的文艺作品，应当把自己的心灵深入进去，和鱼在水里一样，悠哉游哉，才能真有领悟。现在的青年日日处于甚嚣尘上，苟能得到一点文学的修养，一定可以消烦闷的。学社会科学的人应当以文学培养心灵，学自然和应用科学的人尤其应当如此。天天弄计算、弄构造，而无优美文学作精神上的调剂，必致情感干枯，脑筋迟钝，性情暴躁而不自觉。文学的甘泉，是能为你的心灵，培养新的萌芽的。

进而讲到音乐的修养。音乐不仅是娱耳的，音乐是心里发出来的一种特殊语言，有节奏有旋律的语言，和谐而美丽的语言。是它连贯许多感觉、概念、意境，而以有波动的音节发出来的。雍门《琴引》说须坐听吾琴之所言，正是这个微妙的道理。中国从前礼乐并称，因为礼与乐是联起来的。后来礼乐分家，所以礼沦为干燥的仪式。本来是活泼泼有节奏的动作规律，后来变为死板板无生命的赞礼单子。原来文学与音乐也是合在一起的，所以上古的人可以抚琴而歌。到宋朝饮井水处都可以歌柳屯田词，豪放的名士可用铜琶铁板唱大江东去。姜白石的“自作新词韵最娇，小红低唱我吹箫”，是更柔性的了。乃自南宋以后，诗词与音乐又分了家，这实在是文学上一大损失，也是民族的文化修养上一大损失，文学的流行不普遍，正在于此。譬如歌德在德国文学上和一般国民文化上的影响大极了；但是请问现在的德国人之中，有几个读过歌德全集或是他重要的作品？然而歌德的诗，山边海曲，田舍渔庄里都有人唱，这正是因为它谱成了音乐的缘故。中国音乐只有旋律（melody）而无和声（harmony），因此感觉单调。所以只有川戏中满台打锣鼓的人来“帮腔”，而不能有男女高低音配合得很和谐的“四部合奏”。前几十年西洋音乐，是经过日本转手——不高明的手——递过中国来的，所谱的大都是简单的靡靡之音。抗战以来，国人的音乐兴趣转浓，从事音乐的人也转多，是一件可欣慰的现象。但是一般还是粗糙简单，不免截头去尾的模仿。有意的高亢，时或闻之；而浑成曲折的乐章，很少听见，其中还有以“小放牛”一类的小调之音，谱为抗战歌曲，听了令人神经麻痹。现在中国的音乐教育，正可因为大家音乐兴趣转浓而提高，而普及，而改变作风，但是这不是短期内勉强可以做到的事。我们只是存这种希望，要向这条路上走。我希望将来从音乐的节奏与和谐，达到民族精神和行动上的节奏与和谐。

再进而讨论绘事艺术的修养。雕塑和音乐一样，在中国并不发达，但是画却达到了非常之高的成就。这正是因为中国画与中国文学不曾分家。画家的修养与文学家的修养大致相同。中国的画家也大都是文学家。中国向不重视匠画。这分别苏东坡论吴道子王维画诗，说得最清楚："吴生虽妙绝，犹以画工论；摩诘得之于象外，有如仙翮谢樊笼。吾观二子俱神俊，又于维也敛衽无间言。"摩诘固然是诗中有画，画中有诗的作家，吴道子也是一位画中杰出的天才，东坡犹于其间有所轩轻。这种好尚的风气，也就可想而见了。画不只是表现自然，而且表现心灵；不仅是表现现实，而且表现意境。若是画只是自然和现实的复写，那有照相就够了，何必要画。但是名画可以百看不厌，而照相则一望就了，正是因为画上的自然和现实是透过心灵而从意境里流露出来的。东坡谓"论画以形似，见与儿童邻"正是此意。"此谓形之不足，而务肖其神明也。"所以这两句诗，断不是现在犷悍的时髦画家，那些画美人说不像于是改成钟馗，说钟馗也不像又可改成怪石的画家，所能假借的。画家不但要有精妙的技巧，而且要有高尚的修养。姜白石说："人品不高，落墨无法。"同时读画的人，也要有这种修养，才真能心领神会，与画家的心灵融成一片。所以欧阳修说："萧条淡泊之难画之意，画者得之，览者未必识也。故飞走迟速意浅之物易见，而闲和严静之趣，简远之心难形。"中国名画之难于为一般人所了解，亦由于此。苟能深入，则在尘嚣溷热之中，未始不是一服清凉散。恽南田论山水画说："出入风雨，舒卷苍翠，模崖范壑，曲折中机。唯有成风之技，乃至冥通之奇。可以悦泽神风，陶铸性器。"真是很精辟独到的话。

当然文化的修养，不只这三方面，凡是可以使人“动心忍性，增益其所不能”的，都有关修养。如祭遵雅歌投壶，谢安石在临阵时还下围棋，都是他们增进修养的方式。只是这三方面的修养，最容易陶冶性灵，调剂情感。

中国文化是最注重修养的，读书的人固要有“书卷气”；就是将官也以“儒将”最能使人敬服，否则只是勇将、战将，不过偏裨之才。在这扰攘偏狭、倾轧排挤的人群中，能有大雅君子，抱着恢旷的襟怀，“汪汪若千顷之波，澄之不清，挠之不浊”，岂不可以赞佩？在这争名夺利、庸俗鄙俚的场合里，能有人如仲长子昌所说，“清如水碧，洁如霜雪，轻世贱俗，独立高步”之人，岂不可以廉顽立懦？

现在中国文化方面，有一个绝大的危机，就是高尚的中国文化，渐渐的少人了解，而优美的西洋文化同时又不能吸收。纵然学会了西洋一点应用的技术，或是享用物质文明的习惯，但是对西洋文化在人性上表现的精微美丽之处，丝毫没有得到。中国文学的修养尚且没有，何况西洋文学的修养。向他奏舒伯特（Schubert）、肖邦（Chopin）或瓦格纳（Wagner）的乐谱，自然无动于衷，若一闻黑人的“爵士”音乐（jazz music），便两脚发痒。到外国美术馆去，古画中恐怕只有鲁本斯（Rubens）所画的肥胖裸体女人或者能邀赏鉴，至于特纳（Turner）的落照，柯罗（Corot）的深林，便觉无味了；何况倪云林的枯木竹石，沈石田的漠漠云山呢？

纵然也有一部分在都市里的大腹贾和留学生冒充风雅，家里挂一两张吴昌硕或王一亭的画，以为是必要的陈设，以夸耀于同类的外国人，殊不知外国人之中，也有懂得比他更多的。于是趋时图利的画家，竟以犷悍为有力，以乱抹为传神，于是已达高峰的中国绘画美术，也就有江河日下之势了。这实在是很伤心的事！

我们不能不接受机械文明，我们更不能抹杀工业社会，只是我们的灵魂也要文化的慈母去抚摸他、安慰他。我们可以使物质供我们享用，我们的性灵却不可以像机械一般的轮转。至于粗俗、犷悍、鄙吝、�野的恶影响，我们更应当涤荡无遗。

我们要倡导强者哲学和主人道德的话，更应当辅之以文化的修养。我们不要忘记，在夹谷会场里剑佩锵锵的圣人，同时也是“温良恭俭让”的君子！

（原载《新人生观》）

生命的意义

我们人类的生命很多，宇宙间万物的生命更多。生之现象，非常普遍。但是我们为什么生在世上？这个问题，数千年来经过多少哲学家、科学家的研讨和追求。如果做了人而对于人生的意义不明了，浑浑噩噩，糊涂一世，那他真是白活了。因为对于本身的生命还不明白，我们的行为，就没有标准；我们的态度，也无从确定。有许多人觉得生活很是痛苦，恨不得立刻把自己的生命毁灭掉。他觉得活在世上，乃是尝着无穷尽的痛苦；在生命的背后，似乎有一种黑暗的魔力，时刻逼着他向苦难的路上推动，使他欲生不能，欲死不得；因此他常想设法解除这生命的痛苦。佛教所谓“涅槃”，也就是谋解除生命痛苦的一个方法。不过是否真能解除，乃是另一问题。又有些人认为生命是快乐的，以为世界上一切事物，宇宙间一切创作，都是供我们享受的，遂成为一种绝对的享乐主义。其他对于生命所抱的态度很多，要皆各有其见解。我们若是不知道生命真正的意义，就会彷徨歧路，感觉生命的空虚，于是一切行动，茫无所措。所以我们对于这个问题，至少应该有一种初步的，也就是基本的反省。

第一，在无量数生命中，人的生命何以有特别意义?

如果就“生命”二字来讲，它的意义非常广泛，谈到宇宙的生命，其含义更深。这个纯粹的哲学问题，此处暂且不讲。生命既然很多，人类的生命，不过为宇宙无穷生命之一部分。庄子说：“朝菌不知晦朔，蟪蛄不知春秋。”朝菌蟪蛄，何尝没有生命?大之如“天山龙”，固曾有其生命；小之如微生物，也有生命。但是在这无量数的生命中，为什么人的生命，才有特殊的意义?为什么人的生命，才有特殊的价值?为什么只有人才对他的生命发生意义和价值的问题?

第二，生命是变动的，物我之间，究竟有什么关系?

生命是变动的。我们身上的细胞，每天有多少新的生出来，多少陈旧的逐渐死去。这种新陈代谢的变动，可说无一刻停止。一方我们采取动植矿物的滋养成分为食料，以增加我们的新细胞，维持我们的生长；但一旦人死了，身体的有机组织，又渐腐败分离，为其他动植矿物所吸收。生命之循环，变化无已。我们若分析人类的生命，与其他动植物的生命，可以发生许多哲学上的推论。如近代柏格森、杜里舒等哲学系统，都是由此而来的。即梁启超的“今日之我非昨日之我，故不惜今日之我与昨日之我宣战”的一段话，也是由于观察生命不断变动的现象而来的，不过他得到的是不正确的推论罢了。可见我们总是想到在生命不断的变动当中，物我之间究竟有什么关系这个问题。

第三，生命随着时间容易过去。

生命随着真实的时空不断地过去。人生上寿，不过百年，转瞬消逝，于是便有“生为尧舜死亦枯骨，生为桀纣死亦枯骨”之感。在悠悠无穷的时间中，人的一生不过一刹那。印度人认为宇宙曾经多少劫；每劫若干亿万年。人的生命，在这无数劫中，还不是一刹那吗？若仅就生命现在的一刹那看来，时光实在过于短促；生命的价值，如果仅以一刹那之长短来估定，那么人生实在没有多大意义。尧舜苦心经营创制，不过是一刹那的过去；桀纣醉生梦死，作恶殃民，也不过是一刹那的过去。若是把他们的生命价值认为相等，岂非笑话！故以生命之久暂来估定它的意义与价值，当然是不妥。一个人只要有高尚的思想，伟大的人格，虽不生为百岁老人，亦有何伤？否则上寿百岁与三十四十岁而死者，从无穷尽的时间过程看来，都不过是一刹那。欲从这时间久暂上来求得生命的意义，真是微乎其微。故生命的意义，当然别有所在。

这就是我们对于生命初步的反省。我们从此得到了三个认识，就是：生命是无数的，生命是变动的，生命是容易过去的。

人生的意义在能认识和创造生命的价值。宇宙间的生命，既是如此的多，何以只是人类的生命，才有特别的意义？想解答这个问题，是属于价值哲学的研究。人的生命之所以有意义，乃是因为人能认识和创造人生的价值。因为人类能够反省，所以他能对于宇宙整个的系统，求得认识；更能从宇宙的整个系统之中，认识其本身价值之所在。人类的生命，虽然限制在一定的时空系统之中，但是他能够扩大经验的范围，不受环境的束缚；能够离开现实的环境而创造理想的意境。其他动物则不能如此。例如蛙在井中，则以井为其唯一的天地；离开了井，它便一无认识。人类则不然，其意境所托，可以另辟天地。只有人才能把世上的事事物物，分析观察，整理成一个系统，探讨彼此间的关系，以求得存在于这个系统内的原理，并且能综合各种原理，以推寻生命的究竟。说到人类能创造价值一层，对于生命的意义，尤关重要。一方面他固须接受前人对于人生已定了的价值表，一方面更须自己重新定出价值表来，不断地根据这种新的启示，鼓励自己和领导大家从事于创造事业和完成使命。如此，不但个人的生命，不致等闲消失，并且把整个人类生命的意义提高。古圣先哲，终生的努力，就在于此。这是旁的生命所不能做，而为人类生命所能独到的。所以说宇宙间的生命虽是无量数，唯有人类的生命才有特殊的意义。

人格的统一性与一贯性。生命不断地变，但必须求得当中不变的真理。我们人类虽每天吸收动植矿物的滋养成分，以促进身体上新陈代谢的变化，但是生命当中所包含的真理，决不因生理上的变化而稍移易。这种生命的一贯性和统一性，就是人格。人因为有人格，所以不致因为今日食猪肉，就发猪脾气；明天食牛肉，就发牛脾气。只是以一切的物质，为我们生命的燃料罢了！至于“今日之我与昨日之我宣战”的见解，正是因为缺乏了整个的人格观念，所以陷入于可笑的矛盾。世界上人与人相处，彼此之间全赖有人格的认识。大家所共认为是善人的，应该今日如此，明日也必定如此；今年如此，明年也必定如此。若是人类无此维系，便无人类的社会可言。

所谓人格，就是一贯的自我。他应当是根据我们对于宇宙系统的研究与反省所得到的精确认识，而向着完满的意境前进，向着真善美的世界发展的。他须努力使生命格外美满和谐，使个人的生命与整个宇宙的生命相协调。他更须佐以渊博的知识，培以丰富纯正的感情，从事于促成生命系统的完善。这种好的人格才真是一贯的；因为是一贯的，所以是经得起困苦艰难，决不会随着变幻的外界现象而转移的。有了这种人格，然后在整个宇宙的生命系统当中，人的生命才可立定一个适当的地位。倘若今日如此，明日如彼，苟且偷安，随波逐流，便认为是自我的满足；那不但是无修养，而且是无人格。人与其他生物的分际，就在人格上。人虽吸收了若干外来的食物成分，变其血轮，变其细胞，变其生理上的一切，但他的人格，理想上的人格，永久不变，这就是人格的统一性与一贯性。可见生命虽不断地变，尚有不变者在。这也是人类生命的特殊性。

要保持生力，从力行中以生命来换取伟大的事业。生命随着时间容易过去。《庄子》上所说的朝菌蟪蛄，固然生命很短；楚南冥灵，以五百岁为春，五百岁为秋；上古大椿，以八千岁为春，八千岁为秋，这种生命可以说是很长了，然而在整个时间系统之中，又何尝不是一刹那的过去？故生命的长短，不足以决定生命之价值。生命之价值，要看生命存在的意义如何，乃能决定。吾人之生，决定要有一种作为。生命虽易过去，但有一点不灭，那就是以生命所换来永不磨灭的事业。古今来已死过了的生命不知有多少，若以四万万人每人能活到六十岁来计算，那么，每六十年要死去四万万，一百二十年就死去八万万，照此推算下去，有史以来，过去了的生命，不知若干万万。但是古今来立德立功立言的人，名垂青史，虽在千百年以后，也还是为人所景仰崇拜；那些追随流俗，一事无成的人，他的姓名，及身就不为人所知，到了后代，更如飘忽的云烟，一些痕迹也不曾留着。所以唯有事业，才是人生的成绩，人类的遗产。

孔子虽死，他的伦理教训，仍然存在；秦始皇虽死，他为中国立下的大一统规模，依然存在；拿破仑已死，他的法典，仍然存在。生命虽暂，而以生命换来的事业，是不会磨灭的；其事业的精神，也永远会由后人继承了去发扬光大。诸葛亮在隆中，自比管乐；管乐生在数百年前，其遗留的事业精神，诸葛亮继承着去发扬光大。左宗棠平新疆，以“新亮”自居，也就是隐然以诸葛亮自承。所以生命之易消逝，不足为忧；所忧者当在这有限的生命，能否换来无限光荣的事业。若是苟且偷生，闲居待死，就是活到九十或百岁，仍与人类社会无关。

生命千万不可浪费，浪费生命是最可惜的事。萧伯纳曾叹人生活到可以创造事业的年龄，即行死去，觉得太不经济。他想如果人能和基督教《创世纪》所载的玛士撒拉一样，活到九百六十九岁，则文明的进步岂不更有可观。但这是文学家的理想，是做不到的事。然而西洋人利用生命的时间，比中国人却经济多了。西洋人从四十岁到七十岁为从事贡献于政治、文艺、哲学、科学以及工商社会事业的有效时期，而中国人四十岁以后即呈衰老，到六十岁就打算就木。两相比较，中国人生命的短促和浪费，真可惊人！我们既然不能希望活到九百六十九岁的高龄，那我们就得把这七八十年的一段生命，好好利用。我们要有长命的企图，我们同时要有短命的打算。长命的企图是我们不要把生命消耗在无意义的方面；短命的打算是我们要活一天做两天的事，活一年做两年的事。不问何时死去，事业先已成就。我们生在世上一天，就得充分地保持和发挥自己的生力一天。无生力的生命，是不会成就事业的，无永久价值的事业的生命，是无声无息度过的。

所以人生在世，不要因生命之数量过多及其容易消逝而轻视生命，不要因生命之时常变动而随波逐流，终至侮辱生命。我们须得对人生的价值有认识，对人格能维持其一贯性；以鞠躬尽瘁，死而后已的精神，加紧地去把自己的生命，换成有永久价值的事业。这样，才不是偷生，才不是枉生！

（原载《文化教育与青年》）

知识的责任

要建立新人生观，除了养成道德的勇气而外，还要能负起知识的责任（intellectual responsibility）。本来责任是人人都有的，无论是耕田的、做工的、从军的，或者是任政府官吏的，都各有各的责任。为什么我要特别提出“知识的责任”来讲？知识是人类最高智慧发展的结晶，是人类经验中最可珍贵的宝藏，不是人人都能取得、都能具备的；因此凡有求得知识机会的人，都可说是得天独厚，享受人间特惠的人，所以都应该负一种特殊的责任。而且知识是精神生活的要素，是指挥物质生活的原动力，是我们一切行为的最高标准。倘使有知识的人不能负起他特殊的责任，那他的知识就是无用的，不但无用，并且受了糟蹋。糟蹋知识是人间的罪恶，因为这是阻碍或停滞人类文化的发达和进步。所以知识的责任问题，值得我们加以严重的注意。我们忝属于所谓知识分子，尤其觉得这是一个切身问题。

所谓知识的责任，包含三层意义：

第一是要有负责的思想。思想不是空想，不是幻想，不是梦想，而是搜集各种事实的根据，加以严格逻辑的审核，而后构成的一种有周密系统的精神结晶。所以一知半解，不足以称为成熟的思想；强不知以为知，更不能称为成熟的思想。思想是不容易成立的，必须要经过逻辑的陶熔，科学的锻炼。凡是思想家，都是不断的劳苦工作者。“焚膏油以继晷，恒兀兀以穷年”，他的求知的活动，是一刻不停的，所以他才能孕育出伟大成熟的思想，以领导一世的思想。思想家都是从艰难困苦中奋斗出来的。他们为求真理而蒙受的牺牲，决不亚于在战场上鏖战的牺牲。拿科学的实验来说，譬如在实验室里试验炸药的人，被炸伤或炸死者，不知多少；又如到荒僻的地方调查地质、生物、人种的人，或遇天灾而死，或染疾而死，或遭盗匪蛮族杀害而死的，也不知多少。他们从这种艰苦危难之中得来的思想，自然更觉得亲切而可以负责。西洋学者发表一篇学术报告或论文，都要自己签字，这正是负责的表现。

其次是除有负责的思想而外，还要能对负责的思想去负责。思想既是不易得到的真理，则一旦得到以后，就应该负一种推进和扩充的责任。真理是不应埋没的，是要发表的。在发表以前，固应首先考虑它是不是真理，可不可以发表；但是既已考虑发表以后，苟无新事实、新理论的发现和修正，或是为他人更精辟的学说所折服，那就应当本着大无畏的精神把它更尖锐地推进，更广大地扩充。我们读西洋科学史，都知道科学家为真理的推进和扩充而奋斗牺牲的事迹，真是“史不绝书”。譬如哥白尼（Copernicus）最先发现地动学说，说太阳是不动的，地球及其他行星都在它的周围运行，他就因此受了教会多少的阻碍。后来布鲁诺（Bruno）出来，继续研究，承认了这个真理，极力传播，弄到触犯了教会的大怒，不仅是被捕入狱，而且被“点天灯”而死。伽利略（Galileo）继起，更加以物理学的证明，去阐扬这种学说，到老年还铁锁琅珰，饱受铁窗的风味。他们虽受尽压迫和困辱，但始终都坚持原来的信仰，有“鼎镬甘如饴，求之不可得”的态度。他们虽因此而牺牲，但是科学上的真理，却因为他们的牺牲而确定。像这种对于思想负责的精神，才正是推动人类文化的伟大动力。

再进一层说，知识分子既然得天独厚，受了人间的特惠，就应该对于国家民族社会人群，负起更重大的责任来。世间亦唯有知识分子才有机会去发掘人类文化的宝藏，才有特权去承受过去时代留下最好的精神遗产。知识分子是民族最优秀的分子，同时也是国家最幸运的宠儿，如果不比常人负更重更大的责任，如何对得起自己天然的禀赋？如何对得起国家民族的赐予？又如何对得起历代先哲的伟大遗留？

知识分子在中国向称为“士”。曾子说：“士不可以不弘毅，任重而道远。仁以为己任，不亦重乎？死而后已，不亦远乎？”身为知识分子，就应该抱一种舍我其谁、至死无悔的态度，去担当领导群伦、继往开来的责任。当民族生死存亡的紧急关头，知识分子的责任尤为重大。范仲淹主张“先天下之忧而忧，后天下之乐而乐”。必须有这种抱负，才配做知识分子。他的“胸中十万甲兵”，也是由此而来的。

提起中国的知识分子，我们很觉痛心。中国社会一般的通病，就是不负责任，而以行政的部分为尤甚（这当然是指行政的一部分而言）。从前的公文程式是不用引号的，办稿的时候，引到来文不必照抄，只写“云云”二字，让书吏照原文补写进去。传说沈葆祯做某省巡抚，发现某县的来文上，书吏照抄“云云”二字，不曾将原引来文补入，该县各级负责人员，也不曾觉察。于是他很幽默地批道：“吏云云，幕云云，官亦云云，想该县所办之事，不过云云而已。”这是一个笑话，但是很足以形容中国官僚政治的精神。中国老官僚办公事的秘诀，是不负责任，推诿责任。所以上级官厅对下的公事，是把责任推到下面去；下级官厅对上的公事，是把责任推到上面去。责任是一个皮球，上下交踢。踢来踢去的结果，竟和火线中间，有一段“无人之境”（no mans land）一样。这是行政界的通病，难道知识界就没有互相推诿不负责任的情形吗？有几多人挺身而出，本着自己的深信，拿出自己的担当来说，这是我研究的真理，这是我服务的责任，我不退缩，我不推诿？这种不负责任的病根，诊断起来，由于下列各点。

第一是缺少思想的训练。他的思想，不曾经过严格的纪律，因此已有的思想固不能发挥，新鲜的思想也无从产生。外国的思想家常提倡一种严正而有纪律的思想（rigorous thinking），就是一种用逻辑的烈火来锻炼过的思想。正确的思想是不容易获得的，必得经过长期的痛苦，严格的训练，然后才能为我所有。思想的训练，是教育上的重大问题。历次世界教育会议，对于这个问题，都曾加以讨论。有人主张研究社会科学的人，他也得学高深的数学，不是因为他用得着这些数学，乃是因为这种数学是他思想的训练。思想是要有纪律的。思想的纪律，决不是去束缚思想，而是去引申思想、发展思想。中国知识界现在就正缺少这种思想上的锻炼。

第二是容易接受思想。中国人向来很少人坚持他特有的思想，所以最容易接受他人的思想。有人说中国人在思想上最为宽大，最能容忍，这是美德，不是毛病，但是思想这件事，是就是是，非就是非，谈不到什么宽大和容忍。不是东风压倒西风，便是西风压倒东风。哥白尼主张地动说，固且自己深信是对的；就是布鲁诺和伽利略研究这个学说认为他是对的以后，也就坚决地相信他、拥护他，至死终不改变。

试看西洋科学与宗教战争史中，为这学说奋斗不懈，牺牲生命的人，要有多少。这才是对真理应有的态度。中国人向来相信天圆地方，“气之轻清，上浮者为天；气之重浊，下凝者为地”。但是西洋的地动学说一传到中国，中国人立刻就说也是圆的，马上接受，从未发生过流血的惨剧。又如达尔文的生物进化论，也是经过多少年宗教的反对，从苦斗中才挣扎出来的。直至一九一一年，德国还有一位大学教授，因讲进化论而被辞退；甚至到了一九二一年，美国田纳西（Tennessee）州，还有一位中学教员因讲进化论而遭诉讼。这虽然可以说是他们守旧势力的顽固，但是也可表现西洋人对于新思想的接受不是轻易的。可是在中国却不然。中国人本来相信盘古用金斧头开天辟地。“自从盘古开天地，三皇五帝定乾坤”，不是多少本小说书上都有吗？但是后来进化论一传进来，也就立刻说起天演、物竞天择和人类是猴子变来的（其实人类是猴子的“老表”）。人家是经过生物的实验而后相信的，我们呢？我们只是因为严复译了赫胥黎的《天演论》，文章做得极好，吴挚甫恭维他“骎骎乎周秦诸子矣”一来，于是全国风从了。像这样容易接受思想，只足以表示我们的不认真、不考虑，哪里是我们的美德？容易得，也就容易失；容易接受思想，也就容易把它丢掉。这正是中国知识界最显著的病态。现在中国愈是中学生愈是一知半解的人，愈好谈主义，就是这个道理。

第三是混沌的思想。既没有思想的训练，又容易接受外来的思想，其当然的结果，就是思想的混沌。混沌云者，就是混合不清。况且这种混合是物理上的混合，而不是化学上的化合，上下古今，不分皂白，搅在一起，这就是中国思想混合的方式。我不是深闭固拒，不赞成采取他人好的思想，只是采取他人的思想，必须加以自己的锻炼，才能构成自己思想的系统。这才真是化合呢！西洋人也有主张调和的，但是调和要融合（harmony）才对，不然只是迁就（compromise）；真理是不能迁就的。我常怪中国的思想中，“杂家”最有势力。如春秋战国时代，百家争鸣，极端力行的墨，虚寂无为的老，都是各树一帜，思想上的分野是很清楚的。等到战国收场的时候，却有《吕氏春秋》出现，混合各派，成为一个“杂家”。汉朝斥百家而尊儒孔，实际上却尚黄老，结果《淮南子》得势，混合儒道，又是一个杂家。这种混杂的情形，直至今日，仍相沿未改。二十年前我取了一个“古今中外派”的名词，就是形容这种思想混杂的人。丈夫信仰基督教，妻子不妨念佛，儿子病了还要请道士“解太岁”。这是何等的容忍！容忍到北平大出丧，一班和尚、一班道士、一班喇嘛、一班军乐队，同时并列，真是蔚为奇观！这真是中国人思想的缩影！

第四是散漫的思想。这种是片断的、琐碎的、无组织的思想。散漫的思想固然由于思想无严格的训练，但是主要的原因还是由于懒。这思想的方式常靠触机，只是灵机一来，思想就在这机来的一刹那停止了，不追求下去了。这如何能发生系统的思想、精密的思想？于是成了“万物皆出于几，万物皆入于几”的现象。他只是让他的思想，像电光石火一样的一阵阵的过去。有时候他的思想未始不聪明，不过他的聪明就止于此，六朝人的隽语，是由此而来的。《世说新语》的代代风行也是为此。中国人的善于“玩字”，没有其他的理由。因此系统的精密的专门哲学，在中国很难产生。因此中国文学里很少有西洋式如弥尔顿的《天国云亡》、歌德的《浮士德》那般成本的长诗。因此笔记小说为文人学士消闲的无上神品。现在还有人提倡沈三白《浮生六记》和小品文艺，正是这种思想的斜晖落照！不把思想的懒根性去掉，系统的伟大思想是不会产生的。

第五是颓废的思想。颓废的思想是思想界的鸦片烟，是民族的催眠术——并且由催眠术而进为催命符。颓废的思想就是没有气力的思想，没有生力的思想。什么东西一经过他思想的沙漏缸，都是懒洋洋的。颓废的思想所发生的影响，就是颓废的行为。以现在的文艺品来说吧，有许多是供闺秀们消闲的，是供老年人娱晚景的。有钱的人消闲可以，这是一格；但是我们全民族是在没有饭吃的时候，没有生存余地的时候呀！老年人消闲可以，因为他的日子是屈指可算的，但是给青年人读可为害不浅了，而现在喜欢读这些刊物的反而是青年人！文人喜欢诗酒怡情，而以李太白为护符。是的，李太白是喜欢喝酒。“李白斗酒诗百篇。”你酒是喝了，但是像李太白那样的一百篇诗呢？我们学李太白更不要忘记他是“十五学剑术，遍干诸侯，三十成文章，历抵卿相，虽长不满七尺，而心雄万夫”的人呀！你呢？颓废的思想不除，民族的生力不能恢复！

第六不能从力行中体会思想，更以思想证诸力行。中国的文人，中国的“士”，是最长于清谈的，最长于享受的。在魏晋六朝是“清谈”，在以后是蜕化而为“清议”。清谈、清议是最不负责任的思想的表现。南宋是清议最盛的时代，所以弄到“议未定而金兵已渡河”。明末也是清议最盛的时代，所以弄到忠臣义士，凡事不能作有计划地进行，逼得除了一死以外，无以报国。“清议可畏”，真是可畏极了！横直自己不干，人家干总是可以说风凉话了。自己叹叹气，享享乐罢。“且以喜乐，且以永日”，“我躬不阅，遑恤我后”。

老实说，现在我们国内的知识分子，也不免宋明的清议风气，只是享乐换了一套近代化的方式。我九年前到北平去，看见几位知识界的朋友们，自己都有精致的客厅，优美的庭园，莳着名卉异草，认为不足的时候，还可到北海公园去散散步。我当时带笑地说道，现在大家是“花萼夹城通御气”，恐怕不久要“芙蓉小院入边愁”。现在回想起来，字字都是伤心之泪，这不仅是北平如此，他处又何独不然？我们还知道近年来通都大邑有“沙龙”的风气吗？“我们太太的沙龙”是见诸时人小说的。很好，有空闲的下午，在精致的客厅里，找几位时髦的女士在一道，谈谈文艺，谈谈不负责任的政治。是的，这是法国的风气，巴黎有不少的沙龙，但是法国当年还靠莱茵河那边绵延几百里的马其诺防线呀！哪知道纸醉金迷的结果，铜墙铁壁的马其诺竟全不可靠，色当一役，使堂堂不可一世的头等强国，重踏拿破仑第三时代的覆辙，夷为奴隶牛马，这是历史上何等的悲剧？我不否认享乐是人生应有的一部分，只是要看环境和时代。我们的苦还没有到头呢！我们不愿意苦，敌人也还是要逼得我们苦的。“来日大难”，现在就是，何待来日？我们现在都应忏悔。我们且先从艰苦卓绝的力行里体会我们的思想，同时把我们坚强而有深信的思想，放射到力行里面去。

以上的话，是我们互责的话，也是我们互勉的话。因为如果我脑筋里还有一格兰姆[①]知识的话，我或者也可以忝附于知识分子之列。我所犯的毛病，同样的也太多了。不过我们要改造民族的思想的话，必定先要自己负起知识的责任来。尤其是在现在，知识分子对于青年的暗示太大了。我们对于青年现在最不可使他们失望，使他们丧失民族的自信心。我们稍见挫折，便对青年表示无办法，是最不可以的

① 格兰姆，即质量单位 gram（克）。——编者

事。领导青年的知识分子尚且如此，试问青年心理的反应何如？我们要告诉他们世界上没有没办法的事，民族断无绝路，只要我们自己的脑筋不糊涂！知识是要解决问题的。知识不怕困难。知识就是力量。而且这种力量如此之大，凡是物质的力量透不进去的地方，知识的力量可以先透进去，知识的力量透过去之后，物质的力量，就会跟着透过去。全部的人类文化史，可以说明我这句话。我们只要忠诚地负起知识的责任来，什么困难危险都可以征服！

顾亭林说道："天下兴亡，匹夫有责。"何况知识分子？他又说："有亡国者，有亡天下者。"他所谓"亡国"，是指朝代的更换；他所谓"亡天下"，是指民族的灭亡。现在我们的问题，是要挽回亡天下、亡民族的大劫。在这时候，知识分子如不负起这特别重大的责任来，还有谁负？我觉得我们知识分子今后在学术方面要有创作、有贡献；在事业方面要有改革、有建树。我们不但要研究真理，并且要对真理负责。我们尤其要先努力把国家民族渡过这难关。不然，我们知识分子一定要先受淘汰，连我也要咒诅我们知识分子的灭亡。

（原载《新民族》第一卷第一八期，一九三八年六月二十七日。后经改写，辑入《新人生观》）

信仰理想热忱

我们生在怎样一个奇怪的世界！一面有伟大的进步，一面是无情的摧毁；一面求精微的知识，一面作残暴的行动；一面听道德的名词，一面看欺诈的事实；一面是光明的大道，一面是黑暗的深渊。宗教的势力衰落，道德的藩篱颓毁。权威的影响降低，旧的信仰也已经式微，新的信仰尚未树立。在这青黄不接的时代，自有光怪陆离的现象。于是一般人趋于彷徨，由彷徨而怀疑，由怀疑而否定，由否定而充分感觉到生命的空虚。

这个人生的严重问题，不但中国有，而且西洋也有。一位现代西班牙的思想家阿特嘉（Ortega，见其所著 *The Revolt of Masses* 一书）以为这种堤防溃决之后，西洋人也处于一种道德的假期。他说：

> 但是这种假期是不能长久的。没有信条范围我们在某种形态之下生活，我们的生存（existence）像是“失业似的”。这可怕的精神境地，世界上最优秀的青年也处在里面。由于感觉自由，脱离拘束，生命反觉得本身的空虚。一种“失业似的”生存，对于生命的否定，比死亡还要不好。因为要生就是要有一件事做——要有一个使命去完成（a mission to fulfill）。要避免将生命安置在这事业里面，就是把生命弄得空无所有。

我引阿特嘉这段话，因为他是带自由主义的思想家，并不拥护权威，也不袒护宗教，所以是比较客观的意见。这种的彷徨状态，在这第二次世界大战以前已有，恐怕在战后的西方还要厉害。人生丧失了信心，是最痛苦而最危险的事。

宗教本来就是要为人生解决安身立命的问题，要为人生求得归宿。宗教起于恐惧与希望（fear and hope）。恐惧是怕受末日的裁判，希望是欲求愿望的满足。宗教，“广义来说，是人对于超现实世界的信仰”。“一个民族的宗教，在超现实的世界里反映这民族本身的意志；在这超现实的世界里，实现他内心最深处的愿望。”这是德国哲学家包尔森（Friedrich Paulsen）的名言。

“宗教与道德有同一的起源——就是同出于意志对于尽善尽美（perfection）的渴望。但是在道德里是要求，在宗教里就变为实体。”这也是同一哲学家的论断。

但是他还有一段论信仰最精辟的话：“有信仰和行动的人总是相信将来是在他这边的。”“没有信仰，这世界里就没有一件真正伟大的事业完成。一切的宗教都是信仰为基础。从信仰里，这些宗教的祖师和门徒克服了世界。因为信仰主张，所以殉道者为这主张而生活，而奋斗，而受苦受难，他们死是因为他们相信最高的善能有最后的胜利，所以肯为他而牺牲。若是不相信他的主张能有最后和永久的成功的话，谁肯为这主张而死？若是把这些事实去掉的话，世界的历史还剩些什么？”

这话深刻极了！这不但是为宗教的成就说法；推而广之，是为世界一切伟大的成就说法。

是的，一切的宗教都是以信仰为基础，但是一切人类伟绩，政治的、社会的、文化的，何曾不是以信仰为基础？若是一个人自己对于自己所学的所做的都没有信心，那还说什么？对于自己所从事的还不相信，那不但这事业不会有成就，而且自己的生命也就没有意义。

就是读书的疑古，也不过是教你多设几个假定，多开几条思路而已，不是教你怀疑这工作的本身。“我思故我在”这是笛卡尔对于做过种种怀疑工作后的结论。若是持绝对的怀疑论，那必至否定一切、毁灭一切而后已。

宗教不过是信仰的一种表现，虽然它常是强烈的表现。

但是普通所谓宗教，乃是指有教条、有仪式、有组织的形式宗教（formal religion）而言，相信这种宗教的人，自有他的精神上的安慰；他人不必反对他，他也不能强人尽同。至于信仰（faith）是人人内心都有的，也可以说是一种宗教心，却不一定表现在宗教，而能寄托在任何事业方面。

信宗教的人固有以身殉道者，但是不信宗教的人也不少成仁取义者。如苏格拉底的临死不阿，是他信仰哲学的主张；文天祥的从容就义，是他信仰孔孟的伦理。这可见信仰力量的弥漫，决不限于宗教。

最纯洁的信仰，是对于高尚理想的信仰；它是超越个人祸福观念的。生前的利害不足萦其心，生后的赏罚也不在其念。至于借忏悔以图开脱，凭奉献以图酬报的低等意识，更不在他话下了！

最纯洁的信仰，是经知识锻炼过的，是经智慧的净水洗清过的；从哲学方面来讲，也是对于最高尚的理意之忠（loyalty to the ideal）。人类进步了，若是他对他的理想，没有知识的深信（intellectual conviction），他决不能拼命的效忠。近代哲学家罗伊斯（J. Royce）说："你要效忠，就得决定哪一个是值得你效忠的主张去效忠。"（见其所著的 *The Philosophy of Loyalty*）这里知识的判断就来了：若是你所相信的东西里面，知识的发现告诉你是有不可靠不可信的成分在里面，那你的信仰就摇动了；若是知识的判断对你所相信的更加一种肯定（reaffirmation），那你的信仰更能加强。所以知识是不会摧毁信仰，而且可以加强信仰的。比如“原始罪恶”“末日裁判”和一切“灵迹”涤除以后，不但可以使基督教徒解除许多恐惧，使他不存不可能的希望，而且可以使他的哲学，格外深刻化，笼罩住一部分西洋的哲学家和科学家的信心，这就是一个例子。知识能为信仰涤瑕荡垢，那信仰便能皎洁光莹。

人固渴望尽善尽美的境界；然而渴望的人对于这境界的认识，有多少阶段、若干浓度的不同。希腊人思想中以为奥林匹亚山上的神的境界是尽善尽美的；希伯来人思想中以为天堂是尽善尽美的。最早的观念最幼稚、最模糊；知识愈进步，则这种认识愈高妙、愈深湛。所以我说理想是人生路程上的明灯，愈进一步，愈能把前途的一段照得明亮。世界上只有进展的理想，没有停滞的理想。唯有这种进展的理想，最能引起我们向上的兴趣。

信仰是要求力量来表现的，理想不是供人清玩和赏鉴的。要实现信仰达到理想，不能不靠热忱（zeal）。热忱是人生有定向而专一（devotion）的内燃力。要它有效，就应当使它根据确切的认识而发，使它不是盲目的；若是没有智慧去引导它、调节它，它也容易横溃、容易过度。如所谓宗教的疯狂者（religious fanatic），正是过度热忱到了横溃的表现。这是热忱的病态，不是热忱的正常。

对于一件事，一个使命，他有这种知识的深信，认为值得干的，就专心致志，拼命地去干，危难不变其节，死生不易其操，必须干好而后已，这才是表现我所谓真正的热忱。

热忱常为宗教所启发，这固然是因为热忱与信仰有关，也因为宗教里面，本来带有感情的成分。感情是热忱的源泉；感情淡薄的人决不会有热忱，但是感情易于泛滥，易于四面散失。必须锻炼过，使其专一而有定向，方能化为热忱。

我常觉得我们中国人热忱太少。现在许多事弄不好，正是因为许多做事的人，对于他所做的事的热忱太缺乏。他只觉得他所做的事只是一种应付，而不是一件使命，这是什么缘故呢？有人说是因为我们宗教心太缺乏。是的。我们宗教心——信仰——很缺乏，集体的宗教生活不够。我们对于宗教信仰的容忍态度，虽然说是我们的美德，但是也正是因为我们缺乏宗教热忱的缘故。有人说是我们感情的生活不丰富。也是的。我不能说我们中国人的感情淡薄，但是我们向不注重感情的陶熔和给予感情以正常的刺激——如西洋宗教的音乐之类——并且专门想要压迫感情、摧残感情。

宋儒明天理人欲之辨，似乎认为感情是人欲方面的，要不得的，于是倡为“惩忿窒欲”之论，弄得人毫无生气。王船山在《周易外传》论“损”的一段里，反对这种意见最为透辟。他说：“性主阳以用壮，大勇浩然，亢王侯而非忿。

情宾阴而善感，好乐无荒，思辗转而非欲。尽用其惩，益摧其壮，竟加以窒，终绝其感。一自以为马，一自以为牛，废才而处于锌。一以为寒岩，一以为枯木，灭情而息其生。彼佛老者皆托损以鸣修，而岂知所谓损者。”王船山所谓“大勇浩然，亢王侯而非忿”，正是正义感的发泄。他所谓“好乐无荒，思辗转而非欲”，正是优美情绪的流露。而他所谓“佛老”，乃是指掺杂佛老思想的宋儒。弄到大家都成为寒岩枯木，还有什么感情可言。况且感情不善培养与引导，终至于横溃。中国人遇着小事，容易“起哄”（excitement），就是感情没有正当发泄的结果。

很爱中国的哲学家罗素，为我们说了许多好话；但是论中国人性格的时候，他说我们是一个容易起哄的（excitable）民族，并且说这是一件危险的现象，容易闯大乱子。这是值得我们反省的诤言。中国人热忱不发达的原因，还有一个，就是普通所谓“看得太透了”。讽刺地说，也可以说是“太聪明了”。把什么事都看得太透了，还有什么意思？就是做人也可以说是没有什么意思，哪还有什么勇气去做事？这是享乐派的态度（hedonistic attitude）；这实在是很有害处而须纠正的。

罗伊斯说：“任何一个忠的人，无论他为的是什么主张，总是专一的，积极动作的，放弃私人的意志，约束自己，爱他的主张，信他的主张。”我们国家民族，正需要这样忠的人！

在这紊乱的世界，我们不能老是彷徨，长此犹豫，总持着怀疑的心理，享乐的态度；这必定会使生命空虚，由否定生命而至于毁灭生命。我们虽然遇着过人之中有坏的，但是不能对于人类无信心；虽然目击强暴，不能对于公理无信心；虽然知道有恶，不能对于善无信心；虽然看见有丑，不能对于美无信心；虽然认识有假，不能对于真无信心。我们要相信人类是要向上的，是可以进步的，我们的理想是可以达到的，我们的努力是不会白费的，因为宇宙的人生的本体，是真实的。纯洁的信仰，高尚的理想，充分的热忱，是我们改造世界，建设笃实光辉的生命的无穷力量！

（原载《三民主义周刊》第三卷第一〇期，一九四一年十二月八日。后经改写，辑入《新人生观》）

侠出于伟大的同情

我所谓侠，乃是“豪侠”“任侠”之侠，我所谓“侠气”，就是豪侠任侠之气。中国历史上向来认为侠是一种美德，但同时也有一个错误的观念，以为侠是一般浪人，不务正业，专管闲事，为人家报仇，打抱不平，甚至去作奸犯科。韩非子就曾说过“儒以文乱法，而侠以武犯禁”，认为两者都不对。可是我们要知道，这只是侠的流弊，这在社会没有纲纪，政治不上轨道的时候才会发生的；这种侠只是一种所谓“游侠”，然而侠不必就是“游侠”。何况就在这种“游侠”里面，也未始没有一种天地间的正气存在。所以太史公作《史记》，特撰《游侠列传》一篇，并举出朱家、郭解等人，来表扬他们特立独行的地方，不是没有道理的。

为什么我提倡尚侠？我们要确定一个观念，建立一个主张，必须先考察我们民族的弱点，社会的病象，然后才能对症下药，发生实效。现在中国的社会已经堕落到一个残酷的社会，一个最缺少侠气的社会。中国人常讲“恻隐之心”“不忍人之心”，而事实上的表现，却正相反。我们可以从以下几方面来看：

第一是同情心的缺乏。中国人论交，有所谓“患难之交”；这是最可宝贵的，就因为讲“患难之交”的人太少了。中国社会有一种最凉薄的现象，就是看见别人在患难之中，不但不表示同情，而反高兴快乐。比方有人在街上跌了一跤，假如在英美各国，大家一定要抢着去把他扶起，甚至送他到医院去，如果他跌伤了的话。而在中国，大家看见了，往往还拍掌大笑。一九三五年我因事到重庆来，因为不认识路，从一个书店乘洋车回旅馆，半路上洋车翻了。奇怪得很，因为重量偶然的平衡，我没有向后翻出去，洋车夫也双脚悬起来，于是人力车成了自动车，向一个很高的坡度开下去，开了二十几丈。当时我看见前面有军用卡车要撞来了，叫路旁的人把洋车拉住一把，但是沿路的人只有笑的，没有拉的。我还有一次，在武汉轮渡上，看见一个人掉入水中，船上许多人不但没有一个人去救他，反满不在乎似的以笑谈出之。

我当年在欧洲的时候，知道有一次火车出事，开车的人因为酒醉跌出去了，火车自动进行，无法停止，于是有一个大学生在前站的铁桥上，奋不顾身地跳上车头，将车闸住，自己一个手臂撞断了，一车的人却是救住了。这件事各处报纸大载特载，奉这位青年以英雄的徽号，真是他应得的称誉。这较之中国人在急难时看人冷眼的何如？前一向[①]卫生署一位负责当局告诉我一件事，说他亲眼看见一个人病得快要死了，抬到重庆某个教会医院门口，但是因为找不到保人，付不出一个月的住院金，医院不许他进去，他只有躺在医院外面死去。这种见死不救的现象，在慈善性质的机关门口出现，是何等骇人听闻的事！我还听说有些当军医的人，往往发财，这是何等的残忍，何等没有心肝！前些时候，重庆临江门外，一场大火，烧去四千余家，若是在外国，这还得了，恐怕要全市动员来募款救济了，但是此地却也平平淡淡地过去！

最近潘光旦先生介绍美国明恩溥（Arthur Henderson Smith）所著《中国人的特性》一书，其中有一篇题名是《无同情心的中国人》，我看了非常难过；但他所举的都是事实，我也无法否认。不但明恩溥的观察如此，就是最恭维中国文化的罗素，著书时也提出中国人残忍而缺少同情心

① 即前些天。——编者

这点。譬如死了人是人家一件最不幸的事，但是中国一家死了人，别人对于这件不幸的事是不同情的。我初到法国的时候，在电车里，看见同车的许多人，忽然都脱帽致敬，很以为奇怪；原来是车旁有人家在出殡，这是表示对死者的同情。不要说普通人遇着出殡是如此表示，就是总统出来遇着出殡，也是脱帽的。中国人却不然，看见死者亲属的“颜色之戚，哭泣之哀”，就是吊者也会大悦起来！乡村人家甚至还希望别人家有人死，可以去喝酒吃肉，饱啖一顿；城市里不是万人空巷的去看大出丧吗？

明恩溥特别举出中国人对于残疾的人，没有同情。出过天花的人，到药店去买药，药店的人常常要问他：“麻大哥！你是哪一个村子里来的呀？”看见斜眼的人，便要说“眼睛斜，心地歪”，来取笑他，挖苦他。普通以为残疾的人都是坏人，譬如“十个麻子九个坏”，“天怕六丁六甲，人怕斜眼蹩脚”，这类尖刻无稽的话是很流行的。其实肢体略有损坏的人，哪里就是坏人。如果其中有坏的，也大都是社会逼成的，因为社会对他太歧视了，使他感觉人人都苛待他，他也自然不得不存心防范，或设法对付人了。再还有对于年幼孤弱的人，也是同样的不加爱护。童养媳受虐待，是普遍的现象；打丫头、虐奴婢更不必说了。所以同情心的缺乏，是现在中国社会最显著的一种病态。

因为同情心的缺乏，于是形成一种普遍的社会心理，以为事不干己，绝对不管，因而社会上无公是公非可言，也缺少急公好义之人。是非的观念，不但需要政治去培养，而且需要社会去扶植。有社会的奖励和社会的制裁，然后才有公是公非产生，例子很多，不胜枚举。社会的进步，不但要有是非的标准，而且要有人肯自己牺牲，去维持这是非的标准。但中国传统的哲学，只教人“穷则独善其身，达则兼善天下”。须知达固且要兼善天下，穷也不应独善其身，至少也要兼善其邻里。中国人受这种传统哲学的毒太深了，人人都想独善其身，所以不但同情心不能发达，而且公是公非也无从树立。

因为同情心的缺乏，所以牺牲精神也就堕落。侠者最好讲“千里赴义”。设如没有牺牲的精神，如何能去赴义？我们应该“见义勇为”；“见义不为无勇也”。是的，闲事不管，可以省多少麻烦。但正当的闲事，哪能不管，而且愈能多管愈好。英美法律上规定的陪审制度（Jury System），不但鼓励，而且逼迫人家管闲事。不过没有牺牲精神的人，是不配管闲事的。若是自己不肯牺牲，不要说千里之义不能赴，就是隔壁人家出了事，也是不配问。上海人家被盗时，决不能喊“捉强盗”，而只能叫“起火”，因为隔壁人家听到“捉强盗”，必不敢出来，恐怕自己会吃亏，而听到“起火”，因为怕自己的屋子烧起来，也就不得不出来了。这些冷酷怯懦的事实，正是现在中国社会病象的表现。

这种病象，可说有两个来源：第一是生活。在贫苦的社会里，生存竞争，非常激烈。要“解衣衣人，推食食人”，是不可能的。漂母饭韩信，也要她自己有一饭才行。我们常常看见，有些贫苦的人，为争一两毛钱，而打得头破血流，甚至打出人命事来。轮船将靠岸的时候，那些脚夫不等船靠妥，就抢着向船上乱跳，稍不当心，就扑通下水。他们自己的生活，尚且无法解决，哪里谈得上对人的同情？第二是思想。中国多少年来的教训，是“明哲保身”，也就是俗语所谓“各人自扫门前雪，休管他家瓦上霜”。结果就是人人怕管闲事，怕惹祸上身。“路见不平，拔剑相助”的风气，现在已沦落下去了。其实世界上绝对的个人主义，也是行不通的，正如绝对的兼爱主义行不通一样。你看见邻居人家生了瘟疫，你如果袖手旁观，就不免被传染。尤其在现代的大社会里，人与人息息相关，谁能过孤独的生活？“穷则独善其身”，哼！要想独善哪里是可能的事？

或者有人以为上述的种种社会病态，说是由于生活的贫困还可以，说是由于思想的影响便不对。但我以为思想的影响，也是极大的。比方上面所举的一个例，药店的人要称出天花的人为“麻大哥”，这难道也是生活使然吗？思想与生活，要同时改进，社会的病态，才能根本消除。

在世衰道微的时代，因为同情心的缺乏，是非观念的不明，赴难精神的低落，才往往使有心人不得已而提倡“任侠”。太史公在《游侠列传》中，曾慨乎言之地说：“今游侠其行虽不轨于正义，然其言必信，其行必果，已诺必诚，不爱其躯，赴士之困厄。既已存亡死生矣；而不矜其能，羞伐其德。盖亦有足多者焉。”他又说：“缓急人之所时有也，而布衣之徒，设取予然诺，千里诵义，为死不顾世，此亦有所长，非苟而已也。”所以“侠客之义，又曷可少哉！”他提出朱家、郭解，说朱家是“专趋人之急，甚己之私”；郭解是“以德报怨，厚施而薄望……既已振人之命，不矜其功”。我上面说过，这种游侠是社会不纲政治黑暗时代的产物；我们不一定要提倡游侠，但这种侠气是应该推广的，并且要借政治的力量来推广的。不以私人的力量去报仇雪恨，而以政治的力量作大规模的改良策进，才能把同情心推广到“天下有饥者，犹己饥之也，天下有溺者，犹己溺之也”，而使天下之人，都各得其所。

中国历史上第一个大侠者，不是朱家，也不是郭解，而是墨翟。他不主张拿刀去行刺暗杀，去报仇打不平，而是从大规模的政治改革着眼的。他说侠有三个条件：第一是大仁，第二是大义，第三是大勇。怎样才是大仁？他说：“仁人之事者，必务求兴天下之利，除天下之大害。然当今之时，天下之害孰为大？曰：大国之攻小国也，大家之乱小家也。强之劫弱，众之暴寡，诈之谋愚，贵之傲贱，此天下之害也。又与为人君者之不惠也，臣者之不忠也，父者之不慈也，子者之不孝也，此又天下之害也。又与今人之贱人，执其兵刃毒药水火以交相亏贼，此又天下之害也。”（墨子如在，必称侵略者为贱人了！）他对于政治的主张，以为“民有三患，饥者不得食，寒者不得衣，劳者不得息，三者民之巨患也”。“诸加费不加民利者，圣人弗为。”这是充分的同情心的表现。他主张充实内部而不主张侵略人家，增加土地。所以他有“非外取地也”的主张。有人以为墨子既主张兼爱，一定也主张非战；如管子就曾说：“兼爱之说胜，则士卒不战。”其实不然。他是反对侵略的战争，并不反对自卫的战争——不但不反对，而且他帮助自卫的战争。楚欲攻宋，公输般为造云梯，墨子听到就往见公输般。他“解带为城，以牒为械”，和公输般斗法，公输般九次的攻城计划，都被他破了。楚王要杀他，他说他有三百弟子已经在保卫宋国，杀了他也没有用。楚王没有办法，只好软化下来说：“善哉！吾请无攻宋矣！”从这段史实，我们可以看出几点：第一，墨子能赴人国家之难，协助自卫战争；第二，他有技术的能力，以协助他人；第三，墨家是有组织的团体，能作有纪律的行动。这些都是说明大仁的意义。侠与义是相连。墨子虽主兼爱，但非滥爱，而主张以义为衡。“墨者之法，杀人者刑……王虽为之赐而令吏弗诛，腹䵍不可不行墨者之法。”这是《吕氏春秋》记腹䵍之语。腹氏是墨子学派的人，他的儿子杀人，秦王赦之，而腹氏自己主张杀之。可见以墨为法，可无作奸犯科的流弊。这就是大义的表现。不但如此，墨子不但提倡大仁大义，而且能以最大的牺牲精神去求其实现，求其贯彻。“摩顶放踵利天下为之”，这正是充分的牺牲精神，是“大勇”的表现。所以墨子的精神，是并具大仁、大义、大勇的精神，是侠的精神，也就是革命的精神。

中山先生说“革命是打抱不平”。他打抱不平的方法，也和墨子一样，不是为私人报复的，更不是快意恩仇的，是要以大仁大义大勇的精神，去改革政治，解决民生的。没有伟大同情心的人，就是没有革命精神的人。他就不配从事政治，也就不配谈革命！必定大家充分培养推广这种伟大的同情，恢复中国民族固有的侠气，政治才有改革的希望！

再进一步说到国际的形势。像现在国际间强凌弱、众暴寡的情形，何曾不是侠气沦丧的结果。埃塞俄比亚亡了，哪国拔剑相助？捷克分割了，大家还庆幸一时的苟安。中国无辜受侵略了，哪国在自己被攻击以前，为正义人道来和我们并肩作战？国际间的紊乱无秩序，都是丧失了侠者的精神之所致。

众人所弃，我必守之。我们不可丧失自信了！我们要抱定侠者的精神，以整饬我们的内部，以扫荡我们的外寇。要是我们成功的话，我们还应当秉着这种精神，以奠定国际的新秩序！

（本文原题为《侠出于伟大的同情，侠气就是革命的精神》，发表于《新民族》第三卷第二期，一九三八年十二月十一日。后辑入《新人生观》）

历史的先见

在现代历史演进程序剧变的时代，我觉得“历史的先见”(Historical Foresight)，很关重要。凡是处理事情，都应当根据历史的教训。如果不明了历史的教训，历史就会很惨痛的重演一遍。法国政治家杜尔哥 (Turgot) 说：“见，为的要先见。”没有先见的动作，便是瞎冲，便是盲动。

先见与远见，原来是差不多的。就一件事情一层一层的关系论，就是远见；就一件事情在时间上的次序论，就是先见。人类的行动，不当是毫无意义的。我们所以不会盲动，就是因为对事情的步骤，有了相当的见解，经过思虑，成竹在胸。

历史原则与科学定律。不过人事最为困难，寻求正确的历史关系，比较寻求自然科学的关系，尤为困难。对于自然科学，一个人只要把他所研究的各种有关事物的普遍现象找出来，形成定律，则对于任何其他同样的事物，都可拿这定律去运用。自然，到现代自然科学还有许多不够完备的地方。它对于时间空间上一切的原理和定律，并不曾都发现。但是在一定对象的范围以内，许多自然科学的定律，是相当够用了。有如牛顿的万有引力学说，在普通的力学方面，便已够用。我们在黄浦江边投起一个石子，它会往下落；在喜马拉雅山顶上抛掷一个石子，也会往下落：在欧洲如此，在亚洲也是如此。只是历史是研究人事的，人事虽也有原则来作规范，然而它的不完全性和弹性，比较自然科学大多了。所以它的这些原则，往往为一般人所忽视，所轻视，甚至于否认。当然历史的原则，不能和自然科学的定律一样，可以用客观的方法来实验和证明的。这是因为历史的现象发生时，条件太多，关系复杂，加以人事变动无常的缘故，这也就是因为人类的心灵活动，很不容易用机械的方法去断定的缘故。但是历史的事实终究是事实。事实就有他本身的真实性，有他相互的关系，也有他演化的趋势。历史科学就是要认识这些历史事实的真实性：在千头万绪五光十色的事实当中，抓住他们相互间主要的关系；再能从时间的系统中，寻出他们不断演进的趋势，则融会贯通，自能发现一种原则，以指导民族乃至人类的命运。历史的先见，就是以这种历史的原则为根据的。若是自作聪明，以为历史的原则可以一笔抹杀，那他一定会陷落在悲惨的错误之中。

把握历史先见的困难。历史的原则既不易求，而且求得之后，往往有可以认为同样的现象，只因一二条件的不同，便全部变更面目，使人茫无所措。这是研究历史科学的人无可讳言的困难，不过这并非毫无办法解决的事实。因为历史并不是一团大混乱。如果真是这样，那我们不但无法研究历史，并且无法研究社会科学。唯其我们知道历史研究的困难，和发现支配人事原则的弹性，所以我们更有兴趣去研究；所以我们更要想出方法来，作有条理的研究；所以我们更不能存着偏见，怀着成见去研究。我们不只要认识历史的事实，我们还认识这些事实的底蕴和关键所在。这更进一步的所获，就是历史的先见。历史的先见，是根据我们对历史的真知灼见而来的。我们对于每件历史的现象，不只是求得通常的认识后就可满足，还要有一种犀锐的眼光，照射到他的隐微深秘的里面去，然后可以通古知今。

要求历史的先见，颇需要智慧的帮助。智慧并非幻觉，并非浮光掠影的一念。历史科学所需要的智慧，是要从深沉的知识，广博的见闻，明察的透视里发出来的，它也可以说是一种心灵的颖悟。治史的人，耳目所注意的是纷繁的事物，但他心灵笼罩的是变迁的全景。他不但能把握住事，并且能把握住事的意义。他智珠在握，心领神会，于是能见事变于几先。

若是要有先见，一定要先有了解。先见不能离开了解，对于事实要能够设身处地地推敲，把灵活的思想钻进事实的底里去；更要有充分的批判力和充分的同情心，然后才能够把真切的了解得着，才不至于蒙蔽自己，也不至于误解他人。

但是时至今日，历史的事实如此之多，事态的变化又如此之复杂，要想得着完全的了解，是极端困难的。就是要对于各种的事实，求到较为完全的了解，也得靠大家的协作。因为完全的了解是一件协作的事业，所以历史和社会科学，均须分工合作的去研究。集合各方面可靠的图样，才能构成一个建筑的全景。

历史先见与惯常。我们知道许多历史和社会的现象，不一定都是新异的，而惯常行动的表现实在很多。大家不要看轻惯常，社会的构成，惯常是种基础。整个的社会，日常都凭借着惯常在运动。许多动作，是顺乎习惯而来的。自然科学研究的现象，有些简直是数学式的惯常。生物科学里低等动物的行动，更以惯常为主要的部分；智慧高明的人类虽然行动自由得多，可是惯常也不断地在幕后支配。社会有了惯常以后，才趋安定；没有惯常的社会，便是不稳定的组织，历史的原则自然也更难于建立了。但是惯常如太固定、太完备，则人类的智力用处愈少，社会的进化，也愈停滞。所以说整个惯常的完成，便是智慧的隐灭，况且社会的进化，往往是由打破惯常得来的。可见惯常没有不行，太固定也不行。善于运用历史的人，能顺天应人，是利用惯常；能革故鼎新，是打破惯常；能移风易俗，是改造惯常。取惯常之长，略惯常之短；体察惯常以定其经，超越惯常以达其变；为惯常之主，不为惯常之奴；这就是先知先觉者的事业，这也就是领导时代，创造历史的人的事业。

历史先见与进化。我们知道，进化的时间程序愈到近代愈见缩短，而以在人类历史上所表现的为尤甚。譬方在星云时代，时间是那样的长久；经过了几万万年，天体上才有新的形成。地质上的变动也是一样，要经过千百万年才有一个新的世纪。人类历史上的变迁，在最初也是很慢的。从猿人到石器时代、新石器时代，每生一个变动，其间相隔几万年几千年不等。中国天皇氏、地皇氏、人皇氏治三万六千年的传说，也可以说是代表一种时代变动迟缓的象征。西洋古代历史的变动，最初何尝不迟缓？以后因为工业用具的发明，和科学专门知识的进展，于是历史的演进，也就随时间而加速。譬如西方自西历纪元一百年美索不达米亚文化时代，经罗马帝国以至一四〇〇年中世纪将结束时代，这一千三百年间，各种带近代科学性的发明是很少的，所以历史的变动也很少。一四〇〇年至一七〇〇年三百年间，西洋的发明发现渐多，所以它历史的变动也愈大。自十八世纪末叶至二十世纪初叶，近代科学日趋昌明以后，变动之大为自来所未有；其变动之速，也是自来所未有。生活方式不断地改变，政治社会的组织也不断地改变。从前从事社会政治的人，以很简单的方式，很粗浅的原理，就可以处分的事，到现在复杂的情形之下，就不成了。从前用不着多少先见的地方，现在可用得着了。有如从前航海的人，只要有罗盘的设置，看清视线以内的气象，预料到密接现在的将来，也就可以勉强从事航行，因为他无法预计更前一段的艰险。而现代航海的人，就非有海洋的图表，气候的预测，以及无线电的设置，把海洋各处的情形，彻底明了，罗列在他的胸中和眼底不可。甚至于看不清远的情景，就无法处置目前的事变。所以说进化愈快，变动愈多，则时限愈短，历史的先见愈为重要。

历史的先见要靠哲学的修养。本来彻底了解人事的变迁是很困难的，除掉知道物质条件之外，还需要有对社会的认识和对人性的了解。要达到这个目的，我们固要虚心去研究；但是专从事实堆中去研究，是不够的。我们不只要埋头的研究，我们还要凌空的观察。我们的身在故纸堆中，我们的心却要在瞭望台上。当今研究人事现象的人，常有一种危险，就是只顾求一部分专门的知识，而忽略了全盘的理解。这也是现代专家常有的流弊。我对于专家所下的定义是：对于一个很小的范围以内知道最多事实的是专家。专家有时和冬天的蚂蚁一样，只知堆食成山，藏身其中，而不问外界的危险。大家不要误会，以为我菲薄专家。不是的。专家求到的真确的知识，是大家最好的参考。我只希望在专家的知识之上，还有一种哲学的了解，以求领会到全部人事变迁的迹象。这是历史的先见所必备的基础。只是要有哲学的了解，必须大家平时在思想上养成一种哲学的态度。不但要知道事物的本身，而且要追问它本身的含义；不但要审察事实的真相，而且要了解事实的精神；不但要认识树，而且要认识森林；不但要认识近况，而且要认识远景。这种哲学的了解，要靠哲学的素养。遇事必须不怀成见，心无所蔽的去观察。把个人的喜怒哀乐，好恶爱憎，一齐丢开，才能够从繁复的事实之中，透视出光莹的历史的全景。

历史的先见，并非一种预言，乃是进一步的认识，深一层的判断。它的正确与否，常因其能影响人的行为，而左右我们整个民族和国家的命运；甚至于左右人类的命运，也就是整个历史的命运。我们的民族不只是要保存历史，而且要创造历史。我们要避免人类过去所犯的错误，建立我们未来应有的光荣，则我们对于历史的先见之寻求，断不能说是不必要。

（原载《文化教育与青年》）

图书在版编目（CIP）数据

逝者如斯：罗家伦的世界 / 罗家伦，毛子水等著 . — 长沙：岳麓书社，2024. 10

ISBN 978-7-5538-1967-9

Ⅰ. ①逝…　Ⅱ. ①罗…　②毛…　Ⅲ. ①社会科学—文集　Ⅳ. ① C53

中国国家版本馆 CIP 数据核字（2023）第 220450 号

SHIZHE RUSI：LUO JIALUN DE SHIJIE

逝者如斯：罗家伦的世界

作　　者 | 罗家伦　毛子水等

出 版 人 | 崔　灿

责任编辑 | 刘书乔　孙　林

责任校对 | 舒　舍

书籍设计 | 赤　徉

营销编辑 | 谢一帆　唐　睿　向媛媛

岳麓书社出版发行

地址 | 长沙市岳麓区爱民路 47 号

承印 | 湖南天闻新华印务有限公司

开本 | 880mm × 1230mm 1/32　印张 | 13.5　字数 | 258 千字

版次 | 2024 年 10 月第 1 版　印次 | 2024 年 10 月第 1 次印刷

书号 | ISBN 978-7-5538-1967-9

定价 | 58. 00 元

如有印装质量问题，请与本社印务部联系

电话 | 0731-88884129